一次讀懂心理學經典

50

PSYCHOLOGY CLASSICS

湯姆・巴特勒－鮑登
TOM BUTLER-BOWDON

濃縮百年來最具革命性的心理學觀念，
快速掌握，隨時應用

林鶯——譯

時報出版

獻給Cherry

目次 Content

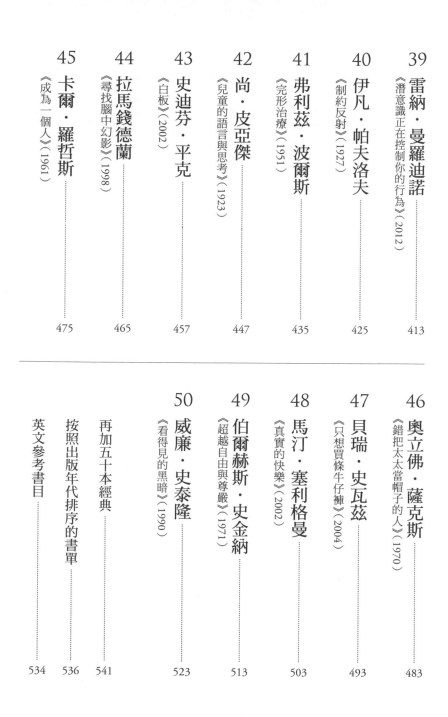

第二版　序言

《一次讀懂心理學經典》於二〇〇七年首度出版時，目標單純，只是想要提供「五十本關鍵著作的洞見與啟示」。

時至今日，本書的英文版本銷售超過十萬冊，翻譯成十五種語言，包括德文、中文、荷蘭文、葡萄牙文、匈牙利文、韓文、羅馬尼亞文、瑞典文、日文、波蘭文、義大利文、西班牙文、愛沙尼亞文、阿拉伯文和土耳其文。這本書成了受歡迎的有聲書，讀者在健身房聆聽，也在搭巴士和捷運上班的途中聆聽。這本書同時列入大學書單，目的是讓學生配備基本知識，掌握心理學歷史，並且認識心理學大師以及他們的貢獻。

這本書的成功令人感到驚訝，然而或許不應該驚訝，這星球上的每個人都有興趣去瞭解是甚麼在驅動自己和他人。無論你是不是心理學者，人性總是吸引著我們每個人，而我的書是小小的嘗試，讓可能永遠不會正式學習心理學的人，也能接觸到心理學的洞見。

面對這些關鍵著作，我的處理方式有別於大部分心理學導論，後者通常聚焦於重要的觀念或人物。不過正因為經典很容易嚇著非專業讀者，針對重要觀念適當評介，說說這本書的寫作脈絡，並且提供作者背景，永遠是有助益的。閱讀重要著作為每一門學問打下深厚基礎，簡單來說，就是我們需要知道前人的成就。例如，受訓的治療師應該至少瀏覽過卡爾・羅哲斯的《成為一個人》；攻讀認知心理學的學生應該讀過亞伯・艾里斯；性學研究人員必須熟悉金賽的成果；從事人格測試的專家需要瞭解布里格斯・邁爾斯的著作；而以制約或服從為主題的博士候選人必須對帕夫洛夫的《制約反射》和米爾格蘭的《服從權威》瞭若指掌。

增修版新增九章節，包括第一版中沒有專章論述的兩位重要心理學家：葛登・奧爾波特和亞伯特・班杜拉，同時評述了比較近期的著作，作者分別是：卡蘿・杜維克、天寶・葛蘭汀、史戴分・格羅茲、丹尼爾・康納曼、沃爾特・米歇爾。自從《一次讀懂心理學經典》原稿完成之後，他們又豐富了我們心理學知識的庫藏。如同第一版，我的選擇某種程度是偏離正統的，例如，蘇珊・坎恩並不是心理學家，不過她的書把內向的議題帶入公眾視野，比起之前任何著作都要成功。雷納・曼羅迪諾也不是學院派心理學家，而是物理學家，但是針對潛意識心靈，他有重要觀點要說。總之這些選擇提醒我們，心理學並不是屬於心理學家的，正如同經濟學並不是屬於經濟學家的。

當然，就一門學科來說，心理學必定會經由研究不斷改變和發展，而學術期刊是這個進化過程的主要紀錄。不過書籍是特別有力的方式，能夠進入一個主題，深度發掘，這種親近學問的方式啟發我撰寫《一次讀懂心理學經典》。我希望對你也一樣，這本書能為你打開門，親炙他人的心靈和想法。

湯姆・巴特勒—鮑登，二〇一七

謝辭

《一次讀懂經典》系列中的每一本書都是浩大工程，要投入數千小時的研究、閱讀和寫作。除了費盡心力的核心工作，這系列的成功要感謝尼可拉斯・布里利出版社（Nicholas Brealey Publishing）的團隊。

我非常感激出版社倫敦辦公室的Nicholas Brealey和Sally Lansdell在編輯上花費的心力，是他們讓《一次讀懂心理學經典》成為更好的作品。同樣感謝出版社在國際版權上的努力，確保了這本書在全世界盡可能有最多讀者。

還要深深感謝波士頓辦公室的Patricia O'Hare和Chuck Dresner，謝謝他們對這本書和《五十經典》系列的投入，並且提升這套書在美國的知名度。

最後，如果沒有書中涵蓋的經典著作呈現出來的精彩想法和概念，沒有這些豐富的知識寶藏，這本書顯然不可能寫成。感謝所有在世的作者，感謝你們對這個領域的貢獻。

導言

囊括五十本書和數百種觀念，時間跨越一世紀，《一次讀懂心理學經典》檢視最吸引人的一些心理學問題，關於是什麼力量驅動我們，是什麼讓我們以特定方式感覺和行事，我們的大腦又是如何運作，以及我們如何建立自我意識。在這些領域的深入覺察可以引導我們達到自我認識，比較瞭解人的本性，並且改善關係，提升效能。簡單來說，就是讓你的生活產生真正改變。

《一次讀懂心理學經典》探討的著作出自心理學指標人物筆下，例如佛洛伊德、阿德勒、榮格、史金納、詹姆斯、皮亞傑、和帕夫洛夫，同時也著重當代思想家的作品，例如塞利格曼、康納曼、杜維克和吉伯特。每一本著作都有評論揭示關鍵論點，同時提供環繞此書的觀念、人物和運動的脈絡。新書舊書雜陳，讓你對於應該至少略知一二的著作有點概念，即使你不打算去閱讀。而比較新、非常實用的書籍涵蓋了最新科學發現。

這本書著重於「寫給門外漢的心理學」，焦點放在人人都能閱讀而且受到啟發的著作，或者特意為一般大眾寫的書籍。除了心理學家，書單包含了神經學家、精神科醫師、生物學家、溝通專家和新聞記者的作品。此外還有一位碼頭工人，他是關於暴力的專家，也是小說家。人類行為的秘密太過重要，不可能由單一學科或單一觀點來界定，因此我們得聆聽各家聲音，集各家所長。

這本書的主要焦點並不是精神醫學，儘管納進了奧立佛・薩克斯、艾瑞克・艾瑞克森、朗納・連恩和維克多・法蘭可的作品，又加上著名治療師的傑作，包括卡爾・羅哲斯、弗利茲・波爾斯和米爾頓・艾瑞克森。《一次讀懂心理學經典》宗旨不在解決問題，而是針對人們為何如此思考、如此行動，提供整體洞察。

雖然本書包含一些關於潛意識的著作，但重點不是深度心理學，或是關於心靈或靈魂的概念。在心靈或靈魂這項領域最受愛戴的作家包括詹姆斯・希爾曼（James Hillman，著作《靈魂密碼》〔*The Soul's Code*〕）、湯瑪斯・摩爾（Thomas Moore，著作《傾聽靈魂的聲音》〔*Care of the Soul*〕）、卡蘿・皮爾森（Carol Pearson，著作《內在英雄》〔*The Hero Within*〕）和喬瑟夫・坎培爾（Joseph Campbell，著作《神話的力量》〔*The Power of Myth*〕），他們的作品歸類於《一次讀懂自我成長經典》和《一次讀懂靈性經典》。這兩本書探討的著作是心理學偏向蛻變和靈性的那些層面。

五十本經典的書單絕非定論，只是涵蓋了一些重要的名字和著作。這一類選集多少帶有個人特質，也不會宣稱全面覆蓋了心理學各個領域和子領域。我們追求的是針對最吸引人的心理學問題和概念有基本洞察，同時對於人的天性有比較豐富的認識。

一門科學的興起

「心理學是精神生活的科學。」——威廉・詹姆斯

正如早期研究記憶的心理學家赫爾曼・艾賓浩斯（Hermann Ebbinghaus，1850-1909）所說：「心理學有長久的過往，卻只有短短的歷史。」他的意思是，幾千年來人們一直在思索人類的思考、情緒、智力和行為，然而成為以事實而非臆測為基礎的學科，心理學仍然處於嬰兒階段。即使他這句話是在一百年前說的，心理學依舊公認尚未成熟。

心理學是從其他兩門學科——生理學和哲學——脫胎出來的。一般認為德國人威廉・馮特（Wilhelm Wundt ,1832-1920）是心理學之父，因為他堅持心理學應該是獨立學科，心理學比哲學偏向經驗，而與生理學相比則更多聚焦於心靈。一八七〇年代，他創建了第一座心理實驗室，並且寫下皇巨著《生理心理學原理》（*Principles of Physiological Psychology*）。

由於今日只有特別感興趣的人才會閱讀馮特，他的著作並未包括在這份經典書單中。不過，同樣被視為當代心理學「開山祖師」的美國哲學家威廉・詹姆斯（1842-1910），依舊獲得廣泛閱讀。他是小說家亨利・詹姆斯（Henry James）的哥哥，接受過醫學訓練，之後轉入哲學，然而如同馮特，他認為心靈的運作有資格自立門戶，成為獨立的研究領域。以德國神經解剖學者弗朗茲・加爾（Franz

Gall）的理論為基礎——所有思考和心理過程皆屬生物學範疇，詹姆斯協助傳播下述引人注目的觀念：人的自我，包括所有的希望、情愛、欲望和恐懼，都包容在頭顱裡面那團柔軟的灰色物質裡。把思想解釋成某種比較深沉的力量例如靈魂的產物，他覺得那其實已經進入形上學的領域。

詹姆斯可能促成心理學範圍的界定，然而是佛洛伊德的著作真正讓一般大眾對心理學產生興趣。佛洛伊德誕生於一百五十年前的一八五六年，他的父母知道他很聰慧，然而即使是他們也想像不到他的想法會對這個世界產生的衝擊。高中畢業時他決定要攻讀法律，不過最後一刻改變心意進入醫學院。他研究大腦結構，治療「歇斯底里」病患，引發他好奇人的潛意識心靈對行為究竟有什麼影響，點燃了他對「夢」的興趣。

今日，對於一般人都熟悉的自我、潛意識之類的心理學概念，我們習以為常，然而無論好壞，這些以及其他許多觀念都是傳承自佛洛伊德。《一次讀懂心理學經典》裡涵蓋的許多著作，若不是屬於佛洛伊德學派或是後佛洛伊德學派，就是標舉自己反佛洛伊德。現在說佛洛伊德的研究不科學、他的著作是文學創作而不是真正的心理學，已經成為時髦。無論這種說法是否正確，他依舊是這個領域最有名的人物，遙遙領先其他心理學家。儘管目前執業精神分析（佛洛伊德開創的談話治療，用來窺探一個人的潛意識）的專家很少了，一名維也納醫師挖掘出躺椅上的病患埋藏最深的思維，這樣的意象仍然是我們想到心理學時最普遍的聯想。

如同一些神經科學家所暗示的，或許佛洛伊德應該要重返光榮了。他強調潛意識在塑造行為方面的重要性，這點大腦造影技術和其他研究並沒有證明是錯誤的，而他另外一些理論則尚待驗證。就算如此，他是心理學最具原創性的思想家，這個地位不太可能改變。

對抗佛洛伊德的專家，最明顯是來自行為主義的陣營。伊凡・帕夫洛夫以狗為對象的著名實驗顯示，動物只是面對環境刺激產生的制約反應之總和。這項研究啟發了行為主義領頭羊史金納，他寫道：人是自主的，由內在動機所驅動，這樣的觀念是浪漫神話。與其企圖找出人的頭腦裡發生的事（唯心論），企圖瞭解人們行事的動機，史金納建議，我們所需要知道的只是什麼樣的情境讓人們以特定的方式行動。自身環境塑造了我們是什麼樣的人，而且根據所學到的對生存有利的經驗，去改變了我們的行動方針。如果我們想要建設比較好的世界，就需要創造環境，讓人們以比較道德或比較有成效的方式來行動。對史金納來說，這就涉及一套行為技術，獎勵特定行動而懲罰其他行動。

一九六〇年代認知心理學興起，採取和行為主義同樣嚴格的科學路徑，但是回過頭來解答老問題：究竟行為是如何在腦袋裡生成。從環境接收刺激到產生回應，當中必定有特定過程在我們大腦裡面發生，而認知派研究人員揭示了人類心智是了不起的詮釋機器，會建構模式，創造我們對外在世界的意識，形成我們認知現實的地圖。

上述研究引領亞倫・貝克、大衛・柏恩斯、亞伯・艾里斯等認知學派治療師，環繞著「我們的思想形塑我們的情緒，而非反過來」這個觀念建立治療方法。藉由改變我們的思考，我們可以緩解憂鬱，或者就只是比較能控制自己的行為。這種形式的心理治療，目前大幅取代了佛洛伊德派精神分析在處理人們的心理議題上曾經擁有的地位。

認知領域內比較新近的發展是「正向心理學」。這一派專家尋求把心理學的焦點從心理問題移開，重新導向研究是什麼讓人們幸福、樂觀，具有生產力。某種程度上，開先鋒的人本心理學家亞伯拉罕・馬斯洛預示了這個領域的發展，他探究人的自我實現或圓滿。還有卡爾・羅哲斯，他曾經表示他對世界感到悲觀，然而對人保持樂觀。

過去三十年，行為主義和認知心理學都因為大腦科學的進展而知識大增。行為主義者認為光是去猜測大腦裡面發生的事情是錯誤的，然而現在科學已經讓我們看到大腦內部，同時繪製出實際上產生動作的神經通路和突觸。這方面研究有可能最終革新我們看待自己的觀點，而且幾乎可以確定結果是好的，儘管有些人擔憂，把人的存在化約為大腦的神經通路是如何連接，會剝離我們的人性。事實上，對大腦認識得越清楚，只會讓我們更懂得欣賞大腦的運作。

今日的大腦科學讓我們能夠回歸威廉・詹姆斯的定義：心理學是精神生活的科學，不同的是這一次可以根據我們在分子層面的瞭解來提升心理學知識。心理學有部分是從生理學演化出來的，或許現在正在回到它的身體根源。反諷的是，關注到細微的身體層面解答了一些最深沉的哲學問題，例如意識的本質、自由意志、記憶的生成，以及情緒的體驗和控制。甚至有可能「心靈」與「自我」只不過是由極為複雜的大腦神經通路和化學反應創造出來的幻覺。

心理學的未來是什麼？或許我們能夠確定的只是，心理學會變成越來越植基於大腦知識的科學。

心理學經典快速導覽

心理學之所以成為廣受歡迎的研究領域，部分原因是早期的巨擘，包括詹姆斯、佛洛伊德、榮格和阿德勒等，寫了一般人都可以理解的書籍。今日我們可以隨手拿起其中一本，仍然讀得入迷。儘管有些概念是艱深的，人們對於心智如何運作、人的動機與行為這類知識，有深切的渴望。而在最近二十年，大眾心理學的書寫出現了新的黃金時代，丹尼爾・高曼、史迪芬・平克、馬汀・塞利格曼、米哈里・奇克森特米海伊等作家滿足了人們的需求。

以下是五十本心理學經典的簡介。我把這些書分成七個範疇，雖然不是傳統分類，或許可以幫助你根據主題選擇最感興趣的書籍。在本書最後，你會找到另外一份「再加五十本經典」的書單。同樣的，這不是決定性的書單，但是如果你想要多讀一點心理學書籍，或許可以幫助你選擇。

每一章都會從評介的書中擷取幾段簡短的引言開頭，目的是捕捉這本書的精髓，傳達重要的主題，或者讓讀者領會到作者的風格。方塊中的「總結一句」和「同場加映」，讓你能迅速掌握每本書的要義，以及這本書在心理學文獻中的定位。

行為、生物學和基因：大腦科學

露安・布哲婷，《女人的大腦很那個……》
天寶・葛蘭汀，《我的大腦和你不一樣》
威廉・詹姆斯，《心理學原理》
阿爾弗雷德・金賽，《人類女性的性行為》
尚・皮亞傑，《兒童的語言與思考》
史迪芬・平克，《白板》
拉馬錢德蘭，《尋找腦中幻影》
奧立佛・薩克斯，《錯把太太當帽子的人》

對威廉・詹姆斯來說，心理學是以大腦的運作為基礎的「自然」科學，然而在他的年代，能夠適當研究這個神秘器官的工具還不足以勝任這項工作。現在，隨著科技進步，心理學許多洞見是得自大腦本身，而不是來自觀察大腦產生的行為。

把大腦科學當成重點的新取向引發了讓人不自在的問題，那就是行為有多少是取決於生物基礎和基因遺傳？是否我們的表現相當程度上是無法改變的？或者我們是塊白板，準備好讓環境把我們社會化？關於「天性或教養」的陳年辯論獲得了新能量。遺傳學和演化心理學為我們闡釋，大部分我們稱之為人性的東西（包括智力和人格）是在娘胎裡內建好的，或者至少是受荷爾蒙影響。史迪芬・平克在《白板》中指出，因為文化或政治原因，人們有時候會否認生物學在人類行為中扮演的重大角色，然而隨著知識增長，人們會越來越難維持這種假象。例如，露安・布哲婷的著作精彩展現了在人生不同階段女性受生物學因素影響的程度，這是她多年來研究荷爾蒙對女性大腦產生的效應成果報告。而天寶・葛蘭汀關於自閉症的書則闡示，人們原本把這個病症看成是「父母冷漠」的產物，但隨著時間推移觀念轉變，才比較深入瞭解自閉症神經和基因方面的肇因。研究的成果完全改變了對待自閉症兒童的方式，曾經人們視他們為怪異、反社會的人，需要送進收容機構，現在自閉症的特徵有新評價，可以當作差異，甚至是強項而不是弱點，並且善用在工作領域裡。

今日的神經科學顯示，我們最好把「自我」理解成大腦創造的幻象。例如奧立佛・薩克斯出色的書寫說明了，大腦如何持續運作來創造和維持有個「我」在主控的感覺，即使事實上大腦沒有任何部位可以被指認為「自我感覺」的發生地。神經科學家拉馬錢德蘭關於「幻肢」的研究似乎證實了大腦擁有不尋常的能力，即使現實更複雜（有好多個自我、好多層意識），也能創造出整體的認知意識。

尚・皮亞傑從來沒有在實驗室裡研究過大腦，不過成長過程中在瑞士山區研究過蝸牛。他把自己幼年時科學觀察的天賦應用於研究兒童，注意到兒童根據年齡有明確的發展階段，只要環境給予足夠刺激心智就會循序成長。同樣的，最初也是生物學家的性學專家阿爾弗雷德・金賽指出我們的哺乳類生物因素如何驅動我們的性行為，藉此尋求打破圍繞著男性和女性性慾的禁忌。

皮亞傑和金賽的著作都顯示了，儘管生物因素對於行為始終具有支配性影響，但能否表現出來，環境也非常關鍵。即使目前關於行為的基因或生物基礎有種種新發現，我們永遠不應該下結論，以為身而為人，我們是由ＤＮＡ、荷爾蒙或大腦結構決定的。跟其他動物不一樣，我們能覺察自己的本能，因此會嘗試去形塑或者控制本能。我們不是純粹天性或純粹教養下的產物，而是有趣的組合了兩者。

挖掘潛意識心靈：不同類型的智能

葛登・奧爾波特，《偏見的本質》
蓋文・德貝克，《求生之書》
米爾頓・艾瑞克森（史德奈・羅森編纂），《催眠之聲伴隨你》
西格蒙德・佛洛伊德，《夢的解析》
麥爾坎・葛拉威爾，《決斷2秒間》
卡爾・榮格，《原型與集體潛意識》
丹尼爾・康納曼，《快思慢想》
雷納・曼羅迪諾，《潛意識正在控制你的行為》

心理學牽涉的不僅是理性、思考的大腦，我們挖掘潛意識的能力能夠產生龐大的智慧寶庫。佛洛伊德試著說明，夢不只是無意義的幻覺，而是進入潛意識的門戶，可能透露出壓抑的願望。對他而言，就「動機」來說，意識到的部分就像冰山的尖角，而沉沒在水下的龐大面積才是重心。榮格更進一步，指認出獨立存在於個人之外的整個非理性結構（也就是「集體潛意識」），不斷製造出習俗、藝術、神話和文化的文本。對佛洛伊德和榮格來說，深入覺察「底下藏著什麼」，意味著比較不容易被生活絆倒而跌跌撞撞。潛意識裡儲藏著智力和智慧，如果我們知道方法就可以取用，而這些寶藏的偉大任務就是讓我們與更深刻的自我重新連結。

就治療方面，「深度」心理學至多也只是中等程度的成功，而且往往只有特別厲害的治療師，他們的洞察或技巧才有效。例如著名的催眠治療師米爾頓・艾瑞克森，他的銘言是：「人們能做到的事確實令人驚嘆，只不過他們並不知道自己能做什麼。」他也瞭解潛意識是一口深井，裡面充滿明智的解答，可以讓他的病患從中取用，重新獲得已然遺忘的個人力量。

直覺是意識與潛意識之間的橋樑，是我們可以善加培養的一種智慧。在蓋文・德貝克《求生之書》這本書裡，作者提供了許多例子，說明在生死交關的緊急情境下，我們有天生能力知道該如何行動——只要我們準備好傾聽並且跟隨我們的內在聲音。麥爾坎・葛拉威爾的《決斷2秒間》也強調了「不假思索的思考」的力量，闡示了瞬間評估情境或人，準確度往往跟長時間形成的判斷一樣。儘管不言自明邏輯和理性很重要，然而聰明的人會去探觸自己心智的所有層面，同時信任自己的感受，即使那些感受的起源有點神秘。

榮格和佛洛伊德盡他們所能探究潛意識的奧秘，然而今日醫學科技提供了實證，讓我們更清楚瞭解大腦以及它的運作過程這個面向。物理學家雷納・曼羅迪諾論證道，潛意識心靈並不是性靈的實相，而是具有堅實的生理基礎，遠在文明出現之前，人類為了生存早就在大腦中發展出來了。事實上，如丹尼爾・康納曼闡明的，我們的直覺——演化出來保護我們免於傷害的直覺——在某些情境和脈絡下表現優異，然而在其他情境和脈絡下則表現不好。我們是「跳到結論的機器」，而且那些結論往往錯誤。康納曼揭示了我們思考時使用的兩種截然不同方式：「快思」（系統一）和「慢想」（系統二）。他的研究有潛力讓我們擺脫會導致錯誤判斷和膚淺推理的思考偏好。例如，種族偏見似乎深植人心，那是因為我們聚焦在視覺上的差異。不過如同葛登・奧爾波特在他開先河論述種族主義心理學的研究中闡釋的，教育以及跟其他族群的接觸能夠讓我們知道這些差異確實只是表面。我們不需要成為自己心智運作方式的囚徒，理性思考可以發揮較大的力量，壓過直覺反應。

想得好，感覺好：快樂和心理健康

大衛・柏恩斯，《好心情》

亞伯・艾里斯、羅伯・哈波，《理性生活指南》
丹尼爾・吉伯特，《快樂為什麼不幸福？》
史戴分・格羅茲，《說不出的故事，最想被聽見》
弗利茲・波爾斯，《完形治療》
貝瑞・史瓦茲《只想買條牛仔褲》
馬汀・塞利格曼，《真實的快樂》
威廉・史泰隆，《看得見的黑暗》

多年來，心理學沒什麼興趣探討「快樂」，真是讓人詫異。馬汀・塞利格曼幫忙把這個主題提升到正經的研究和觀察，他的「正向心理學」透過科學揭示了保持心理健康的妙方，有些頗出人意料。貝瑞・史瓦茲則區別了「追求極致的人」和「滿足就好的人」，提供我們反直覺的洞見：限制生活中的選擇事實上可以讓我們獲得更大的快樂和滿足。而丹尼爾・吉伯特的書指出令人訝異的事實：儘管人們是唯一可以展望未來的動物，關於什麼可以帶給我們快樂，我們往往想錯了。上述著作中極為有趣的洞察顯示，要獲得快樂絕對不是像我們希望的那樣簡單。

認知心理學革命對於心理健康產生劇烈衝擊，其中兩位大師是大衛・柏恩斯和亞伯・艾里斯。他們的真言咒是「思想創造情感」，而不是反過來。這句話幫助許多人重拾對自己生活的控制，因為我們可以應用邏輯和理性來掙脫情緒的泥沼。而且他們的著作蘊含了許多普遍獲得快樂的方法，因此我們大多數人的確可以「選擇」快樂，只要我們瞭解「思想—情緒」這個心理機制。最後，丹尼爾・吉伯特針對「預期心理」的研究顯示，由於大腦的運作方式，我們對於自己在特定情境下會如何感受的預測，包括快樂的程度，經常是錯誤的。我們認為會讓自己未來快樂的事物，不一定真的會帶來快樂。

有些精神分析師並不認同上述觀點，例如史戴分・格羅茲，他相信有些議題埋得很深，需要許多次諮商，才能揭露這些問題的本質。在心理治療方面，精神分析早就退了流行，然而如同**柏拉圖轉述蘇格拉底**的話：「沒有檢視過的人生是不值得活的。」層層剝開我們的實存，能夠揭露一套認知心理治療療程可能揭露不了的真相。

在其經典著作中，威廉・史泰隆敘述自己如何和憂鬱症奮戰，據此說明這個病症的成因往往神秘難解，而且任何人都可能憂鬱上身。他指出，憂鬱症仍然是人類精神世界的癌症，我們近乎要找到解藥了，但是有些患者對藥物或心理治療沒有迅速回應，解藥依舊在遠方。

為什麼我們是這個樣子：關於人格和自我的研究

亞伯特・班杜拉，《自我效能》

伊莎貝爾・布里格斯・邁爾斯，《天生不同》

蘇珊・坎恩，《安靜，就是力量》
卡蘿・杜維克，《心態致勝》
艾瑞克・艾瑞克森，《青年路德》
漢斯・艾森克，《人格的維度》
安娜・佛洛伊德，《自我與防衛機制》
凱倫・荷妮，《我們的內在衝突》
朗納・連恩，《分裂的自我》
沃爾特・米歇爾《忍耐力》

古人訓示我們要「認識自己」，而在心理學裡面這樣的探索呈現許多面向。艾森克研究人格中外向和神經質的層面，為其他許多人格模型鋪好了路。當代心理學者普遍根據「五大人格特質」——外向、隨和、認真盡責、神經質和對經驗保持開放態度來評估人。近期，蘇珊・坎恩的著作則把聚光燈打在「內向氣質」上，尤其是工作場所中內向者的特質。在我們的社會裡外向或許是吸引人的，然而外向也成為「讓人感到壓迫的標準」，讓數百萬比較安靜的人無法表現他們天生的人格和力量。坎恩的書讓內向的人「出櫃」，而且以此為榮。今日，我們可以進行無數測驗來斷定自己的「人格類型」。雖然對於這些測驗的有效性保持懷疑是比較明智的，不過當中有些的確能帶來真正的洞察。現代最著名的測驗表格則是由伊莎貝爾・布里格斯・邁爾斯原創設計的。

當然，我們是什麼樣的人，在人生的不同定點或許會不一樣。艾瑞克・艾瑞克森鑄造了「自我認定危機」這個語詞，在他引人入勝描寫宗教改革家馬丁路德的心理傳記裡，他同時傳達了自我認定不確定的痛苦，以及終於明白自己是誰時獲得的力量。

人類有時候必須處理彷彿是互相競爭的自我。安娜・佛洛伊德接手父親留下的問題，把研究焦點放在自我（ego）的心理學，她指出，人們會盡可能去做任何事來迴避痛苦，並且保存自我意識，而這種強迫性的驅力往往導致人們創造出心理防衛。新佛洛伊德派的凱倫・荷妮相信，童年經驗會造成我們創造的自我（self）是「接近人」或「躲開人」。這兩種傾向都是面具，如果我們不願意超越，可能發展成精神官能症。面具之下是她稱呼的「全心全意」或真實的人。

我們大多數人都擁有強大的自我意識，不過正如朗納・連恩在他關於精神分裂的里程碑作品中闡明的，有些人欠缺這種基本安全感，企圖用虛假自我來替代這份空虛。大多數時候我們把自我意識視為理所當然，只有在失去時，才能充分欣賞大腦非凡的能力，它們能創造出泰然自若的感受，或是對自己是誰感到自在。

亞伯特・班杜拉談到「自我系統」，包括一個人的態度、才能和認知技巧。我們在生活中最終表現出什麼樣子，不單純歸因於我們擁有的技巧或是四周環境的性質，而是取決於我們發展出來的自我信念。「自我效能」是相信我們有能力塑造這個世界，讓事情發生。

卡蘿・杜維克發展出相關的概念：「心態」。她的研究指出，看待智力、才能和成功有兩種截然不同方式。擁有「成長」心態的人從實現潛能的角度看人生；擁有「固定」（或定型）心態的人關心的是證明自己聰明或有才華。我們可以把成長型或固定型心態看成是基本的心理範疇，如同內向和外向，不過杜維克的重點是，辨識出自己的心態，提供了我們可以改變的空間。唯一能讓我們保持跟別人相關、契合，對別人有價值的方式，就是持續不斷重塑與發現自我。

自我另一重要面向是意志力。沃爾特・米歇爾指出，人人都急切想要擁有更強的意志力，因為看起來人生要能成功，意志力太重要了。《忍耐力》敘述他針對「自我控制」的科學進行的研究。自我控制跟情緒穩定以及工作成就同樣相關。有些人天生意志力比別人強，不過意志力是我們可以靠學習增強的。如果笛卡爾說：「我思，故我在。」米歇爾的箴言是：「我思，所以我可以改變。」

為什麼我們會做這樣的事：偉大的思想家探討人的動機

阿爾弗雷德・阿德勒，《認識人性》

維克多・法蘭可，《追求意義的意志》

艾里克・賀佛爾，《群眾運動聖經》

亞伯拉罕・馬斯洛，《人性能達到的境界》

史丹利・米爾格蘭，《服從權威》
伊凡・帕夫洛夫，《制約反射》
伯爾赫斯・史金納，《超越自由與尊嚴》

阿爾弗雷德・阿德勒是佛洛伊德原始小圈子的成員，不過後來決裂了，因為他不同意「性」是人類行為背後的原動力。他比較有興趣的是，幼年的環境如何塑造我們。他相信我們都試圖透過彌補自認童年所匱乏的來尋求更大權力，這就是他著名的「補償」理論。

如果阿德勒的人類行為理論是跟權力相關，集中營倖存者維克多・法蘭可自創品牌的「意義治療」（存在心理學支派）認定，人類這個物種得天獨厚，是創造出來追求意義的。我們的責任就是尋找人生的意義，即使在最黑暗的時刻，也不論落入什麼境地，我們始終會保有殘存的自由意志。

不過業餘心理學家艾里克・賀佛爾在《群眾運動聖經》中寫道，人們讓比較偉大的目標將自己席捲而去，為的是不必為自己的人生負責，同時逃避眼前的平庸或悲慘生活。史丹利・米爾格蘭著名的實驗顯示，只要條件剛好，人類會展現出令人驚駭的意願，為了在掌握權勢的人眼中看來和善而讓旁人承受痛苦。另一方面，人本心理學家亞伯拉罕・馬斯洛指出，有一小撮達到自我實現的人，他們不會只是附從社會去行動，而是選擇自己的道路，努力完全活出自己的潛能。這類型的人跟不用大腦的從眾者一樣，都代表了人性。

雖然長久以來詩人、作家和哲學家都讚頌引導人類自主行為的內在動機，史金納卻把自我單純定義為「適合應付一組特定突發事件的全套劇目」。並沒有所謂的人類天性，良心或者道德可以歸結到促使我們行為舉止依循道德的環境。史金納的想法是奠基於伊凡・帕夫洛夫的研究上。帕夫洛夫成功的制約了狗的行為，同時帶出人的行動是否全然自由的問題。

儘管在動機解讀上南轅北轍，這些著作共同提供了精彩洞察，探索為什麼我們會如此行事，或者至少是探究我們能夠做出什麼樣的事，包括好事和壞事。

為什麼我們喜歡自己做事的方式：關係的動力

艾瑞克・伯恩，《人間遊戲》

約翰・高曼，《七個讓愛延續的方法》

哈利・哈洛，《愛的本質》

湯姆斯・哈里斯，《我好你也好的溝通練習》

卡爾・羅哲斯，《成為一個人》

傳統上愛情是詩人、藝術家和哲學家的領地，然而過去五十年來，關係的版圖漸漸由心理學家來繪製。一九五〇年代，靈長類研究專家哈利・哈洛已成傳奇的實驗——用布偶取代猴子寶寶真實的母親——證實嬰兒需要一定程度充滿愛意的身體關注，才能長成健康的成猴。值得注意的是，這種身體撫觸違反當時養育小孩的見解。

比較近代一點，婚姻專家約翰・高曼檢視關係動力的另一面向，結果發現，人們以為能讓伴侶維持長久浪漫關係的老生常談，往往是錯誤的。如何維持或挽救關係，最寶貴的資訊來自以科學方法觀察行動中的配偶，包括細微的臉部表情，以及日常對話中顯然空洞的言辭。

大眾心理學的先鋒艾瑞克・伯恩和湯姆斯・哈里斯把我們與人的親密交接理解為「交易」，可以根據「成人、小孩和父母」三個自我來分析。伯恩的評述是，我們永遠在互相做戲、耍花招。或許這樣看待人性是犬儒的觀點，不過，覺察了這些人際遊戲，我們就有機會擺脫和超越。

包含卡爾・羅哲斯在內的學者都認可了人本心理學對於改善人際關係的貢獻。羅哲斯深具影響力的著作提醒我們，如果人與人之間不具備傾聽和不做判斷全盤接納的氛圍，關係就不可能發展成熟，而且同理心是「真人」的標記。

在巔峰狀態工作：創造力和溝通技巧

羅伯特・席爾迪尼，《影響力》

米哈里・奇克森特米海伊，《創造力》
霍華德・嘉納，《發現七種IQ》
丹尼爾・高曼，《EQ2》

關於智力的真實本質學術界進行著激烈爭辯，然而在工作時我們關心的是如何應用智力。在這個領域有兩本傑作，出自丹尼爾・高曼和霍華德・嘉納筆下，兩位作者都主張智力不只是單純的IQ所能涵蓋。關於情緒或社交方面的多元智能可能成為共同因素，決定我們在生活中表現得多麼好。

事業上的成功和生活上的成功一樣，其中一項決定性因素是說服別人的能力。如果你的工作跟行銷有關，羅伯特・席爾迪尼探究說服心理學的里程碑著作是必讀之書，任何人想要瞭解自己是如何不由自主做了正常狀況下不會選擇去做的事，應該也會有興趣讀一讀。

工作上要成功另一項要件是創造力。米哈里・奇克森特米海伊影響深遠的《創造力》，以有系統的研究為基礎，闡釋了為什麼創造力是豐富有意義人生的核心，以及為什麼許多人直到晚年才完全成熟，綻放出光采。最重要的是，這本書說明了有創造力的人具備的許多特徵，讓我們得以效法。

心理學和人性

「研究人性的科學……發現自己當前的地位，如同化學在鍊金術時代的處境。」——阿爾弗雷德・阿德勒

「每個人對人性都有一套理論。每個人都必須預測他人的行為，這意味著我們都需要有理論來瞭解是什麼驅動人。」——史迪芬・平克

威廉・詹姆士定義了心理學是精神生活的科學，不過心理學同樣可以定義為人性的科學。在阿德勒發表上述評論大約八十年之後，心理學家尚未創造出一門紮實科學比得上例如物理學和生物學的確定性，從這樣的角度來說，我們仍有長遠的路要走。

而同時，關於是什麼驅動人，我們都需要一套個人理論。要生存和茁壯，我們必須知道自己是誰以及自己是什麼，並且敏捷掌握別人的動機。要取得這方面的知識，一般路徑是人生經驗，然而透過閱讀我們可以比較快速增進對這個主題的領會。有些人從小說中獲得洞見，有些人從哲學中思索人性。不過心理學是唯一專心研究人性的科學，而大眾心理學文獻（這本選輯所評述的著作）目標在於傳達這些不可或缺的智慧。

1927

認識人性

Understanding Human Nature

「是自卑感、不足感和不安全感決定了個人生存目標。」

「所有形式的虛榮都有一共同母題，虛榮的人豎立了此生無法達到的目標。他想要比世界上任何人都重要、都成功，而這個目標是他感覺自己不足的直接結果。」

「每個孩子都得靠自己來評估個人經驗，照顧自己在教室以外的個人發展。沒有任何傳統讓我們真正認識人類的心靈。研究人性的科學於是找到自己當前的地位，如同化學在鍊金術時代的處境。」

總結一句

自認缺少的事物決定了我們在生活中會成為什麼樣的人。

同場加映

艾瑞克・艾瑞克森《青年路德》(15章)
安娜・佛洛伊德《自我與防衛機制》(18章)
西格蒙德・佛洛伊德《夢的解析》(19章)
凱倫・荷妮《我們的內在衝突》(30章)

01

阿爾弗雷德・阿德勒

Alfred Adler

一九〇二年，有一群人，大多數是醫生，而且全部是猶太人，開始每星期三在維也納的一間公寓聚會。佛洛伊德的「星期三學會」最後成為「維也納精神分析學會」，第一任會長就是阿德勒。

身為維也納朋友圈的第二號重要人物，也是「個體心理學」的創建者，然而阿德勒從來不認為自己是佛洛伊德的弟子。佛洛伊德是盛氣凌人、帶著貴族氣息的典型，來自高教育背景的家庭，住在維也納的時髦地區，而阿德勒是糧商之子，相貌平平，在城市的外圍長大。佛洛伊德以豐富的古典知識和古物收藏聞名，阿德勒則是孜孜矻矻於提升勞工階層的健康與教育，以及女性權利。

兩人著名的決裂發生在一九一一年，因為阿德勒越來越惱怒，佛洛伊德只相信所有心理議題都是源自壓抑的性感受。之前幾年阿德勒出版了《器官不如人及其心理補償的研究》(*Study of Organ Inferiority and Its Psychical Compensation*)，主張人們對於自己的身體與身體缺陷的認知，是形塑他們人生目標的主要因素。佛洛伊德相信人類完全受潛意識心靈的騷動所驅使，但是阿德勒把人類看成是社會性存在，會回應環境以及自覺欠缺的創造出人生風格。

每個人都自然而然追求個人權力與自我認同感，不過如果心理健康，我們也會尋求適應社會，並且為大義貢獻一己之力。

補償弱點

如同佛洛伊德，阿德勒相信童年初期形塑了人的心靈，而且那些行為模式會驚人的保持不變，延續到我們成年。不過佛洛伊德聚焦於嬰兒的性慾，而阿德勒更感興趣的是：兒童如何尋求加強自己在這個世界的權力。成長於其他人似乎都比自己高大、有力量的環境裡，每位孩童都會尋找最容易的途徑來獲得他們所需要的。

阿德勒以他關於「出生序」（或者我們在家庭的位置）的觀點而聞名。舉個例子，最小的孩子因為顯然比其他人幼小而且權力小，往往會努力「超越家裡其他成員，成為最能幹的一員」。發展途徑上的岔路會把孩子導向不同的路，有的模仿大人讓自己變得比較果斷和強大，或者是刻意展露弱點以取得大人的協助和關注。

簡單來說，每個孩子的發展方式都是讓自己能適切的補償弱點，「一千種才華和能力都是源自我們自覺不足。」阿德勒指出。想要獲得認可的渴望同時是種自卑感。良好的撫育應該能夠化解這種自卑感，因此孩子不會發展出不平衡需求，一心求勝不惜犧牲別人。我們可能假定，小時候承受的某種精神、身體或環境上的障礙是個問題，然而究竟是資產還是負債取決於環境脈絡。最關鍵的是我們是否把缺點看成是缺點。

企圖驅除自卑感的心理往往會形塑一個人的一生，有時候人們會試圖以極端方式來補償。阿德勒為此發明了一個詞，那就是著名的「自卑情結」。雖然自卑情結會讓人比較膽怯或退縮，同樣也可能產生以超高成就來補償的需求。這就是「病態的權力驅力」，不惜以他人和社會整體為代價來展現自己。阿德勒舉拿破崙為自卑情結作祟的經典案例：對世界造成巨大衝擊的小個子。

性格是如何形成的

阿德勒的基本原則是，我們的心靈不是由遺傳因素而是社會影響塑造的。「性格」是兩股相反力量獨特的交互作用。這兩股力量是：對於權力或者個人擴張的需求，以及「社會情感」與和諧共融（德文是「Gemeinschaftsgefühl」）的需求。

兩股力量互相對立，而我們之所以獨一無二，是因為我們會以不同方式來接納或排斥這兩股力量。例如，正常狀況下，努力想要宰制的企圖會因為認知到社群期待而收斂，虛榮或驕傲會有所節制。不過，當野心或虛榮掌控個人時，他的心理成長就會突然停止。如阿德勒戲劇性的陳述：「對權力飢渴的人會走向自己的毀滅。」

如果忽視或輕蔑第一股力量（社會情感和社群期待），當事人會顯露出某些帶有侵略性質的性格特徵：虛榮、野心勃勃、眼紅、嫉妒、扮演上帝、貪婪；或是沒有侵略性質的特徵：退縮、焦慮、膽怯、不懂社交禮儀。無論是哪股力量占上風，通常是因為根深蒂固的自覺不足。不過這種力量也會產生一種強度或張力，能夠帶來巨大能量。這樣的人生活在「期待偉大的勝利中」，以補償那些不足的感受，然而結果卻是他們膨脹的自我意識喪失了某些現實感。人生所在意的只剩下會在世上留下什麼印記，以及別人對他們的看法。儘管他們認為自己好歹是號英雄人物，旁人卻都看得出來，他們的自我中心實際上限制他們好好享受人生的各種可能性。他們忘記自己是跟其他人連結的人類。

社會公敵

阿德勒指出虛榮或高傲的人通常會試圖隱藏他們對未來的展望，表示自己只是「有野心」，或者更溫和的說法是「充滿活力」。他們會機靈的偽裝自己真實感受。為了顯示自己不虛榮，他們可能刻意不注重衣著，或者過度謙虛。不過阿德勒犀利的評述道，虛榮的人把生活中的每件事歸結為一個問題：「我從中得到什麼好處？」

阿德勒想弄清楚：偉大的成就只是虛榮心對人類的造福嗎？當然，想要改變世界，「自我擴張」是必要動機，要正面看待嗎？他的答案是否定的。在真正的天才身上，虛榮心起不了什麼作用，事實上只會減損成就的價值。真正造福人類的偉大功業都不是受虛榮心激發而創建的，與之對立的「社會情感」才是原動力。我們多少都有點虛榮，不過健康的人能夠為別人奉獻來昇華他們的虛榮心。

虛榮的人本質上不允許自己「屈服」於社會需求。他們專注於獲取特定的地位、身分或目標，對於社區或家庭應負的正常義務，別人視為理所當然，他們覺得自己可以推脫。結果他們通常會變得孤立，與人關係不好。太習慣於把自己放在第一位，善於怪罪旁人。

共同生活必然涉及一些律法和原則，是個人不能繞開的。我們每個人都需要社群中的他人，才能身心健康生存下來。如達爾文指出的，弱小的動物永遠無法單獨存活。阿德勒斷言，「適應社群」是個人要掌握的「最重要心理功能」。人們可能獲得許多外在成就，但是少了至關重要的社會適應，他們或許會覺得自己什麼都不是，而親近他的人也是這麼看待他。阿德勒說，這樣的人事實上是社會公敵。

為目標奮鬥的存在

阿德勒心理學其中一項核心概念是：個人永遠努力朝目標前進。佛洛伊德把我們看成是受過往種種所驅動，然而阿德勒抱持目的論的觀點。我們的驅動力是我們的目標，無論自己是否意識到這些目標。我們的心靈不是靜態的，而是必須透過目的（無論是為私或為公）來激活，並且會持續朝著實現目標前行。我們「編造」自己是什麼樣的人，以及會變成什麼樣的人，根據這樣的虛構來生活。本質上，這些編造不會總是符合事實，不過可以讓我們充滿能量的活著，永遠朝向某個目標前進。

正是因為目標導向讓我們的心靈幾乎無法摧毀，而且十分抗拒改變。阿德勒寫道：「人類最難做到的就是認識自己和改變自己。」或許這是更充分的理由，讓人們渴望以一群人集體的聰明才智來平衡自己。

總評

阿德勒強調「個人權力」和「社會情感」這兩股雙生的形塑力量，他的用意在於，當人們瞭解之後就不會無知無覺受其擺布。他在書中描述的真實人物片段，我們可能從中看到與自己的共通處。或許我們蝸居在家庭或社區裡，忘記我們曾擁有的生涯夢想；或者我們把自己看成是「世界之王」，能夠任意違抗社會習俗。無論哪種狀況都是不平衡，終究會限制我們的可能性。

《認識人性》的大部分內容讀起來比較偏向哲學，而不是心理學，有過多關於個人性格的概括論述是得自傳聞軼事，而不是以實證經驗為依據。缺少科學支持是阿德勒的著作遭受的主要批評之一。不過，自卑情結這類概念已經成為日常用語了。

阿德勒和佛洛伊德一樣，都有堅定的知識進程想要達成，不過受到社會主義傾向的影響，阿德勒的目標放得低一點。他想要實際瞭解童年如何塑造了成年的生活，而這方面的知識可能造福整個社會。不像佛洛伊德是位文化菁英，阿德勒相信認識人性的工作不應該只是保留給心理學家，而是每個人都要承擔的重要任務，因為無知會帶來不好的後果。以這種路徑來研究心理學具有異乎尋常的民主色彩，因此《認識人性》一書是以阿德勒在維也納人民學院（People's Institute of Vienna）為期一年的講座為基礎整理而成，就再適切不過了。這是一本人人都能閱讀而且瞭解的著作。

阿爾弗雷德・阿德勒

阿德勒於一八七九年生於維也納，七個孩子中排行老二。五歲時罹患嚴重肺炎，加上一位弟弟去世之後，他立誓成為醫生。

他在維也納大學攻讀醫學，一八九五年通過資格考。一八九八年寫了一篇醫學專論，探討裁縫師的健康和工作條件，第二年遇見了佛洛伊德。阿德勒一直參與維也納精神分析學會，直到一九一一年。一九一二年與其他八人決裂，組織了個體心理學學會。這時他也出版了影響深遠的《精神官能症的體質》（*The Neurotic Constitution*）。第一次大戰期間，阿德勒中斷事業到軍醫院服務，這次經驗堅定了他的反戰立場。

戰後，他開張了第一家倡導「兒童心理健康」的診所，其後在維也納各地陸續成立了二十一所。因為阿德勒是猶太人，政府當局在一九三二年關閉這些診所，於是他移民美國，在長島醫學院（Long Island College of Medicine）任職教授。從一九二七年開始，他一直是哥倫比亞大學的客座教授，同時他在歐洲與美國的公開演講讓他聲名大噪。

阿德勒歿於一九三七年，死因是心臟病突然發作。當時他身在蘇格蘭的亞伯丁（Aberdeen），是歐洲巡迴演講的一站。阿德勒去世後留下他的妻子拉伊薩（Raissa），他們是在一八九七年結婚，生育了四名子女。

阿德勒其他著作包括《阿德勒心理學講義》（*The Science of Living*）、《個體心理學的實踐與理論》（*The Practice and Theory of Individual Psychology*），以及倍受歡迎的《你的生命意義，由你決定》（*What Life Could Mean to You*）。

1954

偏見的本質

The Nature of Prejudice

「需要多年的努力和數十億的金錢才能獲取原子的秘密。而要獲取人類非理性本質的秘密，需要更大投資。有人說打破原子比打破偏見容易。」

「人們把種族和族群的特質混淆在一起時，就是混淆了什麼是自然賦予的，什麼是通過學習獲得的。這樣的混淆有嚴重後果……因為會導致誇張不實的信念，以為人的特徵固定不變。遺傳所賦予的只能漸漸改變，學習得來的可以……在一代之間就完全變更。」

總結一句

種族偏見似乎根深蒂固在人的心裡，那是因為我們聚焦於視覺差異。
教育以及接觸別的群體可以讓我們知道，這些差異確實只存在於表面。

同場加映

丹尼爾．康納曼《快思慢想》（33章）
雷納．曼羅迪諾《潛意識正在控制你的行為》（39章）

02

葛登・奧爾波特

Gordon Allport

一九五〇年代中期，哈佛心理學教授葛登・奧爾波特表示，大眾媒體、旅遊和國際貿易拉近了人與人之間的距離。然而並沒有帶來四海之內皆兄弟的新感受，關係上的緊密往往只是引發摩擦和偏見。奧爾波特指出，我們已經製造出原子彈，然而「我們尚未學會如何去適應人類新近擁有的心理和道德上的親近感」。如果人類要存活下來，社會科學必須趕上物理科學的進步速度。

奧爾波特一九三七年的著作《人格：心理學的詮釋》（*Personality: A Psychological Interpretation*）讓他在心理學界享有盛名，然而是《偏見的本質》成為社會科學經典，不僅與許多學科相關，馬丁・路德・金恩和麥爾坎・X（Malcolm X）還都引用過。六十年過去，任何剖析偏見的嚴肅研究，依舊是以這本書為基準。

這本著作與美國民權運動特別相關。書是在一九五四年五月最高法院裁決「布朗訴教育局」一案之前剛剛出版的。最高法院下令「以審慎的速度」廢除美國學校黑白隔離制度。奧爾波特自然是歡迎這項判決，不過他堅信應該訂定實施的明確期限和行政命令。這麼做的部分理由是（他寫在一九五八年版本的序言裡），因為人們會接受行政上的既成事實，只要那符合他們的良心，即使不吻合他們的偏見。甘迺迪政府憑直覺知道，在社會正義的議題上，例如種族平等，政府必須扮演領導角色，民意終究會跟著改變。

我不是你以為的那個人

奧爾波特詳細敘述魏克斯（S.L. Wax）一九四八年的著名研究，做為這本書的開頭。魏克斯寫信給加拿大一百家度假村，每封信都一模一樣，要求訂同一天的房間。唯一不同之處是一封署名「洛克伍德先生」（Mr Lockwood），另一封署名「葛林伯格先生」（Mr Greenberg）。針對洛克伍德先生的來信，百分之九十五的度假村回應了，而且百分之九十三同意提供住房。至於葛林伯格的信，百分之五十二的度假村回應，同時只有百分之三十六提供住房。度假村的管理階層對於寄信者一無所知，除了他們的名字。顯然「葛林伯格先生」不是以個人身分接受評估，而只被認定是某個族群（猶太人）的一分子。

奧爾波特定義「偏見」是「對屬於某個團體的某人抱持厭惡或敵意態度，只因為他屬於那個團體，因此假設他擁有屬於那個團體的讓人反感特質」。如果人們敵視納粹這個團體，那麼他們並不是真的有偏見，因為有壓倒性的證據顯示，納粹幾乎在所有案例中都是邪惡的。但是敵視猶太人是偏見，或許你認識的某位猶太人不討你喜歡，然而並沒有證據顯示，存在普遍性的猶太人負面特質。「偏見的最終效應就是，」奧爾波特寫道，「把承受偏見的對象置於不利處境，但那不是由於他的不當行為應得的。」

人們「過度歸類」，以為這是節省時間的捷徑。偏見，無論是好是壞，都是快速評估別人的簡便方法，而不需要擁有一切的必備知識。然而，如果「接觸到新知識也不會翻轉的話」，這樣的預判就成為偏見。人們不允許新資訊抵觸他們的偏見時有個跡象，那就是他們會變得情緒化。要突然卸除我們珍視的觀點得付出代價。

與我們相像的人

人們非常容易陷入種族偏見有兩項理由。奧爾波特說：一，我們特別容易一概而論和過度歸類；二，我們很自然就會對其他團體懷抱敵意。

人類的自然傾向是，跟與自己相似的人黏在一起。部分是因為方便，我們傾向於跟最好的朋友住在附近；而如果能經常見面，就會變成比較好的朋友。我們也很自然會受到相似的人吸引，部分原因是比較不費力。如果我們知道別人跟我們有類似的觀點或假設，每一次我們要開啟一段關係時，就不必重起爐灶。成為宗教團體的一分子讓人自在，而且擁有共同價值。甚至連同學會這樣單純的事都會讓人非常開心，因為你們年紀一樣，在同一個地方長大，接觸到的是同樣的歌曲、電影等等。為什麼要辛辛苦苦去結交外國人？為什麼要邀請門房來打橋牌？我們看不出他會享受機智對答，那真的是太難了。

早在丹尼爾・康納曼的研究問世前，奧爾波特就預先指出，我們在心裡做出不合理的歸類和合理的歸類同樣容易。事實上是更容易，因為情緒通常會助長我們的偏見。人們很容易根據在巴黎的一次惡劣遭遇就建立起整個「法國人」的類別，而且即使在與其他法國人有過中性或正向的接觸後，要卸除最初的歸類還是很困難。有一種偏見機制以隱密的方式運作得特別好，那就是接受「有一些好的猶太人／中國人／黑人」，允許例外而不打破對「多數人」的偏見。這種計策甚至讓人們可以大聲嚷嚷「我有些最好的朋友是猶太人／中國人／黑人」，而不影響潛藏的偏見。

奧爾波特引用了史賓諾沙所說「愛的偏見」（今日我們稱之為「月暈效應」），也就是以過度美化的眼光看待一個人、一個地方或一種觀念。然而相信我們的配偶或孩子不會做錯事，不會在社會上造成任何不良後果，但是「恨的偏見」會。奧爾波特指出了偏見的五個層級。

仇恨言論：說出偏見，通常是在想法相似的朋友之間。

迴避：採取措施迴避接觸不喜歡的團體，即使會帶來不方便。

歧視：積極嘗試將某個群體的成員排除在僱傭、教育、住房、醫院、教會、社團等等之外。

身體的攻擊：一旦偏見混雜了強烈情緒，就可能引發暴力行為。

消滅：私刑、集體迫害、大屠殺、種族滅絕。

從表面上看公開表達偏見似乎不是那麼糟糕，奧爾波特表示，但是這麼做替實際的歧視和身體的暴力打下了地基。「從言辭攻擊到暴力、謠言到暴動、閒言閒語到種族滅絕，一切會自然演進。」奧爾波特評述道。在暴力爆發之前，針對少數人「有長期不容置疑的預判」，以及言辭抱怨，再加上自家群體經濟上的失敗，為攻擊外部群體創造了完美條件。外部群體成為所有壞事的禍因。往往在正常狀態下不會有人注意的事件（例如白人警察逮捕黑人）變得無比重要，甚至引燃暴動。

偏見與「種族」

奧爾波特時代的教科書展現不同的白色、黑色、棕色、黃色「人種」，彷彿他們之間有著什麼不可言喻的不同之處。奧爾波特走在時代前面，指出「種族」這個字眼和概念是不合時宜的。不管外貌是什麼樣子，所有人類都有相同的DNA，而且幾乎所有看起來是「高加索人」的人（舉個例子），都有一些非洲或亞洲的血統。

問題是，奧爾波特指出，「即使是一小片看得見的地方……人的心智都會聚焦於一切跟這一小片或許有關的可能事物上。一個人的性格跟他的鳳眼有連結，或者兇惡的攻擊性跟黑皮膚相關。」比起欣賞種族與族群（根據社會、文化或民族特徵來區分）之間的差異，或是種族與社會階級之間的差異，人們根據膚色來界定別人要容易多了。而且有視覺傾向、習慣尋找模式的我們很容易就錯誤假定，若兩個人在基本特徵上看起來相像（膚色），就必定是相像的。過去的假定是，既然人猿跟「黑種人」同一個顏色，比起白人，黑人必定更接近我們的人猿親戚。這種想法忽略了一個事實：在毛髮之下，大多數種類的猴子有著白色皮膚，而且大多數白人的毛髮可以長得比黑人更長、更濃密。即使是在奧爾波特的時代，人們已經知道美國黑人在基因上離「純黑種人」很遠了，因為他們混種的後代事實上比較接近美國白人。

「除了在地球的偏遠地區，」艾爾波特寫道，「極少數人屬於純種，大多數人都是混種（就種族上來說）。」「血統」的概念並沒有科學基礎。所有的血型都存在每一個種族裡，然而「我們和他們」的觀點一直是建立在血統概念這種有害基礎上。一旦另一個族群能歸類為生理上不同，就比較容易讓他們成為替罪羔羊，為所有不幸負責，方便我們逃避和轉移焦點，不必去努力解決自己的麻煩。

我們是用看得見的標記在心裡進行歸類，如果標記不可靠，就會熱衷於將自己心裡的分類變成看得見。在納粹統治下的德國，猶太人被迫戴上黃色臂章，因為單靠臉部特徵或服飾不一定永遠能將他們指認出來。在麥卡錫時代，有關人士費了好大工夫去指認「共產黨」，因為他們沒有明顯可見的特徵。「除非我們能指認出敵人，否則沒有辦法攻擊他們。」奧爾波特指出。

受到直接挑戰時，人們發現自己很難幫偏見辯護，奧爾波特觀察到。確切的說，「歧視是以隱蔽和間接方式施行，而且主要不是發生在會引起難堪的面對面情境中。」他提到有一項研究顯示，寫信要求訂位時，如果聚餐的人包含「有色人種」，餐廳不會回覆。不過如果這群人沒有訂位直接到場，要求一張空桌，所有人都會獲得招待。顯然，要終結種族偏見，這場戰爭必須兩條陣線同時開打，透過立法，也要進行公共教育，例如我們今日所見「拒絕種族主義」的廣告。基因檢測已經確認奧爾波特的說法，現代人的基因傳承混雜，顯示今日只有極少數人是「純種」白人、黑人，或者其他人種。面對這一類事實，即使是深入骨子裡的種族主義者都會覺得自己很難堅持不合理的信念。

面對偏見的防衛機制

社會上的非優勢族群會發展出對付偏見的性格特徵，包括被動和退縮。他們會迴避可能會遭遇歧視的情境和場所，而且如果受到歧視，他們不會出聲抗議來維護自己擁有的權利或自由。非優勢族群的另一種防衛是，把自己看成比優勢族群優越（有時猶太人會受到這樣的公開指控），認為優勢族群粗野、無知或庸俗。

偏見所針對的對象還有另一項特徵，那就是盡可能仿效優勢族群的外觀、特質和習俗，否認自身歷史、文化和習俗的價值。法國思想家托克維爾在十九世紀遊歷美國時，有注意到美國黑人的這項特徵，而在二十世紀時，許多移民到美國的猶太人則把姓名英語化來融入美國。有些人拒絕與參與猶太教，有些人表明痛恨意第緒語。

反擊或是戰鬥，大概是面對偏見的最自然反應。做不到的話，飽受偏見之苦的族群通常會去支持比較開明的政黨（非裔美人向來投票給民主黨）。傾向自由主義的政黨比較有可能改變現狀，提升少數族群的權益。面對偏見的另一項反應是「努力奮鬥」，於是少數族群會在經濟和教育上力爭上游，這樣就不會再讓人看成是邊緣人物。不過還有另一種反應：經濟上的權利被剝奪越多，就更加會追求代表地位的象徵，也就是，如果你貧窮，就想要透過珠光寶氣來遮掩這項事實。

奧爾波特有個吸引人的觀點是：身為受壓迫族群的一員，可能讓你對別的族群更有偏見，或許這是顯示你比某個族群優秀的方法。然而身為受壓迫族群的一員，也可能讓你的偏見比平常人少得多。舉個例子，奧爾波特時代的許多研究顯示，美國猶太人一般而言對黑人的偏見比白人少得多。簡單來說，歧視使得人們對其他族群的偏見與常態相比，不是比較強烈，就是比較淡薄。

總評

這部具有里程碑意義的著作問世超過六十年了。事情有什麼改變嗎？

有一例便可看出端倪：奧爾波特提到，在五〇年代人們透過臉部弄白和頭髮弄直讓自己「融入」白人主導的社會，這兩件事目前仍然盛行於印度等地，那些地區的人認為白的膚色「比較好」或者在社會上比較占便宜。好的方面來看，現在許多國家都制定了反誹謗的法律，防止任意的種族嘲弄和謠言從沸沸揚揚進展到社群暴力或種族滅絕。有人認為，如果一九三〇年代的德國就存在這樣的法律，或許就不會發生屠殺猶太人的事了。

一九九〇年代晚期，華盛頓大學的研究人員發展出「內隱聯結測驗」（Implicit Association Test, IAT），根據視覺閃示卡來測量我們所表述的信念跟潛意識真實態度之間有多少差距。這項測驗的研究人員一再發現，絕大多數人有著自己很難察覺的根深蒂固偏見。然而，奧爾波特的「接觸假設」是，如果讓不同的族群共事，就可以減少偏見。他指出，二次大戰期間軍方有把不同種族的人編成一排，起初士兵們保持戒心，然而後來證明成功。當然，競賽隊伍也必定是把焦點放在如何贏，而不是隊友長什麼樣子。後來的研究者發現，讓恐懼同性戀的人和同志共事也有相同效應，此外，「跨種族」婚姻必然會進一步打破僵硬的社會認知。這項領域的一名研究員湯瑪斯．佩狄格魯（Thomas Pettigrew）總結他的研究：「你對於其他族群的刻板印象不一定會改變，但是你還是會漸漸喜歡上他們。」

儘管在奧爾波特寫作之時，「偏見如棋盤縱橫交錯」橫跨全美國，他還是有理由懷抱希望。他指出，人們普遍偏向仁慈、友善與和平，勝過憎恨和戰爭。隨著孩童成長為大人，就會沿著同心圓發展出對於家庭、城市和國家的忠誠感，並且通常就止於國家。但是他相信，沒有理由他們不能在將來發展出忠誠於全體人類的情感。

葛登・奧爾波特

一八九七年生於印地安那州，奧爾波特在俄亥俄州的克里夫蘭長大。他就讀哈佛，拿到學士和碩士學位，再於一九二二年取得哈佛的心理學博士學位。獲得「謝爾登遊學獎學金」（Sheldon Traveling Fellowship）後，他前往德國與完形心理學家一起做研究，然後到劍橋大學待了一年。

在達特茅斯學院（Dartmouth College）以及伊斯坦堡執教一段時間後，奧爾波特回到哈佛，在此度過後半生的學術生涯。他的專長是人格心理學，他的「特質理論」以及關於人類驅力的研究，影響深遠。

奧爾波特曾經擔任「美國心理協會」會長，主持過「全國民意研究中心」。著作包括《人格：心理學的詮釋》（*Personality: A Psychological Interpretation*，1937）、《謠言心理學》（*The Psychology of Rumor*，1947）、《個體與宗教》（*The Individual and His Religion*，1950）、《養成：關於人格心理學的基本思索》（*Becoming: Basic Considerations for Psychology of Personality*，1955）。奧爾波特卒於一九六七年。

1997

自我效能

Self-Efficacy

「對個人效能的信念是人們可以施為、行動的關鍵因素。如果人們認定自己沒有力量做出成果，就不會嘗試讓事情發生。」

「因為擁有自我影響的能力，人們至少是自己部分命運的建築師。有爭議的並不是決定論原則，而是究竟應該以單方還是雙向的過程來看待決定論。」

「相信自己不一定能確保成功，但是不相信自己肯定會孕育失敗。」

「簡單來說，人的行為是決定好的，不過部分取決於個人，而不是完全由環境決定。」

總結一句

人們相信自己有多少能力達到特定目標，往往決定了他們的最終成就。

同場加映

卡蘿・杜維克《心態致勝》（12章）
沃爾特・米歇爾《忍耐力》（38章）
伯爾赫斯・史金納《超越自由與尊嚴》（49章）

03

亞伯特・班杜拉

Albert Bandura

人類起初相信的是：成功取決於神祇的一時興起。豐饒的收成、孩子的健康或者發現新技術，都是降臨我們身上的外在賜福。隨著社會與科技發展，「自我效能」——相信自己可以達到特定成就並且形塑自己或社群命運的個人信念——成為進步的推動力。不過亞伯特・班杜拉指出，今日我們體驗到的改變步伐越來越快速，造成巨大的不確定性，影響了人們的感受，不知道自己是否有能力形塑未來。因此他認為深入檢視自我效能的概念非常重要。

這本著作超過五百頁，不過核心論點可以總結成一段話：

「人們的動力強弱、情感狀態和行動，比較是建立在他們所相信的，而不是客觀事實為何。」

如果我們的心態和行動受到信念的影響大過「客觀事實」，那麼任何努力要成功，首先而且最重要的是，心理建設要成功。這一點不只適用於個人努力，也適用於想要造成社會改變的團體努力。班杜拉說，你相信自己可以成就什麼會影響許多事情，包括：

＊你選擇追求什麼樣的行動路徑或人生道路。
＊你會花多少力氣來達成目標、面對障礙你會堅持多久、失敗時你的復原能力。
＊你的思想是否能幫助你邁向成功，還是成為阻礙。
＊追求目標時你會體驗到多少壓力或沮喪。

在設想結果時我們越成功，就會越渴望能夠形塑未來。「成功孕育成功」，對各種可能性懷抱著熱情就會取代無動於衷。個人行動是如此，集體行動也是如此。

自我成就

班杜拉的「自我效能」理論，是在回應「人類主要或者完全是環境產物」這類理論。在《超越自我與尊嚴》一書中，史金納寫道：「人對這個世界產生不了作用，是世界在他身上起了作用。」班杜拉卻表示：「事實上，人是積極主動、懷抱志向的有機體，他們可以參與，形塑自己的人生。」另一方面，脈絡主義者認為：「人們修正自己的行動來符合社會脈絡，也在這樣的社會脈絡中恰巧找到自我。」然而班杜拉主張：「人們是社會環境的產物，也是社會環境的創造者。」有效能的人能迅速看出社會和政治脈絡中的人為限制，並且靈敏的找出方法改變或繞過這些限制。他們也善於運用現有體制達到個人目標。

一個人的態度、才能和認知技巧構成班杜拉口中的「自我系統」。這套系統發揮了重大作用，影響我們如何認知當下的情境，以及採取什麼樣的行為來回應不同情境，而自我效能是自我系統不可或缺的部分。

自我效能的信念不同於心理學家所說的「結果預期」。結果預期只不過是對於事情會有什麼結果的期待或展望，不一定牽涉到關於自我與自我能力的信念。結果預期或許會對發生的事產生正面效應（「懷抱最好的期待，你就會得到」是用來激勵人的常見套語），但與自我信念（我有這樣的能力，考試可以考得好、贏得競賽或是發表演講）造就結果的力量相比，就是小巫見大巫了。

事實上，班杜拉指出：「能動性（或主動性，agency）的信念和表現之間的正向關係，隨著年紀增強。」我們年輕時可能無限樂觀，不需要支持的證據就相信會發生好事，然而隨著年紀漸長，我們比較能領會到，對自己的能力有多少信念才是預測成功的最佳指標。而信念是建立在經驗與回饋的基礎上。

關於人的能動性的哲學

自我效能理論引出了有趣的哲學問題：人們是如何產生想法、如何在想像中構思事情，以及如何制定他們接下來要著手實現的目標和人生使命。在班杜拉寫作之時，神經科學上的發現似乎顯示，自由意志是幻覺，然而他堅持人不只是「旁觀的主人，任由環境中的事件編排大腦機制」。相反的，大腦與身體是人們運用來達成目標、開創人生方向的工具，人們形成的意圖會導致大腦和身體產生改變，為最終目的服務。此外，人們不只受環境影響，也會受自己影響。我們選擇行為的準則，或是決定奉行特定的信念，規範自己的言行。我們創造或者選擇待在能夠支持這些信念並且協助我們達成目標的環境。

論證不能將人化約成環境的輸入時，班杜拉舉了巴哈做例子。巴哈驚人的音樂天賦，還有他的多產，並不能歸結於他所接受的音樂教育、在他之前創造出來的音樂廣度，或是他當下環境中發生的事件。他有部分是身處特定時代與地域結出來的果實，但是他也為聲音藝術創造出一個全新世界，一個之前不存在的新環境。他的作品不是產物，而是創作。

史金納不否認人們有能力反制他們的環境，有刺激就有反應。不過班杜拉的論點是，人不只是會反應而已，人會「先發」。他指出，否認個人能動性的人（通常是哲學家）生活在許多人為之犧牲以維護這個能動性的政治制度裡，這是最終極的反諷。他們偽善的把自己看成是具備自我覺察的意圖和能動性的尖端人物，而芸芸眾生只是環境產物。

如何增強自我信念

《自我效能》不只是暢銷自我成長書《遠大思考的魔法》（*The Magic of Thinking Big*）學術版，班杜拉審慎區分了自我效能和自尊。後者是一九八〇和九〇年代的流行觀點。自尊涉及的是我們對自我價值的判斷，而自我效能是關於個人能力的判斷。從精準預測當事人會做什麼的角度來看，他說：「效能的信念可以非常精準預測行為，然而自我概念的影響就比較薄弱而且不明確了。」

一個人可能在工作上不抱希望，但是不會因此降低自尊。同樣的，一個人可能痛恨自己，卻依舊明白他們做某些事情非常能幹（想想看有人知道自己是整個州最厲害的法拍屋高手，同時承認這會導致許多家庭被趕出自己的房子）。簡單來說，任何事的成功對於你喜歡或者不喜歡自己沒那麼重要，真正要緊的是：你相信自己可以執行這項計畫或任務的程度。

班杜拉也拒絕「多重自我」的模型。這套模型主張我們想像自我有各種可能的未來版本，然後選擇一個。實際上，我們只有一個自我，是志向，再加上關於才能和表現的自我評價，形塑了我們採取的路徑。「要有出色表現，程序知識和認知技巧是必要的，然而不是充分條件。」班杜拉寫道。對事情瞭若指掌或聰明過人是不夠的，我們需要某種動機、某個目標，或是強烈渴望來牽引我們追求成就。

人們如何培養自我效能受四個因素影響：

游刃有餘的經驗。投入某項工作可以讓你獲得最清楚的回饋，知道自己是否有可能成功。

間接體驗的經驗。看到別人成功或失敗會影響我們如何看待自己成功的機率。藉由仿效成功人士，我們增強了有為者亦若是的信念。

他人的說服。當人們聽到別人說他們可以在某件事情上成功，或是有人相信自己，他們就會更加努力，不怕障礙繼續前進。

加強身體狀態，減輕壓力和負面情緒。身體和心理健康讓我們對自己的進展取得正確回饋，並且能堅持不懈。如果你精疲力竭，你可能想要放棄；保持精力充沛，就會比較容易保持正面心態。

班杜拉有個吸引人的觀點是：「關於自己在特定情境中的效能，一旦人們發展出一種心態，就會根據建立好的自我信念來行事，不會再進一步重新評估自己的能力。」換句話說，抬高的自我信念意味著，即使有一項令人失望的表現或是挫折都不會影響你對自己有能力「製造產品」的信心。拿這種心態跟面對第一道跨欄就放棄的人相比，你就能體會出自我效能的重要性。

總評

班杜拉指出，自我效能有時會被誤認為西方的個人主義。個人因為有信心造成改變或贏得勝利，而且願意為此努力，獲得重視和尊敬。然而自我效能對任何地方的任何團體要達成目標，都是至關重要的。如果一名成員不相信某件事可以完成，就可能拖垮整個團體。因此自我效能不只是放諸四海皆準，人們也低估了自我效能形塑這個世界的影響力。正如班杜拉所說：「因懷疑而敗壞的人不會成為社會改革者，也不會成為激勵人心的導師、領袖和創新社會的人……如果他們不相信自己，就不可能賦予別人力量。」

在《異數》（*Outliers*, 2008）一書中，麥爾坎・葛拉威爾主張，成功主要是幸運環境下的產物。華倫・巴菲特把他的巨大財富歸因於贏了「人生彩票」。對於滿心相信這個世界是可以改變，而且他或她就是要去造成改變的人，成功人士給與的環境解釋澆了他們一盆冷水。當然環境和基因是重要的，不過更重要的是，可以超越它們的強烈信念。

亞伯特・班杜拉

班杜拉生於一九二五年，出生地是加拿大大草原上的蒙達爾鎮（Mundare），位於亞伯達省。他的父母是來自烏克蘭的開墾者。高中畢業後他到育空地區（Yukon）建造阿拉斯加公路，然後在溫哥華的卑詩大學攻讀心理學。搬到美國（而且後來歸化成美國公民）之後他拿到愛荷華大學的心理學碩士和博士學位。

班杜拉開拓了許多心理學的實驗方法和概念，讓這門學科的發展離開佛洛伊德和史金納的路徑。一九五三年，他開始在史丹佛大學任教，在那裡度過後半生的學術生涯。目前他九十幾歲，是史丹佛心理系的大衛・史達・喬丹（David Starr Jordan）社會科學講座的榮休教授。

班杜拉在一九六〇年代初期主持了著名的「波波玩偶」（Bobo doll）實驗，探究兒童的攻擊性，同時他關於社會學習和仿效的研究帶出了「社會認知理論」。這套理論主張，人們的學習有大部分是透過觀察別人以及見識他們的行動後果。他的《思考與行動的社會基礎》（*Social Foundations of Thought and Action*，1986）提出一個觀點，認為人是主動的，並非受制於外在或環境力量下的產物。他最近的著作是《道德疏離：人們如何造成傷害而不愧疚》（*Moral Disengagement: How People Do Harm and Live With Themselves*，2015）。在二〇一四年進行的調查中，艾德・迪納（Ed Diener）和同事把班杜拉排在「現代最重要心理學家」的第一位。

1997

求生之書

The Gift of Fear

「就像每種生物，面對危險時你會知道。你擁有天賦的禮物，一位聰明的內在守護者，隨時準備好警告你有危險，引領你通過危機四伏的情境。」

「儘管我們想要相信暴力是有因果關係的，實際上暴力是個過程，是條鎖鏈，而暴力的結局只是其中一個鏈接。」

「對於這樣的人，被拒絕會威脅他們的身分、形象，以及整個自我，在這層意義上，他們的罪行可說是為了防衛自我而殺人。」

總結一句

要保護自己免於暴力，信任你的直覺，而不是科技。

同場加映

麥爾坎．葛拉威爾《決斷2秒間》(22章)

雷納．曼羅迪諾《潛意識正在控制你的行為》(39章)

04

蓋文・德貝克

Gavin de Becker

「或許他已經監視她一陣子了。我們不確定，不過我們的確知道，她不是他的第一位受害者。」這段令人毛骨悚然的文字是《求生之書》的開頭。這本書勾勒了暴力受害者，或者幾乎淪為受害者的真實人生故事。每一則個案的當事人若不是聽從直覺而倖存，就是忽視直覺而付出代價。

正常來說，我們會認為恐懼是不好的東西，不過德貝克試圖闡示為什麼恐懼是禮物，可以保護我們免於傷害。《求生之書》讓我們瞭解別人的內心，以致於他們的行動不會變成恐怖的意外。儘管可能會不舒服，尤其是要深入潛在殺人犯的內心，然而這麼做好過吃到苦頭才發現真相。

在十三歲之前，蓋文・德貝克在自己家裡目睹的暴力已經超過大多數成人一輩子見識過的暴力。為了生存，他必須善於在令人害怕的情境中預測接下來會發生什麼事，他把這件事當成一生的功課，試圖找出公式，詳盡分析暴力心態，因此其他人也可以看出暴力的徵兆。德貝克成為評估暴力風險的專家，接受家喻戶曉的名人、政府機關和公司行號委託，保護顧客安全。他也可以說是防治家庭暴力的代言人。

德貝克不是心理學家，不過他的著作讓我們對直覺、恐懼，以及暴力心理有更深刻瞭解，勝過你可能曾經想閱讀的正規心理學教科書。如同出色的犯罪小說那樣引人入勝，《求生之書》或許不只是改變了你的人生，有可能真的救了你的命。

直覺保障安全

德貝克觀察到，生活在現代世界我們已經忘記仰賴本能來照顧自己。我們絕大多數人把暴力議題留給警察和司法體系來處理，相信他們會保護我們，然而往往在我們讓政府機關介入時已經太遲了。另一種心態是，我們相信比較先進的科技會保護我們免於危險，配備越多警報和高牆，就覺得越安全。

然而有更可靠的保護資源，那就是我們的直覺或內心感受。通常我們擁有一切必要的資訊警告我們遠離某些人或某些情境，就像其他動物，我們具有內建的警戒系統來偵測危險。人們極力誇耀狗的直覺，不過德貝克主張，事實上人類的直覺勝過狗，問題是我們還沒有打算信任直覺。

德貝克描述道，遭受暴力攻擊的女性受害人自己說：「即使我知道正在進行的事不太對勁，會導致後來發生的事件，我也沒有讓自己脫身。」不知道為什麼，幫忙提包包或是尾隨進入電梯的攻擊者，就是有辦法讓這些女人順從他們的意願。德貝克認為有一「普遍的暴力符碼」是我們大多數人能夠自動感知的，然而現代生活往往會減弱我們的敏銳度。我們要不是根本沒看到信號，就是不承認這些危險信號。

弔詭的是，德貝克主張「信任直覺就不會活在恐懼之中」。真正的恐懼不會讓你癱瘓，而是賦予你能量，讓你能夠做到平常做不到的事。在他討論的第一則個案中，一名女子受困在自己的公寓裡，遭到強暴。在攻擊她的人說他要進入廚房時，直覺告訴她要躡手躡腳尾隨。她跟進時看到對方在翻抽屜找一把大刀子，想要殺她。她從前門逃跑了。有意思的是在回憶中她並不害怕。真正的恐懼，因為包含了我們的直覺，事實上是正向積極的感受，這是老天設計來拯救我們的。

每個人身上都有的暴力氣質

德貝克駁斥一種觀點，即「犯罪心靈」區隔暴力犯和我們其他人。我們大多數人都會說自己永遠不可能殺害別人，但是接下來你通常會聽到但書：「除非我必須保護我愛的人。」我們都可能有犯罪念頭，甚至是行動。德貝克觀察到，我們常用「非人」來描述許多殺人者，然而百之百肯定的是，他們只能是人，不可能是別的什麼。如果有人能夠做出某項行為，在特定的條件下，或許我們都能夠做出那樣的行為。在他的著作中，德貝克沒有餘裕去區分「人」和「怪物」。他想探究的是，人是否有意圖或能力去傷害別人。他的結論是：「暴力的來源在每個人身上，所有的改變在於我們是否能提出正當理由。」

連鎖而不是孤立的行為

為什麼人們會有暴力行為？德貝克歸結到四項因素：

正當理由：當事人判定別人故意不公正對待他們。

選項：要糾正過失或尋求正義，暴力似乎是唯一可行的方式。

後果：他們認為自己可以承受暴力行為的可能結果。例如，只要能夠纏上受害者，跟蹤者不在乎進監牢。

能力：他們有信心自己能夠使用身體、子彈或炸彈達成目標。

德貝克的團隊若必須預測威脅顧客的人有沒有可能使用暴力，便會核對上述「事前指標」。他說，如果我們注意觀察，暴力絕對不會「憑空出現」。事實上人們「突然發作」而謀殺別人不太常見。德貝克評論道，一般而言，暴力就像「水逐漸沸騰」那樣可以預測。

瞭解暴力是個過程也有助於預測暴力。「在過程中暴力的結果只是一環。」當警察在尋找動機時，德貝克和他的團隊更深入去發掘暴力歷史或是通常先於行為的暴力意圖。《求生之書》有一章專門探討配偶之間的暴力，指出大多數謀殺配偶的案件都不是發生在激烈爭執的當下，反而通常是預先謀劃過的決定。丈夫跟蹤太太已久，因為太太拒絕求和而引爆殺機。對於這些男士，遭到拒絕大大威脅了他們的自我意識，殺害伴侶似乎是恢復自我認定的唯一方法。德貝克揭露了讓人驚恐的事實：四分之三謀殺配偶的案件發生在受害女性離婚之後。

懂得如何辨識出精神病態

掠殺型罪犯有下列幾項特徵：

*魯莽輕率和虛張聲勢。

*一意孤行。

*會嚇到其他人的事情他不會震驚。

*在衝突中冷靜得詭異。

*需要掌控一切。

最能預測暴力犯罪的是什麼？德貝克的經驗是：混亂或受虐的童年是重要因素。一項針對連續殺人犯的研究發現，他們百分之百在小時候承受過暴力對待、遭受過羞辱，或只是受到忽略。射殺女演員蕾貝卡・雪芙（Rebecca Schaeffer）的羅伯・巴度（Robert Bardo）小時候被關在自己的房間裡，像家庭寵物一樣接受餵養。他從來沒有學會如何社交。這樣的人形成了扭曲的世界觀，卻讓公眾付出代價。

不過有暴力傾向的人可能非常善於掩藏他們是精神病態。他們可能處心積慮模仿常人言行，因此可以做到一開始看起來是「好人一枚」。警告的信號包括：

* 他們過分和善。
* 他們說得太多，給我們不必要的細節讓我們分心。
* 是他們接近我們，絕對不會是反向我們接近他們。
* 他們硬給我們貼標籤或者輕微冒犯我們，迫使我們回應，跟他們交談。
* 他們運用「強行稱兄道弟」的技巧，使用「我們」這個字眼讓自己和受害者好像是同路人。
* 他們找到方法幫助我們，讓我們覺得虧欠他們（跟「放高利貸」的行徑一樣）。
* 他們忽略或不理睬我們的拒絕。堅持拒絕，絕對不要讓別人說服你放棄，否則這麼一來他們就知道可以掌控你。

不需要過著疑神疑鬼的日子，我們擔心的大多數事情都不會發生，然而完全信任家裡或辦公室的安全系統或警方就有點傻了。德貝克指出，因為是人帶來傷害，所以我們必須瞭解人。

深入跟蹤者的內心

《求生之書》非常精彩的部分是，德貝克討論成為他客戶的公眾人物，以及跟蹤者如何企圖接近他們。任何時刻，著名的歌手或演員都可能有三、四名粉絲追著他跑，寄給他們如山的信件，或者試圖突破安全防護。這些跟蹤者只有少數真的想要殺掉他們的目標（其他人則相信自己跟這位明星有某種「關係」），而共通的因素是極度渴望獲得認可。

我們所有人都多少想要獲得認可、榮耀和意義，而透過殺害名人，跟蹤者本人也出了名。例如，馬克・查普曼（Mark Chapman）與約翰・辛克利二世（John Hinckley Jr.），他們的名字永遠與他們的目標約翰・藍儂與雷根總統連結在一起。對這樣的人來說，暗殺完全合理，這是成名捷徑，而且精神病態的人根本不在乎他們獲得的關注是正面還是負面。

瘋子追逐明星或總統的意象盤據了大眾想像，不過德貝克好奇為什麼名流的跟蹤者這麼吸引我們，而對於「光是美國每兩小時就有一位女性被丈夫或男朋友殺害」這項事實卻習以為常。附帶一提，他對於保護令沒什麼信心，說那只會激化情境。有暴力傾向的人面對戰鬥狀態反而充滿活力，而且如果他們都心理失衡了，保護令也無法保障人身安全。

總評

《求生之書》是具有濃厚美國特色的書，是在槍枝使用氾濫的文化脈絡下寫成的，而且與其他社會相比，美國社會更不強調社會凝聚力。如果你生活在英國村莊或是日本城市，或是美國的寧靜角落，這本書可能讀起來有點被迫害妄想。不過，德貝克責怪晚間新聞讓他的國家看起來比實際危險多了。他指出，比起遭遇陌生人暴力攻擊喪生，我們死於癌症或是車禍的可能性大得多。

二〇〇一年紐約世貿中心遭受恐怖攻擊之後，我們念茲在茲的是隨機暴力的可能性，然而大多數攻擊和殺人事件還是發生在家裡，認清眼前的暴力徵兆或許可以拯救你免於傷害。從個人安全的角度來看，德貝克說男性與女性生活在兩個不同的世界裡。名主持人歐普拉告訴她的電視觀眾：「美國每位女性都應該閱讀《求生之書》。」

在寫《求生之書》時，德貝克特別受到三本書的影響：《世紀大擒兇》（*Whoever Fights Monsters*），作者是美國聯邦調查局的行為科學家羅伯特·雷斯勒（Robert Ressler）；《預測暴力行為》（*Predicting Violent Behavior*），作者是心理學家約翰．莫納恩（John Monahan）；帶領讀者進入精神病態者內心世界的《沒有良知的人》（*Without Conscience*），作者為羅伯特．海爾（Robert D. Hare）。目前關於暴力心理學已經有大量文獻，不過德貝克的書仍然是絕佳起點。

蓋文・德貝克

德貝克，生於一九五四年，公認為「評估威脅，預測和處理暴力」這個領域的先鋒。他的公司為企業、政府機構和個人提供諮詢和保護服務。他領導的團隊為雷根總統的客人提供安全保護，同時他與美國國務院合作，保護來訪的外國領袖。他也發展出「MOSAIC」系統，以應對美國最高法院大法官、參議員和眾議員面臨的人身威脅。德貝克為許多法律案件提供意見，包括審判美式足球運動員辛普森（O. J. Simpson）的刑事和民事案件

他是洛杉磯加州大學（UCLA）公共事務學院（School of Public Affairs）的資深研究員、「家庭暴力理事會諮詢委員會」（Domestic Violence Council Advisory Board）共同主席，也是美國蘭德公司（RAND

Corporation）的顧問。

其他著作包括：關於孩童安全的《預知暴力：如何讓你的孩子免受侵害》（*Protecting the Gift*）、《少一點恐懼：在恐怖主義時代關於危險、安全和保障的真相》（*Fear Less: Real Truth About Risk, Safety and Security in a Time of Terrorism*），以及《只要兩秒鐘》（*Just 2 Seconds*），帶讀者透視保全這門專業與方法。

1964

人間遊戲

Games People Play

「『午餐袋』的婚姻角力。先生雖然有能力在好餐廳吃午餐，還是每天早上自己做幾份三明治，放在紙袋裡帶去辦公室。這麼一來，他妥善利用麵包皮、昨晚的剩菜，以及太太為他留下的紙袋。因此他可以完全控制家庭財務，因為面對這樣的自我犧牲，哪位太太敢幫自己買貂皮披肩？」

「父親下班回家，找女兒碴，女兒頂回去，或者女兒可能先出言不遜，於是父親加以指責。他們的音量提高，衝突變得更尖銳……事情的發展有三種可能性：（1）父親進臥室去，把門甩上；（2）女兒回她的房間，把門甩上；（3）他們倆各自回房，把門甩上。無論是哪種情況，這一場『吵鬧』終結的標誌是甩上的門。」

總結一句

人們互相角力來替代真正的親密，而每一次角力，無論多麼不愉快，一方或兩方玩家都會有特定收穫。

同場加映

湯姆斯・哈里斯《我好你也好的溝通練習》（28章）
凱倫・荷妮《我們的內在衝突》（30章）
弗利茲・波爾斯《完形治療》（41章）

05

艾瑞克・伯恩

Eric Berne

一九六一年，精神科醫師艾瑞克・伯恩出版了一本書名非常無趣的書《心理治療中的人際溝通分析》（*Transactional Analysis in Psychotherapy*）。這本書成為這個領域的奠基著作，被大量引用，而且有不錯的銷售成績。

三年後根據相同概念他出版了續集，不過這回比較口語化。有了亮眼的書名，同時用機智、風趣的方式把人的動機分門別類，《人間遊戲》勢必會吸引比較多的關注。首刷三千本賣得很慢，不過兩年後，主要歸功於口碑，再加上適度廣告，這本書賣出三十萬本精裝版，在《紐約時報》的暢銷書榜停留了兩年（就非虛構作品來說很不尋常），為將來的寫作者創造了可以參照的模式。五十幾歲的伯恩寫了一本大眾心理學暢銷書突然發財，買了新房子和瑪莎拉蒂跑車，並且再婚。

儘管當時他沒有意識到，《人間遊戲：人際關係心理學》標示了大眾心理學蓬勃發展的開端，與各據兩端的自我成長書和學院派心理學有所區隔。主流心理學家看不起伯恩的書，認為既膚淺又討好大眾，不過事實上前五、六十頁，是用相當嚴肅的學者風格寫成。只有在第二部分筆調才輕鬆起來，大部分人買書也是為了後面這些章節。

今日，《人間遊戲》的銷售量超過五百萬本，英文書名「*Games People Play*」也成為英文的慣用語。

撫觸和交流

伯恩一開始提到了關於嬰兒的一項研究。如果剝奪了身體的摟摟抱抱，嬰兒往往會陷入不可逆轉的心智和身體上的退化。他指出，其他研究也顯示，成人的感官剝奪可能導致暫時性的思覺失調。成人跟孩子一樣，需要身體接觸，但不一定總是能獲得，因此我們妥協，改成追求他人象徵性的情感「撫觸」。例如，電影明星可能從每星期數百封表達仰慕的粉絲來信中獲得他的「撫觸」，而科學家從一名科學界頂尖人物的一次讚揚中獲得。

伯恩定義「撫觸」是「社交的基本單位」。交換撫觸就是交流，是人際溝通，因此他創造了「人際溝通分析」(transactional analysis，簡稱ＴＡ）這個語詞來描繪社會互動的動力。

為什麼我們玩遊戲

伯恩評述道，由於需要接受撫觸，從生物學角度來看，人類認為任何社交往來即使是負面的也好過什麼都沒有。這種親密的需求也是人們投入「遊戲」的原因；遊戲成為真實接觸的替代品。

他定義遊戲是「一系列進行中的互補曖昧交流，進展到定義清楚、可預測的結果」。我們玩遊戲來滿足隱藏的動機，而且總是包含回報。

大多數時候人們並沒有覺察到自己在玩遊戲，認為那只是正常的社會互動一部分。遊戲很像是打撲克，我們隱藏真實動機，那是要獲得回報（贏錢）的部分策略。在工作場合，回報可能是達成交易。人們說投入「房地產遊戲」或是「保險遊戲」，或是「玩股票」，不知不覺承認了他們的工作包含一系列想要謀取特定收益的花招。而在親密關係中呢？回報往往包含情緒滿足或是增強掌控。

三個自我

人際溝通分析是從佛洛伊德學派的精神分析演化出來的；伯恩學習過也以精神分析執業過。有一次他一名成年男性病患承認，他其實是「穿著大人衣服的小男孩」。後續晤談中，伯恩詢問他，現在是小男孩還是大人在發言。從這些以及其他經驗中，伯恩形成了他的觀點，那就是每個人身上都有三個自我或「自我狀態」，而這些自我往往互相抵觸。三個自我的特徵如下：

＊父母角色的態度與思考（父母）；

＊成人的理性、客觀，以及接受事實（成人）；

＊兒童的立場和固著（兒童）。

這三個自我和佛洛伊德的超我（父母）、自我（成人）和本我（兒童）大致相應。伯恩論證道，任何一次社交互動中，我們都會展現出父母、成人、兒童這三個基本狀態中的其中之一，而且能夠轉換自如。舉個例子：我們可能表現出兒童的創意、好奇心和可愛，同時也有小孩的脾氣和執拗。在每個模式裡，我們都可能具有生產力或沒有生產力。

跟別人玩遊戲時，我們採用三個自我中的一個面向。為了得到自己想要的，我們可能覺得有需要表現得像個發號施令的父母、裝可愛的小孩，或是扮演聖人般理性的成人，而放棄了中立、真誠與親密。

讓遊戲開始

這本書的主要部分是匯集人們玩的許多遊戲，詳加剖析，例如下述。

「要不是為了你」

這是配偶之間最常玩的遊戲，其中一方抱怨另一方阻礙了他們去做自己人生真正想做的事。

伯恩表示，大多數人在選擇配偶時其實是潛意識的想要某些限制加在自己身上。他舉了一則例子，一位女性似乎極為渴望學跳舞，問題是她先生痛恨出門，因此限制了她的社交生活。她報名跳舞課，但是發現自己非常害怕公開跳舞，因此退出了。伯恩的論點是，我們怪罪另一半的地方往往會洩露出自己的內在議題。玩「要不是為了你」的遊戲，讓我們可以卸下責任，不去面對自己的恐懼或短處。

「你為什麼不——是的，不過」

這場遊戲開始於有人述說他們生活中的問題，另一人提供建設性的解決方案來回應他。當事人說：「是的，不過……」然後繼續挑出解決方案中的問題。若處於成人模式，我們會詳加檢視，然後試著採納一個解決辦法，然而這不是交談目的。交談是讓當事人獲得他人同情，安慰他能力不足應付情境（兒童模式）。反過來，解決問題的人則是獲得機會扮演明智的父母。

義肢

玩這種遊戲的人擺出防衛姿態：「對於裝義肢／童年悲慘／有精神官能症／酗酒的人，你期待什麼？」他們利用自身的某些特質做為缺乏才幹或動機的藉口，因此不需要為自己的人生負完全責任。

伯恩舉出的其他遊戲包括：

生活遊戲：「現在我逮著你了，你這狗娘養的」；「看看你逼迫我做了什麼」。

婚姻遊戲：「性冷感的女人」；「看我有多努力」。

「好人」遊戲：「平實的聖人」；「他們會高興認識了我」。

每一場遊戲都有正題——基本的前提和如何開展——與反題——達到結論的方式，其中一位玩家採取了在心裡讓自己成為「贏家」的行動。

伯恩表示，我們玩的遊戲就像是播放壞軌的錄音帶，那些磁帶從童年留傳下來，而我們讓它們繼續轉個不停。儘管限制了我們而且具有破壞力，這些遊戲也是一種安慰，解除我們的負擔，不需要去正視尚未解決的心理議題。對某些人來說，玩遊戲成為他們本質的一部分。許多人感覺有需要跟最親近的人相愛相殺，或者跟朋友爾虞我詐，才能保持對彼此的興趣。無論如何，伯恩警告，如果我們花太多時間玩太多「壞」遊戲，最後就會變成玩火，帶來自我毀滅。我們玩越多遊戲，就會越來越設想別人也在玩遊戲。毫不留情的玩家最終可能變得神經兮兮，對自己的動機有太多解讀，同時對他人的行為產生偏見。

總評

儘管許多執業的精神科醫師抨擊《人間遊戲》太「通俗」和空洞，這套人際溝通分析卻持續發揮影響力，許多心理治療師和諮商師在需要應付困難或滑溜的病患時，也會把這套理論加入他們的彈藥庫。這似乎是本開創性著作，因為把心理學家的精確帶入通常保留給小說家和劇作家的領域。的確，美國小說家馮內果（Kurt Vonnegut）寫過一篇著名的書評，認為這本書的內容可以帶給具有創造力的作家靈感，許多年都用不完。

請注意，《人間遊戲》是相當佛洛伊德學派的，許多遊戲的分析是根據佛洛伊德關於抑制、性緊張和潛意識衝動的觀點。作者使用的語言和表現的社會態度也清楚顯示，這本著作是一九六〇年代的遺物。

不過它仍然是本能開啟心智的讀物，而且是經典，雖然主題是「人們一直在玩遊戲，而且大概會一直玩下去」這樣簡單的洞察。正如伯恩指出的，我們教導孩子所有他們需要的休閒娛樂、儀式和常規，以融入我們的文化好好過日子。我們也花很多時間為孩子選擇學校和課外活動，然而關於「遊戲」——在每個家庭和體制的動力中，那個不幸而真實的特性——我們沒有教導他們。

關於人性，《人間遊戲》或許看起來提供了不必要的黑暗觀點，然而這不是伯恩的本意。他說，我們都可以不再玩遊戲，只要我們知道有別的選項。童年經驗造成我們丟掉了孩童時代擁有的天生信心、自發性和好奇心，對於自己做得到什麼和做不到什麼，我們採納了父母的觀點。透過對三個自我更寬廣深刻的覺察，我們可以回到比較自在自如的狀態。我們不再覺得成功需要別人同意，也不再願意以遊戲取代真正的親密。

艾瑞克・伯恩

艾瑞克・柏恩斯坦（Eric Bernstein）生於一九一〇年，在加拿大的蒙特婁長大。父親是醫生，母親是作家。一九三五年，他從麥基爾大學（McGill University）的醫學院畢業，在耶魯大學受訓為精神科醫師。他成為美國公民，在紐約的錫安山醫院工作，一九四三年把名字改成艾瑞克・伯恩（Eric Berne）。

二次大戰期間，伯恩成為美國陸軍的精神科醫師，戰後追隨舊金山精神分析學院（San Francisco Psychoanalytic Institute）的艾瑞克・艾瑞克森繼續深造。一九四〇年代晚期定居加州，他不再著迷精神分析，改投入「自我狀態」（ego states）的研究，經過十年發展成「人際溝通分析」（TA）。他成立

「國際人際溝通分析協會」（International Transactional Analysis Association），除了私人執業同時擔任顧問和醫院的職務。

伯恩的寫作題材廣泛，除了另外一本以檢視「人生腳本」概念的暢銷書《打招呼之後你說什麼？》（*What Do You Say After You Say Hello*，1975），還出版了《精神醫學與精神分析入門指南》（*A Layman's Guide to Psychiatry and Psychoanalysis*，1957）、《組織與團體的結構和動力》（*Structure and Dynamics of Organizations and Groups*，1963）、《愛情中的性》（*Sex in Human Loving*，1970），以及死後出版的《超越遊戲與腳本》（*Beyond Games and Scripts*，1976）。另外可參閱伊莉莎白・瓦特金斯・尤根森（Elizabeth Watkins Jorgensen）撰寫的傳記《艾瑞克・伯恩：人間遊戲大師》（*Eric Berne: Master Gamesman*，1984）。

伯恩承認他內心有個發展良好的小孩，曾經描述自己是「五十六歲的青少年」。他是熱衷的撲克玩家，有三段婚姻，一九七〇年去世。

1980

天生不同

Gifts Differing

「我們無法安全的認定，別人心智運作的依據原則跟我們一樣。屢見不鮮，跟我們有接觸的人不像我們推斷的那樣推斷，或者不珍視我們珍視的，或是對我們感興趣的不感興趣。」

「發展良好而內向的人必要時能夠幹練的應付周遭世界，不過他們表現最佳的是運用自己的腦袋，也就是沉思。同樣的，發展良好而外向的人能夠有效處理觀念，不過他們表現最佳的是對外的工作，也就是行動。天生的偏好會一直保持著，就像右撇子或左撇子。」

總結一句

如果你摸清楚對方的人格類型，就能開始理解他的行為了。

同場加映

蘇珊・坎恩《安靜，就是力量》（09章）
漢斯・艾森克《人格的維度》（16章）
卡爾・榮格《原型與集體潛意識》（32章）

06

伊莎貝爾・布里格斯・邁爾斯

Isabel Briggs Myers

「邁爾斯─布里格斯人格類型指標」（Myers-Briggs Type Indicator，MBTI）是一九四〇年代就存在的檢測方式，用來評量人格類型。這套測驗提供一臂之力，為今日雇主採用的各種心理計量測驗方法打下了基石。

這項測驗的緣起有些趣味。故事是，伊莎貝爾・布里格斯把男朋友克萊倫斯・邁爾斯（Clarence Myers）帶回家過耶誕假期。伊莎貝爾的父母喜歡這名年輕人，但母親凱瑟琳（Katharine Cook Briggs）注意到，他個性跟自家人不一樣。凱瑟琳因此產生了興趣，想要根據人格類型把人分類，並且閱讀不同人的自傳來發展出基本的類型：沉思型、隨興型、實幹型、社交型。她發現榮格的書《心理類型》（*Psychological Types*），成為她一生研究的理論基礎。後來女兒（婚後成為伊莎貝爾・布里格斯・邁爾斯）接棒凱瑟琳的研究。

儘管伊莎貝爾從來沒有正式研讀過心理學，但掌管地方銀行讓她得以學習統計學和員工檢測，於是在一九四四年製作了最初的人格類型檢測表格。布里格斯・邁爾斯說服了賓州的學校校長，讓數千名學生接受檢測，醫學生和護理生也進行了檢測。一家私人教育測驗公司聽聞了這套檢測法，在一九五七年公開發行，但是並沒有獲得廣泛使用，直到一九七〇年代。此後，「邁爾斯—布里格斯人格類型指標」用在數百萬人身上，主要是為了尋找適合職缺的員工，不過也用於教學、婚姻諮商和個人發展。數十年來檢測表格不斷修正改進，不過凱瑟琳・布里格斯原本的意圖「為什麼人們是這個樣子」，始終是這套測驗的靈感來源。

《天生不同：人格類型識別和潛能開發》是伊莎貝爾・布里格斯・邁爾斯以個人角度解讀自己的研究，在他的兒子彼得・布里格斯・邁爾斯的協助下寫作，完成後不久就過世。如果你對人格類型的背後理念有興趣，這本就是你要閱讀的關鍵著作。

在你實際進行「MBTI」測驗時（由是非題組成），你的人格傾向以四個字母的代碼來表示，例如ISTJ或是ESFP。下面概述了十六種類型的關鍵區別，同時說明如何實際應用這些知識。

知覺方式：透過感官或是直覺

在《心理類型》一書中，榮格提到，人們是以兩種截然不同的方式來看這個世界。有些人可以只透過五種感官來理解現實（「感官」型），其他人則仰賴潛意識，等待內在確認什麼是真相或真實的，屬於「直覺」型。

採用感官模式的人全神貫注於周遭一切，只關注事實，比較沒興趣處理觀念或抽象事物。直覺型的人喜歡沉浸在看不見的觀念和可能性的世界裡，不信任具體現實。無論人們喜歡使用和最信任哪種模式，往往是在年幼時就採用了，然後一輩子加以修正改善。

判斷方式：透過思考或感受

在榮格／布里格斯．邁爾斯的理解中，人們在兩種下結論或判斷的方式之間選擇其一：透過思考，運用非關個人的邏輯程序；以及透過感受，判定某件事對他們的意義是什麼。

人們執著於他們偏愛的方法。思考者信任自己的判斷方式，認為感受者是非理性和主觀的。而感受者好奇思考者怎麼可能對攸關自己的事保持客觀，怎麼可能這麼冷靜、一副事不關己的態度？

整體來說，偏愛感受模式的小孩很可能成為處理人際關係的高手，而偏愛思考模式的小孩會變得善於對照、運用和組織事實與觀念。

四種傾向

感官（S，Sense）、直覺（N，Intuition）、思考（T，Thinking）和感受（F，Feeling）的取向構

成了四種基本傾向，產生特定的價值、需求、習慣和特質。組合如下：

ST：感官加上思考。
SF：感官加上感受。
NF：直覺加上感受。
NT：直覺加上思考。

「感官─思考」型的人，喜歡只根據他們的感官能驗證的事實行事。心態務實，他們最好的工作表現是在需要拋開個人感受進行客觀分析的領域，例如外科手術、法律、會計，以及使用機械工作。

「感官─感受」型的人，也只信賴自己的感官，不過下的結論比較是根據自己對於事實的感受，而不是冷靜分析。他們是「善於跟人打交道的人」，傾向進入可以表達個人溫暖的工作領域，例如護理、教書、社工、推銷，以及「笑臉待人」的服務業。

「直覺─感受」型的人也偏向溫暖和友善，但不會把注意力放在眼前的情境和事實，反而對於事情可能會有什麼變化，或未來的可能性比較感興趣。他們喜歡的工作要能發揮他們的溝通天賦，並且滿足他們喜歡讓事情變好的需求，例如較高等的教學、傳教、廣告、諮商或心理學、寫作，以及研究。

「直覺─思考」型的人，也專注於可能性，不過會運用理性分析的能力來取得結論。他們比較可能投入需要巧妙解決問題的專業，尤其是帶有技術性質的，例如科學、電腦、數學或金融領域。

外向與內向

你偏外向（從外在世界的角度看待人生，E，Extraversion）或內向（更有興趣的是內在的觀念世界，I，Introversion），跟你傾向於感官、思考、直覺或感受，彼此沒有關聯。例如，你可以是外向的「直覺—思考」型，或者內向的「感官—感受」型，也就是ENT或ISF。四字代碼的第一個字母，E或I，代表你是外向或內向型。

外向的人傾向於快速行動，並且試圖直接影響自己的處境，而內向的人在接觸世界之前會給自己時間發展出對世界的洞察。外向的人樂於在事件如火如荼的當口做決定，而內向的人希望在採取行動之前好好想想。不一定哪種偏向就會做出比較好的決定，只不過是代表了個人比較自在的風格。

主宰與輔助程序

儘管我們每個人都會偏愛特定的存在方式，但其中一種會主宰其他模式。以NT型為例。雖然同時擁有直覺與思考的傾向，如果他們發現思考更有吸引力，思考就會成為他們的主宰程序。他們可能直覺某件事是正確的，但是必須透過客觀思考來確認。既然思考是判斷的程序，當事人人格類型的最後一個元素就是「判斷」（J，Judgment）。他們是「ENTJ」型（外向—直覺—思考—判斷）。其他人最後一個字母是「P」（Perception），代表知覺，顯示他們有強烈渴望想瞭解得更透徹。

需要一主宰程序以凝聚自我是完全可以理解的，不過榮格更進一步提出，每個人也都需要「輔助」程序。內向的人以外向為輔，因此必要時可以「擺出對外的面孔」。外向的人以內向為輔，以關照自己的內在生活。在這兩種情況中，如果輔助程序幾乎沒有派上用場，當事人就會生活在一個極端，人生也因此受苦。布里格斯・邁爾斯指出，在我們這個外向導向的社會裡，沒有發展出輔助程序的內向者，會比失於關照內心的外向者受到更大懲罰。

將人格分類的目的是為了擁有更強大的認知與判斷力量，兩者都需要使用輔助程序來協助。布里格斯・邁爾斯評述：「沒有判斷的知覺少了主心骨；沒有知覺的判斷是盲目的。內向少了外向是不切實際；外向缺乏內向則是膚淺。」

覺察人格類型以建立良好關係

人們不能總是融洽相處，這個事實顯示，我們不瞭解或不重視其他人看待世界的方式。例如，思考型會低估感受型的判斷，因為前者不瞭解後者怎麼可能不用邏輯而做出好的決斷。思考型會這樣假設是因為他們自己的感受是不穩定且不可靠的。不過感受型已經精進了自己的主宰程序，因此他們的感受可以提供良好的知覺與判斷，儘管這是思考型做不到的。

同樣的，因為感官型必須根據他們看見、聽到、嗅聞和觸摸的來知覺和判斷，而直覺型就是「知道」一件事是好是壞，他們的見解和結論在感官型看來是無法理解的。而對直覺型來說，感官型似乎是舉步維艱，少了像「呼吸」那樣自然又是生命之所需的的靈感。再舉另外一則例子，思考型認為感受型太多話了。思考型和別人談話時，他們想要的是資訊。因此如果感受型想從思考型身上得到任何東西，他們應該要記得，保持簡潔。

在上述所有例子中，每一種人格類型都無能欣賞他人運作而且運作良好的主宰程序。試圖跟別人說他們的知覺或判斷是錯的，就好像跟草說，它不應該是綠的。

工作上如何應對不同的人格類型

在工作場合中，如果你對同事是如何思考的有點概念，就可以期待比較有效的讓他們接受你的想法，並且減少摩擦。你會知道：

*跟感官型做事，你必須非常快速說明問題，搶在他們提供解答之前。

*只有拿出誘人的可能結果在眼前吸引，直覺型才有出手幫忙的興趣。
*思考型需要知道他們要達成的是哪種結果，而且必須用一套符合邏輯的論點跟他們解釋情況。
*感受型需要你框架整個情境，以呈現對參與者有什麼意義。

不管面對哪種類型，我們最好記得，永遠不要把焦點放在參與者身上，而是去解決問題。如果我們清楚每種類型的人可以帶來的貢獻，就會減少衝突，也比較不會丟了面子，而且有較大機會出現完美解法。

總評

伊莎貝爾·布里格斯·邁爾斯缺少正式的心理學資格，心理學界鐵定永遠不會完全接受她。有人質疑她對榮格的詮釋是否正確，因此鑑定人格類型的整個方法學就靠不住了。榮格本人很謹慎，不隨便把他發展出來的通則套用在特定的個人身上，持懷疑立場的人也宣稱類型的解釋太模糊，可以適用於任何人。你自己判斷看看。或許你會發現，拿這項測驗或是略有變更的版本來檢測自己，得到的描述都非常準確。

根據她自己的檢測方式，伊莎貝爾的結果是「內向－直覺－感受－知覺」型（INFP）。她指出，往往是內向的人做這項測驗有最大收穫。由於每四人當中有三人偏外向，而且每一名直覺型就有三名感官型，因此我們是活在「外向者」的世界裡。身為比較不普遍的類型，不意外的，要成為跟自己本質不一樣的人，內向的人可能感覺有些壓力，而「邁爾斯－布里格斯人格類型指標」讓他們或許是第一次覺得，做自己是可以的。

《天生不同》其中一項吸引人的洞察是，想要自己的人生成功，認可並且發展自己的類型或許比智商更重要。伊莎貝爾的觀點是，人格類型和慣用左右手一樣，都是天生的，如果你其實是左撇子卻想要成為右撇子，就是自尋壓力和不幸，然而順著自己的長處行事，才會大大提升機會，讓我們生活更圓滿、幸福、創造出豐碩果實。

伊莎貝爾・布里格斯・邁爾斯

生於一八九七年，伊莎貝爾家住華盛頓特區，由母親教導在家自學。父親李納姆・布里格斯

（Lynam Briggs）是物理學家，擔任「國家標準局」局長長達十餘年。一九一八年，伊莎貝爾嫁給克萊倫斯・邁爾斯，第二年從史瓦茲摩爾學院（Swarthmore College）畢業，取得「政治科學」學士學位。

她在「喬治華盛頓醫學院」主持的研究中，測試了五千多位醫學生。十二年後她追蹤這項研究，發現學生的人格類型大致可以預測出他們未來的道路（也就是從事研究、內科、外科或管理）。後續研究涵蓋了一萬多名學生。一九五七年，美國「教育測驗服務社」（Educational Testing Service）首度發表「邁爾斯－布里格斯人格類型指標」（MBTI）。

伊莎貝爾・布里格斯・邁爾斯逝於一九八〇年。今日，「邁爾斯與布里格斯基金會」（Myers & Briggs Foundation）接棒了她的研究。

2006

女人的大腦很那個……

The Female Brain

「男性與女性的基因編碼百分之九十九以上是完全相同的。在人類基因組三萬個基因中，兩性之間的變異很小。不過少數的差異影響了我們身體上的每一個細胞，從感受歡愉和痛苦的神經，到傳送知覺、思想、情感和情緒的神經元。」

「正如同女人有八線道高速公路處理情緒，而男人只有一條鄉村小路，男人擁有芝加哥歐海爾機場做為中樞來處理與性相關的念頭，而女人配備的是附近用來降落私人小飛機的機場。或許這點差異解釋了為什麼二十到三十歲的男性中，有百分之八十五每五十二秒就想到性，而女人一天只想一次——或者在她們最具生育力的日子，提高到三、四個小時想一次。這造成了兩性之間有趣的互動。」

總結一句

由於兩性接觸到的性荷爾蒙有極大差異，男人和女人以不同方式體驗這個世界。

同場加映

阿爾弗雷德．金賽《人類女性的性行為》（34章）
史迪芬．平克《白板》（43章）

07

露安・布哲婷

Louann Brizendine

身為醫學院學生，露安・布哲婷清楚，研究顯示，全世界專家有明確結論，女性與男性深受憂鬱之苦的比例是二比一。上大學期間正逢女權運動高峰，布哲婷和其他許多人一樣，相信這個結果是「父權對女性的壓迫」。但是她注意到，直到青春期之前，男孩和女孩的憂鬱比例是相同的。她好奇，有沒有可能是女孩在十幾歲時的荷爾蒙變化，讓她們突然變得比較容易憂鬱？

之後，身為精神科醫師，布哲婷的工作對象是受苦於極端經前症候群的女性。荷爾蒙與相關化學作用的劇烈改變形塑女性大腦、驅動女性行為以及創造女性實相的影響程度，對她造成很大的衝擊，留下不可磨滅的印象。一九九四年，布哲婷在舊金山開設「女性心情與荷爾蒙門診」（Women's Mood and Hormone Clinic），是全世界最早出現的這類型門診之一。《女人的大腦很那個……》是她身為神經精神科醫師執業二十年的集大成著作，匯聚了她自己的研究和相近學科的最新發現。對照男性大腦相對穩定的荷爾蒙狀態，女性大腦往往牽涉到多種化學物質混合的複雜狀態，而且從小女孩到青春期、成年初期、成為母親以及更年期，不同階段都會產生劇烈變化。這本書出色的闡示了為甚麼女性大腦的狀態與化學值得獨立研究，還有為什麼關於人類行為的概論通常是關於男性的行為。

《女人的大腦很那個……》包括了不少吸引人的章節，探討戀愛中的女性大腦、性愛的神經生物學、「媽咪大腦」（女性的思考如何跟著懷孕期大腦的化學變化而改變），以及成熟的女性大腦和停經之後的狀況。這裡我們只聚焦在布哲婷關於嬰兒期和青春期女性大腦的洞察。

基本差異

布哲婷指出，即使考量到身體尺寸的差異，男性大腦還是比女性大腦大約大了百分之九。這項事實曾被解讀為女性沒有男性那麼聰明。事實上，女性和男性有相同數量的腦細胞，不過女性的腦細胞比較緊密的塞在腦殼裡。

在處理語言和聽覺的大腦區域，女性的神經元比男性整整多出百分之十一，而跟記憶有關的大腦部位「海馬迴」，也是女性比較大。觀察他人臉部情緒的神經迴路又是女性比男性旺盛。因此關於語言、情緒智商，以及儲存豐富記憶的能力，女性有天生優勢。

另一方面，男性的杏仁核有比較多的處理器；杏仁核是大腦管控恐懼和攻擊性的部位。這或許解釋了為什麼男性會比較快憤怒、比較容易採取暴力行動來回應眼前的身體危險。女性的大腦也演化出機制來對付可能威脅生命的情境，不過是以不同方式。同樣的事件女性大腦會體驗到比較大的壓力；這樣的壓力是來自考慮孩子或家庭面臨的所有可能風險。布哲婷表示，這就是為什麼現代女性有可能把未付的帳單看成是大災難，因為那似乎威脅了家庭的生存。

目前透過大腦掃描和造影技術我們可以看到大腦的實時運作。大腦掃描和造影顯示，根據我們是在戀愛、注視臉孔、解決問題、講話或焦慮，會有不同的大腦部位亮起來，而且男性大腦與女性大腦的熱點有差異。女性實際上是運用跟男性不同的大腦部位和神經迴路來完成相同任務，包括解決問題、處理語言，以及對世界的整體經驗。

還有一項值得注意的大腦基本差異。研究顯示，男性平均每五十二秒就會想到性愛，而女性是一天一次。產生性愛念頭和行為的大腦部位，男性比女性大上兩倍半，因此上述沒什麼好訝異的。

女嬰的大腦

直到八星期大，男性和女性胚胎的大腦看起來是一樣的。「女性是天生的設定。」布哲婷評述道。大約八星期大時，男性胚胎的大腦充滿了睪固酮，殺死了跟溝通有關的細胞，並且協助跟性和攻擊相關的細胞增長。在生物化學這方面，此後男性與女性大腦就顯著不同了，等到懷孕前半期結束時，男性與女性大腦之間的歧異大部分都設定好了。

女嬰來到這個世界時已經內建好，會比較善於注意臉孔，聽出聲調語氣的差異。在生命最初三個月，女嬰「互相凝視」和眼神接觸的能力會成長為四倍。同一時期，男嬰這些能力完全沒有成長。

眾所周知，通常女孩開始講話的時間比男孩早，這歸功於她們大腦中發展比較好的語言迴路。這項特質會持續到成年，女性平均一天講兩萬字，男性平均只有七千字左右。（正如布哲婷的評語，這項比較高的能力「不一定總是受到讚賞」，有些文化把女人關起來，或者用夾子夾住她的舌頭，制止她喋喋不休。）

嬰兒時期另外一項重要差異是，女寶寶對母親的神經系統狀態比較敏感。女嬰的母親不會因壓力過大而緊張焦慮是重要的，否則女嬰長大有自己的孩子時，養兒育女的能力會減弱。既然我們有了這樣的知識，就有可能打破母親—嬰兒的壓力循環。

青少女的大腦

青春期的時候，女孩的思考和行為會隨著大腦中雌激素（「好心情」荷爾蒙之一）、黃體素（「大腦的鎮定劑」）和皮質醇（壓力荷爾蒙，亦稱可體松）的濃度波動而改變。其他會分泌的重要荷爾蒙是催產素（讓我們想要關係、愛、與他人連結），以及多巴胺（刺激大腦的愉悅中樞）。

這些化學物質的效應使得青少女有強大的社交需求，也樂於閒聊、逛街、交換秘密、實驗衣著和髮型（所有跟連結和交流相關的事）。青少女總是在講電話，因為她們的確需要交談來減輕壓力。她們見到朋友開心得尖叫，遭到禁足的反應是驚慌失措，也都是這些改變的一部分。女孩經驗到的多巴胺和催產素濃度突然提高，是「性高潮之外你能夠獲得的最大、最豐厚的神經系統獎賞」，布哲婷評述道。

究竟為什麼對青少女來說，失去友誼感覺是那麼悲慘的大災難？還有為什麼她的社交小圈子對她是如此重要？生理上她正在接近養育小孩的最佳年齡，從演化角度來看，她知道關係緊密的團體是良好保護，因為如果她身邊有小小孩，就無法像男性那樣攻擊或逃跑。以「戰鬥或逃走」來回應危險的概念，是針對男性的觀察，不適用於女性。緊密的社會連結實際上以非常正面的方式改變了女性的大腦，因此這些關係有任何失落都會引發荷爾蒙的變化，強化了遺棄或失去的感受。所以女性青春期友誼的強烈程度也是有生物化學基礎的。

青春期女孩應付壓力的信心和能力也會隨著每個月的那個時刻（經期）而改變。布哲婷治療過許多「問題」女孩，她們經驗了超過一般水準的荷爾蒙變化。最莽撞和好鬥的女孩往往有高濃度的雄激素（與攻擊性相關的荷爾蒙）。在正常濃度下，雄激素的波動會讓女孩比較專注於權力，無論是在同儕團體裡或是想要凌駕男孩之上。

順帶一提，為什麼十幾歲的男孩往往變得心事重重、沉默寡言？浸泡他們大腦的睪固酮不只驅動他們「不由自主的自慰狂熱」，而且讓他們不想講話或社交，只要沒有牽涉到女孩或運動競賽。

總體來說，在十幾歲的年紀，荷爾蒙對大腦造成的不同效應使得男性和女性走上不同方向：男孩因為獨立不依賴他人而獲得自尊；女孩則是透過社會連結的親密獲得自尊。

總評

布哲婷以精神醫學研究展開她的生涯，後來轉向神經學。這樣的視角讓她比較不願意思索與大腦實際運作無關的心理學或社會學概念。儘管顯然是女性主義者，她警告讀者，要瞭解人的行為是不能顧及政治正確的。是的，我們或許能改變文化態度或政策來造就比較美好的世界，但是首先我們必須瞭解男性與女性截然不同的大腦生物結構如何形塑行為的事實。

布哲婷參與了哈佛大學校長勞倫斯・桑默斯（Lawrence Summers）點燃的辯論。桑默斯說，男性和女性在數學和科學成就上的差異是因為兩性天生的大腦差異。布哲婷指出，直到青春期之前，男孩和女孩的數學或科學成績是一模一樣的。不過，充滿男性大腦的睪固酮使得男孩競爭心超強，也讓他們比較願意花許多時間一個人讀書或是在電腦前做作業。相反的，由於青少女的大腦充滿雌激素，女性變得更有興趣的是社會連結和她們的情感生活，結果就是不太會獨坐好幾個小時來思考數學謎題，或是奮力要在班上成為翹楚。即使是成年女性也會受迫於大腦的化學作用，想要交流和聯繫，使得她們比較不喜歡單獨工作，而數學、科學或工程師生涯往往有這方面的要求。布哲婷的理論總結一句：並不是缺乏資質讓女性遠離這些領域，而是缺乏這些工作所需的心態，而這樣的心態是大腦決定的。

不過布哲婷表示：「對於我們的實相，生物學有強力影響，但是不會鎖定不變。」也就是說，如果我們清楚形塑我們的生理或基因力量，就能夠把這些因素納入考慮。藥丸形式的雌激素很容易取得，加上我們可以替換荷爾蒙的事實（《女人的大腦很那個……》有一長篇附錄，探討荷爾蒙替換療法），意味著現在女性比較能夠控制她們的日常現實經驗，或許這類治療最終對女性生活和命運的巨大影響會不下於避孕藥。

去掉大量的附錄和註解，《女人的大腦很那個……》原文只有兩百頁。行文有趣而且不時閃現機智，深入淺出，綜合了這個主題的相關研究，想必未來許多年都會有人捧讀。書中還附加了許多對男性大腦的洞察，所以這本書是寫給每個人的。

露安・布哲婷

布哲婷的第一個學位來自加州大學柏克萊分校，主修神經生物學（1972-76），之後前往哈佛大學攻讀醫學，接著是在哈佛醫學院深造攻讀神經醫學（1982-85）。

在哈佛履行完教學期限後，一九八八年她接受加州大學舊金山分校「蘭利・波特精神醫學研究所」（Langley Porter Psychiatric Institute）的職務，一九九四年她在那裡開設了「女性心情與荷爾蒙門診」。身為加州大學舊金山分校的精神醫學教授，她持續結合研究、門診和教學，聚焦於心情、能量、性功能的交互作用，以及荷爾蒙對大腦的影響。布哲婷也是《男性大腦》（*Male Brain*，2010）的作者。

1980

好心情

Feeling Good

「如果你願意在自己身上投資一點時間，便可以學會比較有效的控制自己心情，就像運動員每天鍛鍊身體，就可以培養出比較強大的耐力和力氣。」

「將自己從情緒的牢籠釋放出來的鑰匙是什麼？很簡單：你的想法創造了你的情緒，因此，你的情緒不能證明你的想法是正確的。不愉快的感受只是顯示你正在想著負面的事情，而且深信不疑。你的情緒尾隨想法出現，就好像小鴨子必定會尾隨鴨媽媽。」

總結一句

感受不是事實，你可以透過改變自己的想法來改變你的感受。

同場加映

亞伯．艾里斯、羅伯．哈波《理性生活指南》（13章）
馬汀．塞利格曼《真實的快樂》（48章）
威廉．史泰隆《看得見的黑暗》（50章）

08

大衛・柏恩斯

David D. Burns

想想這份統計數據：在美國，任何時刻都有百分之五點三的人陷入憂鬱；成人一生中有百分之七至八有陷入憂鬱的風險，女性的風險更高。四十年前，憂鬱症發病的平均年齡是二十九歲半，今日對半成十四歲半。雖然在已開發國家的比率不同，一九〇〇年之後憂鬱症的發病率驚人成長。

大衛・柏恩斯寫道，在一九八〇年代之前憂鬱就已經成為心理界的癌症，普遍而難以治療。與憂鬱症連結在一起的禁忌讓這個問題對大多數人來說更加惡化。如同癌症，找出「療方」是心理學界追求的聖杯，從佛洛伊德學派的精神分析到電擊治療，用盡一切方法來對付這個問題，始終沒有得到非常好的成果。

柏恩斯協助建立了一種新療法：認知治療。透過《好心情：新情緒療法》，他嘗試解釋這套療法如何運作，以及為什麼與其他治療方式不同。這本書曾經暢銷一時，因為是最先向大眾解釋認知治療的著作，沒有憂鬱症的人讀來也出乎意外的有趣和實用，提供了或許可以改變生活的洞見，讓讀者明白思想與情緒是如何交互作用。

認知的方式

以精神科住院醫師的身分在賓州大學工作時，柏恩斯與開先河的認知心理學家亞倫．貝克共事。貝克相信大部分的憂鬱或焦慮都只是不合邏輯和負面思考的結果。他指出憂鬱患者的感受——覺得自己是魯蛇或是他們的人生大錯特錯——與他們往往是高成就的現實人生境遇，有顯著反差。貝克的結論是，因此憂鬱必然是根植於「思考」出了問題。把扭曲的想法矯正了，就可以回復正常。

貝克認知治療的三項原則是：

* 我們所有的情緒都是因為「認知」或想法產生的。任何時刻我們的感受都是出自我們在想什麼。
* 憂鬱是不停想著負面的念頭。
* 大部分造成我們情緒騷動的負面想法明明白白就是錯誤的，或者至少扭曲了事實，然而我們毫無疑問接受了。

在柏恩斯看來，上述說法再明顯和簡單不過了。但是當他實際嘗試在憂鬱病患身上，運用貝克稱為認知治療的這種創新談話療法時，他很驚訝許多長期病患是多麼如釋重負，擺脫了破壞性的負面感受。幾星期前嘗試自殺過的患者現在期待重建他們的新生活。

看穿黑魔法

認知治療的革命性概念在於，憂鬱不是情緒失調。我們陷入憂鬱的惡劣心情都是根源於負面想法，因此治療必須包括挑戰和改變這些想法。

柏恩斯列舉出十種「認知扭曲」，例如非黑即白的思維、以偏概全、妄自菲薄、妄下結論，以及給自己貼標籤。意識到這些扭曲，就能引導我們明白「感受不是事實」，感受只是映照出我們的想法。

如果上述是真確的，我們應該信任自己的感受嗎？感受似乎是有憑有據，是「真相」，不過正如柏恩斯指出的，那就像信任我們在遊樂園看見的哈哈鏡，以為哈哈鏡精準映照出我們的形象。他提到：「不愉快的感受只是顯示你正在想著負面的事情，而且深信不疑。」這就是為什麼他認為「憂鬱是如此強大的黑魔法」。

因為想法先於情緒，我們的情緒絲毫不能證明我們的想法是正確的。感受也沒有特別了不起，尤其是根據扭曲的認知產生的感受。柏恩斯問：當我們心情大好時，我們的美好感受決定了我們的價值嗎？如果不是，那我們怎能說，當內心感到憂鬱時，這樣的感受決定了我們的價值？

柏恩斯不是在說所有情緒都是扭曲的。舉例來說，當我們體驗到真實的悲傷或喜悅，這些感受就是健康而且正常的反應。真誠的悲傷，例如在失去親人時，那是「靈魂」的悲傷，而憂鬱永遠是心智上的。憂鬱不是對於生命的適切回應，而是錯誤、繞圈的思考帶來的疾病。

創造新的自我形象

柏恩斯指出憂鬱「套套邏輯」的本質：我們的感受越糟，想法就會變得越扭曲，而扭曲的想法讓我們陷得更深，自我感受更加灰暗。幾乎他所有的病人都認為自己的處境是沒有希望的。他們真心相信自己是糟糕的人，與自己的對話就像是壞掉的唱片，反覆播放自我譴責和自我貶抑。憂鬱的人即使在有人愛他們、有家庭、有好工作等等時，也覺得自己是不幸的。我們可能擁有「一切」，然而如果不愛自己，而且丟失了自我價值，就會覺得自己什麼都不是。

採用認知治療的心理治療師往往會和病人陷入激烈拉鋸戰，試圖指出病人的斷言有多麼可笑或謬誤。當病人終於學會挑戰對自己的錯誤想法時，就是對自己產生良好感受的開始。

總評

《好心情》一書中的概念真的有效嗎？研究人員追蹤了兩組類似病患，一組讓他們在一個月內讀柏恩斯的書，一組沒有讀書。與對照組相比，閱讀《好心情》的這一組不只是憂鬱症狀大幅改善，而且症狀沒有再上身。或許這本書要發揮效力的關鍵是，我們覺得自己不是被「處置」的，而是獲得工具來改變自己。

指定像《好心情》這樣的書給心理生病的患者閱讀，稱為「閱讀治療」，在這方面專業人士對柏恩斯的著作通常評價很高。在幫助人們對抗憂鬱症時，讀一本書的效力真的比得上藥物或心理治療的作用，甚至更好嗎？當然是值得嘗試。如柏恩斯本人在一九九九年修訂版的導言中指出的，他的書價格大約是兩顆百憂解藥丸，而且沒有副作用。

的確，認知治療的絕佳益處就是不需要吃藥。不過在《好心情》的最後一章，柏恩斯解釋，對於實在很嚴重的憂鬱症，最有效的治療是結合認知治療和抗憂鬱藥物，前者改善患者的思考，後者提升他們整體的心情。

柏恩斯指出，認知治療的基本概念——我們的想法影響了自身的情緒和心情，而不是反過來——可以回溯到古早以前。古代哲學家愛比克泰德（Epictetus）一生都在闡述這個概念：不是事件決定你的心理狀態，而是你決定要如何感受事件。這是所有快樂的人共享的秘密，不過任何人都可以學會這項技巧。

大衛・柏恩斯

生於一九四二年，柏恩斯大學就讀艾姆赫斯特學院（Amherst College），從史丹佛大學拿到碩士學位。他在賓州大學完成精神醫學的訓練，成為該校醫學中心的精神科代理主任。一九七五年，他因為腦化學方面的研究贏得「生物精神醫學學會」（Society for Biological Psychiatry）頒發的「班奈特獎」（A. E. Bennett Award）。

柏恩斯曾經擔任哈佛醫學院的訪問學者，目前是史丹佛大學醫學院「精神醫學和行為科學」兼任臨床榮休教授。

《好心情》賣了四百多萬冊，除了成功的衍生品《好心情手冊》（*The Feeling Good Handbook*），柏恩斯也出版了針對關係的《一起擁有好心情》（*Feeling Good Together*）、《快樂的十日課：從憂鬱到快樂的十個步驟》（*Ten Days to Self-Esteem*），以及《當恐慌來襲》（*When Panic Attacks*）。

2012

安靜，就是力量

Quiet

「內向——加上它的表兄妹，敏感、嚴肅和害羞——目前是次等的人格特質，介於讓人失望和病態之間。內向的人生活在以外向為理想的社會裡就像女人生活在男性的世界裡，因為自己的核心特質而受人藐視。外向是極有魅力的人格特質，然而我們把外向轉變成壓迫人的標準，讓絕大多數人感覺自己必須去順服它。」

「不管你參考的是哪一項調查，三分之一到二分之一的美國人是內向的人，換句話說，你認識的人每兩或三人就有一位……如果你本人不是內向的人，你肯定會撫養、管理到內向的人，或者跟內向的人結婚或成為伴侶。」

總結一句

或許是迷人的特質，然而外向已經成為「壓迫的標準」，使得數百萬比較安靜的人無法表現天生的人格和力量。

同場加映

伊莎貝爾．布里格斯．邁爾斯《天生不同》（06章）
漢斯．艾森克《人格的維度》（16章）
史迪芬．平克《白板》（43章）

09

蘇珊・坎恩

Susan Cain

「內向者」(introvert)這個字眼是透過卡爾・榮格一九二一年的著作《心理類型》而普及的。榮格指認出自古以來就存在兩種人格類型:喜歡外出、個性快活、在擁擠的房間裡最快樂的類型,以及好沉思、需要花時間獨處來充電的類型。

榮格之後,心理學家提出各種軸線和象限來充實基本的外向/內向區別,但是幾乎沒有人瞭解這樣的區別對許許多多人來說是多麼重要,直到蘇珊・坎恩的《安靜,就是力量:內向者如何發揮積極的力量!》(*Quiet: The Power of Introverts in a World That Can't Stop Talking*)大賣之後(至今兩百萬冊)。花了七年寫成,對坎恩(自認是內向者)來說,更像是使命而不只是一本書。不愧是內向者,這本書寫得極為出色,而且有研究的充分支持。

內向/外向是人格的最基本劃分,坎恩主張那是「南轅北轍的氣質」。不過說內向者不好社交,外向者善於社交,那就太簡化了;坎恩指出,他們是「不同的社交人格」。自己的思考就給予內向的人太多刺激了,因此一屋子喧鬧的人實在是超過他們的負荷,會耗盡他們的能量。相反的,外向的人如果一整天獨自一人可能會覺得有氣無力，或是漫無方向；他們需要與人互動才感覺到有活力，思路清晰。在交談風格上，外向的人傾向先寒暄幾句，再談比較重要的事。內向的人相反，他們樂於迅速深入有意義的談話，最後再閒聊。不過如果身處自在的環境，內向的人也可以像其他人一樣聊個沒完。

這個世界為什麼變得如此外向

坎恩強調，在西方國家善交際和外向的人受到讚賞，而內向的人得到的形容是自我中心、反社會，甚至是病態。東方剛好相反，內向者好學深思、善於傾聽和剛毅木訥的秉性獲得讚美，而外向的人被視為咄咄逼人和反社會。坎恩舉出的內向者範例有一些是亞裔美國人，他們必須適應在美國的生活，也還不習慣美國社會的觀念，也就是認為華麗的表達方式跟內容或知識一樣重要，甚至更重要。簡單來說，內向／外向的區別既是生物構造上的差異，也是文化建構而成。

戴爾・卡內基（Dale Carnegie）在一九三〇年代以他的「公開演說」課程和著作《如何贏取友誼和影響他人》（*How to Win Friends and Influence People*）崛起，生涯達到鼎盛，他的成就象徵了文化歷史學者華倫・蘇斯曼（Warren Susman）所說的「品格的文化」（culture of character）轉移成「人格的文化」（culture of personality）。美國人過去讚賞認真、自律和品德高尚的人，而新的理想人物是擁有良好的「人格」——這個英文字眼十九世紀前不存在，直到二十世紀才普遍使用。人口從農村移轉到城市後，表示人們必須隨時和完全陌生的人互動，而良好的第一印象可能意味著能否得到工作的差別因素。自我成長書試圖協助人們變得比較有魅力或迷人，而曾經這類書籍鼓吹的是堅毅和誠實的價值。無論是誰，只要沒有展現出足夠的外向性格就會被看成是怪異和軟弱，甚至如果是男性，就會被當成同性戀。學校老師接受的訓練是把內向看成是社會適應有問題，必須加以矯正。一九四〇年代，哈佛剔除害羞、神經質和知性型的申請人，偏愛喜歡交際的類型，即使前者的入學分數比較高。一般的觀念是，只有具備「推銷員」的性格才能在「真實世界」表現優異。

這種不經思考的外向偏見延續到今日，而且帶來危險後果。坎恩拜訪哈佛商學院進行研究時震驚的發現，每一件事的設定架構都是以「團隊」為基礎，學校期待每個人都在課堂和研討會上長篇大論，同時參與耗時費力的社交生活。當她讀到一些關於期待學生如何參與的注意事項時，起了戒心。「陳述意見要堅定。即使你只相信百分之五十，說的時候也要像是你百分之百的相信。」換句話說，你如何說一件事比你說什麼來得重要；看起來信心十足比你獨自研究某個議題得出來的任何見解重要。

書呆子的反擊

坎恩引用一項研究顯示，人們認為愛說話的人比寡言者好看、有趣，而且做為朋友評價比較高；說話快的人比說話慢的人討人喜歡，也比較有能力。而且在團體中，話多的人總被評為智力較高，比他們安靜的同事聰明，儘管愛說話跟智力並沒有什麼關連。坎恩提到菲力浦・泰洛克（Philip E. Tetlock）對政治專家的研究著作《專業政治判斷》（*Expert Political Judgement*，2005）。這些權威人士在談話節目和新聞頻道中預測政局，而泰洛克發現他們其實比一般人的預測更失準。事實上，越出名或者越是坦率直言的專家，紀錄越糟糕。

在《從A到A^{+}》（*Good To Great: Why Some Companies Make the Leap . . . And Others Don't*，2001）一書中，吉姆・柯林斯（Jim Collins）研究企業領袖後發現，最成功的並不是具有魅力的外向者，而是那些「極為謙遜加上具有強烈專業意志」的人。員工用來形容這些人的語詞包括：安靜、謙虛、謙和、內斂、羞澀、優雅、舉止溫文、不張揚和低調。換句話說，最好的公司是由全心全意投入公司而不是關注自己的人來領導。心理學家亞當・格蘭特（Adam Grant，著有《給予：華頓商學院最啟發人心的一堂課》〔*Give and Take: A Revolutionary Approach to Success*〕，2013）也發現，內向的領導者更善於讓別人主動和獨立工作，而外向的領導者傾向讓別人複製他們的見解。

整個文化——無論是公司、大學或國家——若以外向為核心價值，顯而易見的問題是：決策權便掌握在比較果斷的人手裡，而比較安靜、往往也比較有見識的人則遭到忽視，讓團體付出代價。

有專家研究過一家投資銀行的六十四位交易人，得到一有趣結果：表現最好的往往是情緒穩定的內向者。為什麼？內向的人比較會關照細節，而且善於捕捉微小的警兆，勝過外向的人。他們也比較能夠覺察和承認自己的激動和渴望，客觀看待事情。

坎恩訪談華爾街傑出的對沖基金交易員柏伊金・柯瑞（Boykin Curry）時，對方惋惜道，在金融危機之前的繁榮歲月，爭強鬥勝的冒險家掌握了決策：「特定人格類型的人掌控了資本、體制和權力。而天性比較謹慎、內向、思考上重視統計數字的人喪失信譽，遭到冷落。」坎恩指出在「安隆」這家能源公司倒閉之前，也發生相同的事。顯然，成功的組織不能只有追求報酬的員工，也需要謹慎的個人來平穩，他們能保障企業二十或五十年後依舊存在。這些人通常屬於內向陣營。

安靜的力量

因為在社交和事業上可見的優勢，有些內向的人試圖仿效外向者的行為舉止，應該不會讓人意外。在這樣的社會制約下，結果就是許多人覺得為了成功他們必須喜歡交際、在團隊中工作、迅速決策，並且樂於成為關注焦點。然而從愛因斯坦的相對論到牛頓的萬有引力理論；從普魯斯特的《追憶逝水年華》到史蒂芬・史匹柏的電影，坎恩強調，如果這些創作者被迫成為與他們本質不合的人，許多我們珍視的科學和藝術成就都不會出現了。政治上也一樣。「愛蓮娜・羅斯福、艾爾・高爾、華倫・巴菲特、甘地等人物，以及羅莎・帕克斯（Rosa Parks），」坎恩評論道，「儘管內向被當作缺點，但反而是因為內向，才完成了他們的事功。」

在這個把善於社交等同於快樂、大膽等同於偉大的世界裡，「安靜的力量」比較少獲得頌揚。這是民權運動者羅莎・帕克斯自傳的書名，坎恩標舉她為強大內向者的原型。在她挺身而出反抗種族歧視成名後，許多人疑惑為什麼如此謙遜的人會這麼勇敢。但是對坎恩來說，這一點都不神秘。她本人曾經是華爾街的律師，而身為內向者，怕死了談判。不過她不採取通常的對抗途徑，反而是一直問問題，從來不提高聲量，並且尋求共同點。有一次談妥協議之後，第二天對手打電話給她，不是要她重回談判桌，而是給她工作，表示他們從來沒見過有人能同時這麼和善又這麼強悍。甘地年輕歲月擔任律師時，非常害羞，而且終其一生都不善於即席演講。然而他的「非暴力原則」成為「軟實力」的典範。如同羅莎・帕克斯，甘地也向世人展現，安靜不一定意味著軟弱。「信念就是信念……無論用多高的分貝來表達。」坎恩說。

為什麼這個世界需要內向的人

沒有研究顯示外向的人和內向的人在智力高低上有任何差別，只不過他們的表現不一樣。外向的人在小學階段成績比較好，然而在中學階段就被內向的人趕過去了。在大學，內向比起單純的腦力是更好的預測成功指標。針對一百四十一位大學生的研究發現，橫跨全部學科，內向的人就是懂得比較多。他們在「華生—格拉瑟批判思考能力測驗」（Watson-Glaser Critical Thinking Appraisal test）上的表現也比外向的人優異多了。坎恩表示，「企業在雇用和晉升員工時廣泛使用這套批判思考能力評估測驗。」

工作風格也不一樣。外向的人喜歡直接去解決問題，快速工作，然而挫折時容易放棄。內向的人則會思考得比較久比較深，鍥而不捨直到想出解決辦法。如愛因斯坦所說：「並不是我有多聰明，而是我抓著問題不放的時間比較久。」外向的人關注身邊發生的事，內向的人比較喜歡運用他們的想像力，發展策略，並且試圖看見大局。坎恩說，如果交付外向和內向的人相同任務，外向的人會問這是怎麼回事，而內向的人問的是「如果……會怎樣」。

新的群體思維

對於心理特質研究有諸多貢獻的英國心理學家漢斯・艾森克表示，內向的人偏愛單獨工作，因為這樣能「讓心智專注於手上的任務，避免能量分散消耗於跟工作無關的社交和性愛上」。成功而內向的人確實擁有社交技巧，但是他們清楚在獨自一人和安靜的狀態下，工作成效最好。

安德斯・艾瑞克森（Anders Ericsson）在〈要達到專家級的表現，刻意練習有多重要〉（The Role of Deliberate Practice in the Acquisition of Expert Performance，刊於《心理評論》，1993）一文中闡示了，最棒的小提琴家花最多的時間「獨自練習」。冠軍級的西洋棋棋手也是如此，「一個人認真學習」是最好的預測成功指標。在《創造力》（1996）中，心理學家米哈里・奇克森特米海伊指出，喜歡呼朋引伴的青少年往往很少時間獨處，因此失於培養自己的才能：「練習樂器或研究數學需要處於孤獨，那正是他們害怕的。」

如果孤獨是創造力的重要層面，你會以為學校和工作場所會允許比較多的孤獨，然而正如坎恩描述的，「新的群體思維」卻假定成功來自於群體互動和腦力激盪，把團隊合作的地位抬舉到最高。馬文・鄧尼特（Marvin Dunnette）一九六三年針對「3M公司」管理階層的研究證明，廣告人艾力克斯・奧斯朋（Alex Osborn）在一九五〇年代發明的「團體腦力激盪法」根本就不管用。鄧尼特發現，最多和最棒的構想來自單獨工作的主管和科學研究人員，而且之後四十年的研究顯示，隨著團體人數增多，越是產生不了好構想。

公司和學校需要融合的環境，讓裡面的人既可以有面對面的互動，也可以安安靜靜的自己工作。皮克斯和微軟讓員工選擇最適合他們的工作環境，設置了組合式辦公空間，員工可以自己安排要不要有隔間。蘋果的共同創立者史蒂夫・沃茲尼克（Steve Wozniak）眷戀的回想起在惠普工作的那段日子：每天上午十點和下午兩點，甜甜圈和咖啡就會送進來，人們可以低調和輕鬆的交流，如果願意，也可以談談自己的工作。這樣的互動不是強迫的，正適合沃茲尼克這種內向的人。如果有人待在自己的辦公室，也不會有人介意。最近的研究顯示，沒有隔間的辦公室會降低生產力，甚至會損害記憶。在這種敞開的環境中人們變得「不舒服、有敵意、沒有動力，而且沒有安全感」。他們比較容易感冒、血壓高、和同事吵架，坎恩表示。簡單來說，過度刺激的環境大大不利於生產力。

總評

在心理學界有場持續進行的辯論，爭執「內向」和「外向」的真正定義，坎恩指出她的書不過是呈現了這方面的研究。讓事情複雜化的是，針對基本的內向／外向區分，心理學家早已提供了改進方案或備案，包括傑若米．卡根（Jerome Kagan）的「高反應」概念和依蓮．艾倫（Elaine Aron）的「高敏感」分類，這兩種說法都有助於人們更加瞭解「內向」這種特質。

不難看出為什麼《安靜，就是力量》會成為暢銷書，它讓許多人或許是生平第一次覺得，他們可以保持本色。坎恩讓內向的人比較心安理得去拒絕另一場宴會；主張自己有權利在家安靜工作或是擁有個人辦公室，不必忍受開放環境的嘈雜；或者希望工作是分析和制定策略，而不是去建立人脈。坎恩並非渴望擁有一個純屬於安靜而敏感之人的世界（她嫁給外向的人），只是希望世人能認可內外向應該平衡。

坎恩提出了「自由特質理論」以作為探討，這套觀念是：儘管有固定的人格特質，例如內向，我們可以「跳脫自己的性格」，去做那些達成我們志向的事，或者為了愛去做一些事，例如活躍於學校的家長會，或是工作內容包括演講和主持研討會。她形容這本書出版後的第二年是她「危險生活的一年」，因為她必須到處公開演講。儘管她容易緊張，二○一二年她錄了一次TED演講，觀賞者眾多，至今仍是這個平台最受歡迎的演講之一。事實上，外向和內向最好是看成一連續光譜的不同落點。坎恩引用榮格的話來表達：「沒有純粹外向或純粹內向這回事。這樣的人會住進瘋人院。」

蘇珊・坎恩

生於一九六八年，坎恩是普林斯頓大學和哈佛法學院的畢業生。她的工作生涯始於在華爾街當律師，代表通用電器和JP摩根之類的公司。之後她創立自己的談判顧問公司，轉向寫作之前在這個領域耕耘數年。她也與人合筆，為孩童和青少年撰寫了《安靜的力量，從小就看得見》（*Quiet Power: The Secret Strengths of Introverts*2016）。坎恩與家人住在紐約市的外圍，是「安靜革命」（Quiet Revolution）共同創辦人，這家顧問公司提供關於工作與培訓的諮詢服務。

1984

影響力

Influence

「究竟是什麼因素促使人們對別人說『好』？而哪些技巧能最有效運用這些因素讓別人順從？我好奇為什麼以某種方式陳述的要求會遭到拒絕，而同樣的請求稍微變點花樣提出就會成功。」

「從這個角度來看，似乎就比較容易理解，為何這些信徒走向一大桶毒藥，面對自己的死亡表現出驚人的秩序，毫不驚慌從容鎮定。並不是瓊斯催眠了他們，而是深信（部分是因為瓊斯，然而更重要的是社會認可原則說服了他們）自殺是正確行為。

總結一句

瞭解有哪些技巧會影響心理，避免成為受害者。

同場加映

蓋文・德貝克《求生之書》（04章）
麥爾坎・葛拉威爾《決斷2秒間》（22章）
艾里克・賀佛爾《群眾運動聖經》（29章）
史丹利・米爾格蘭《服從權威》（37章）
貝瑞・史瓦茲《只想買條牛仔褲》（47章）

10

羅伯特·席爾迪尼

Robert Cialdini

《影響力：讓人乖乖聽話的說服術》賣了兩百多萬本，翻譯成二十種語言。在導言中，羅伯特·席爾迪尼承認，他一直都是推銷員、小販和募款人容易盯上的目標。當別人要求捐錢時直接了當說不，對他從來不是容易的事。身為實驗社會心理學家，他開始揣想有哪些實際技巧可以用來讓人們同意去做一般來說他們不會有興趣的事。為了研究，席爾迪尼回覆報紙上各種銷售訓練課程的廣告訊息，因此可以親身學習說服和銷售的技巧。他潛入廣告、公關和募款機構，從專業人員身上蒐集「順從心理學」的秘密。

成果就是這本行銷學和心理學的經典著作，它讓我們見識到，為什麼面對勸說我們是如此無招架之力，從推銷過程我們也得以深入瞭解人性。

播放我們的錄音帶

席爾迪尼以探討火雞的母性本能開場。火雞媽媽是非常保護小雞的好媽媽，不過我們已經發現有一件事會觸發牠們母性本能，而且只有這麼一件事，那就是幼雛吱吱叫的聲音。臭鼬是火雞天敵，每當火雞媽媽看到臭鼬時就會立刻進入攻擊模式。即使只是看到填充的臭鼬玩偶，牠都會戒備。但是同樣一只臭鼬玩偶發出和牠的小雞一樣的吱吱叫聲時，奇怪的事發生了：火雞媽媽搖身一變，成為臭鼬玩偶的忠實保護者！

動物多麼蠢啊，你或許會這樣想。按個鈕，牠們就出現特定行為，即使那些行為是可笑的。然而席爾迪尼告訴我們，描述火雞的行為只是為了讓我們心裡有準備，接下來他要說的是讓人不自在的真相，關於人類的自動反應。我們也有我們「預先設定的錄音帶」，通常能對我們產生正面作用，例如，保障我們的生存而毋須思考太多，不過如果我們沒有覺察那些觸發機制，也可能危害我們。

席爾迪尼指認了六種「影響武器」，會促使我們跳過正常的理性決策過程，自動產生作為。心理學家稱這些容易觸發的行為是「固定行動模式」，知道了觸發機制，你就能八九不離十預測別人會有什麼樣的反應。

《影響力》這本書比較精確的書名會是「如何讓人們在可以理性思考之前就自動回應你的提議」。席爾迪尼指出說服專家有六項基本武器讓你不假思索就答應，包括互惠原則、承諾和一致、社會認可、投其所好、訴諸權威和物以稀為貴。

永遠投桃報李

每個文化都存在互惠原則，也就是無論別人給予我們什麼，或許是禮物是邀請是讚美等等，都應該回報。

你是否偏好對自己喜愛的人比較好？我們大多數人都會回答「是」，然而心理學研究發現，喜愛這項因素完全不影響我們是否覺得自己有義務回報他人恩惠。對於給予我們某樣東西的個人或組織，我們會感覺有所虧欠，即使那些東西很小，甚至是我們不想要的。席爾迪尼以「奎師那意識運動」的戰術為例，他們會送花或者小冊子給在街上或機場的人。儘管大多數人並不想要花，而且往往試圖還回去，然而一旦花拿在手裡，他們就覺得有義務捐獻。慈善團體直白的募款信函通常回覆率不到百分之二十。但是如果信函包含了禮物，例如印上收件人姓名和住址的貼紙，回覆率就會大幅提高。

不只是回報的義務有強大約束力量，接受的義務也是。覺得不能說「不」，加上我們不願意讓人看成是不會回報的人，使得我們淪為精明行銷人員的獵物。下一次你收到不請自來的「禮物」，席爾迪尼警告，要明白這並不是出自善意，或許這可以讓你收了禮物而不回贈時，不會良心不安。

他提到了著名的水門大廈闖空門事件，那導致尼克森總統下台。事後來看，闖空門是愚蠢、風險大、沒有必要（尼克森反正一定會贏得下場選舉）而且花大錢。然而共和黨的連任競選委員會同意這麼做，不過是為了安撫其中一位比較極端的成員。G・哥頓・里迪（G. Gordon Liddy）之前呈交了兩項更加奇特、昂貴的提案，從搶劫到綁架無一不包，因此當他提出不那麼勞師動眾的主意、也就是潛入民主黨總部時，委員會覺得有義務說「好」。如委員會成員傑博・馬魯德（Jeb Magruder）事後之言：「我們不願意讓他空手而歸。」各位一定要提防互惠衝動的影響力。

前後一致

人類喜歡前後一致。如果我們能忠於一件事，我們對這件事的感覺就會比較好，一旦承諾了，就會盡一切努力在心裡證明自己的決定是正確的。為什麼我們喜歡這樣？部分理由是社會壓力。沒有人會喜歡意見或心態搖擺的人。我們喜歡別人認為我們是清楚自己想要什麼的人。不幸的是，這一點為行銷人員造出了金礦。他們非常清楚不想改變心意的內在壓力，而且充分利用。打電話來為慈善募款的工作人員向我們問好：「你今天好嗎？太太……」十之八九我們會給予正向回覆。接著對方懇請捐錢給某項災難或疾病的不幸受害者時，我們就不好突然變得惡劣或乖戾，拒絕處境不好的人。為了保持一致，我們不得不捐獻。

行銷人員知道，如果你讓別人答應了小小的承諾，就掌握了他們的自我形象。這就是為什麼有些不擇手段的汽車經銷人員一開始會提出非常低的車價，吸引我們進入展示廳，但是之後計入所有附加設備，結果根本就不是那麼低的價格。然而到了這個階段，我們覺得已經承諾要購買了。另外一種把戲是，推銷員讓顧客自己填訂購單或是銷售協議，這樣會大幅降低顧客改變心意的機率。公開承諾是強大的約束力量。

席爾迪尼指出愛默生的著名引言：「愚蠢的堅持一致是小人物的心魔。」尤其當你面對行銷攻勢時，記住你自然會傾向想保持一致，這時就會發現自己比較容易退出其實沒那麼好的交易。在你覺得有壓力要保持一致、做出最初承諾之前，這件事值不值去做，請聽從你的直覺。

社會認可

為什麼電視上喜劇的錄影節目仍然要加上罐頭笑聲，即使那些製作節目的創意人員感覺受到侮辱，而且大多數觀眾表示不喜歡？因為研究顯示，即使笑聲並不是真實的，觀眾還是覺得，聽到別人在笑讓那些插科打諢更好笑了。

人類需要「社會認可」，旁人先做了一件事，然後他們才覺得可以自在的去做這件事。席爾迪尼提供了非常黑暗的例子，著名的凱瑟琳・吉諾維斯（Catherine Genovese）案件。一九六四年這名女子在紐約市皇后區的街道上遭人殺害。在長達半小時行兇過程中，兇手攻擊了她三次，最終殺死她；雖然有尖叫和掙扎的聲音，更不可思議的是，縱使有三十八人目睹了正在發生的事，卻沒有人停下腳步去干預。這只是一則紐約人冷酷無情的例子嗎？有可能，或是目擊者似乎過於震驚，所以沒有採取任何行動。最後答案出現了。看來每個人都想著有人會採取行動，因此沒有人出手。席爾迪尼指出，一個人處於惡劣困境時，如果身邊只有一個人，有比較大的機率獲得幫助，勝過身邊有一群人。在人群中或是在城市的街道上，如果人們看到沒有人伸出援手，就不會想要去幫忙。我們在行動之前需要「社會認可」(social proof)。

在「仿效型自殺」(copycat suicide) 成為大眾熟知的概念之前，席爾迪尼就探討過這個概念。與自殺相關的社會認可，最著名的例子是一九七八年發生在蓋亞那瓊斯鎮的駭人事件。當時有九百一十名吉姆・瓊斯的「人民聖殿教」成員，喝下桶裡的有毒飲料結束自己的生命。怎麼可能有這麼多人心甘情願死亡？大多數教友來自舊金山，席爾迪尼認為身處異國的孤立狀態助長了人們「有樣學樣」的先天傾向。

換個比較輕鬆的話題。廣告和行銷往往是建立在我們需要社會認可的基礎上。我們不願意使用新產品，總會等其他許多人先採用，這往往是有效方法以幫助我們搞清楚這項商品好不好（這是捷徑），不過行銷人員輕易就可以避開這個問題。想想看「見證」的操作效果：即使見證人是演員，依舊能夠影響我們的購買決定。

不想錯過

英國作家切斯特頓（G. K. Chesterton）說：「愛任何事物的方法就是意識到可能會失去。」人性就是物以稀為貴。事實上，想到會失去某樣東西比想著去獲取相同價值的東西來取代它，更能激勵我們採取行動。商人清楚這點，這就是為什麼他們總是嘶喊著「存貨不多」，讓我們擔心得不到自己也不確定究竟想不想要的東西。

席爾迪尼指出，一部影片或一本書遭遇審查或禁止發行時，更會顯得洛陽紙貴。無論是人或事，只要我們被告知不應該擁有，就會獲得正字標記。根據他所說的「羅密歐與茱麗葉」效應，如果雙方父母反對，而且見面困難，十幾歲的戀人會更容易強化彼此關係。

我們應該覺察自己對稀有事物的反應，畢竟它們會影響我們清楚思考的能力。我們會做蠢事，例如與他人出價競爭商品，之後必須付錢買下，但其實我們從來沒有預算可去購買。我們成為受害者，因為推銷員一句「存貨只剩一件」，或者房地產仲介人告訴我們「市郊有位醫生和他太太也對這棟房子感興趣」。審慎冷靜評估事物的價值，而不是讓錯過的擔憂挾持你。

總評

你必須找這本書來看才能瞭解影響力其他的兩個範疇：「投其所好」和「訴諸權威」。關於後者的線索，席爾迪尼引用了史丹利・米爾格蘭的著名實驗（參見37章）。這項實驗探討了人類敬重權威的傾向，縱使權威人物極為可疑。

我們是多麼容易受到心理技巧的影響，對此席爾迪尼提供了許多有益而且往往嚇人的教訓，但這方面的覺察不應該讓我們貶低人性。事實上，深刻理解我們的自動行為模式或許會提高我們保持獨立思考的機率。要降低順從策略對懵懂無知之人的效力，最好的方法是讓更多人清楚這些心理技巧，在這方面《影響力》這本書功德無量。

修訂版的一項有趣特色是收錄讀者寄來的信。這些讀者目擊過書中討論的技巧，或是曾為受害者，他們想要分享故事。關於行銷人員如何成功誘使我們購買，《影響力》是傑出的入門書，不過在更深的層面，這本書是關於我們如何抉擇。你的決定是有人試圖操控你的心智或情緒的結果，還是你理性思考的結果？

羅伯特・席爾迪尼

生於一九四五年，席爾迪尼從北卡羅萊納大學取得心理學博士學位，在哥倫比亞大學接受博士後訓練。他也在俄亥俄州立大學和史丹佛大學擔任過訪問學者。

在影響力和說服這個主題上，公認為世界頂尖權威，目前是亞利桑那州立大學心理學系最高級別的榮休教授，也是顧問公司「Influence At Work」的總裁，為企業提供服務。

席爾迪尼的著作還有針對團體傳授說服和順從原則的《影響力：說服的六大利器，讓人不知不覺中受擺布》（*Influence:Science and Practice*），以及根據新研究撰寫的《鋪梗力：影響力教父最新研究與技術，在開口前就說服對方》（*Pre-Suasion: A Revolutionary Way to Influence and Persuade*）。

1996

創造力

Creativity

「創造力的真實故事，比許多過於樂觀的敘述者所聲稱的，要困難而且奇怪得多。就一點來說（我會試著闡示清楚），值得標籤為『有創意』的觀念或產品是許多來源協力的成果，不只是源自一個人的心智……真正具有創意的成就幾乎從來不會是靈光乍現（宛如黑暗中燈泡突然發光）的結果，而是多年辛苦工作之後的收穫。」

「創造力是我們人生意義的核心來源，這有幾項理由……第一，絕大部分有趣、重要而且關乎人的事，都是創造力的成果。我們與黑猩猩共享百分之九十八的基因組成……少了創造力，實際上就很難區分人類和人猿。」

總結一句

只有當我們精通了工作的媒介或場域，真正的創造力才能浮現。

同場加映

馬汀．塞利格曼《真實的快樂》（48章）

11

米哈里・奇克森特米海伊

Mihaly Csikszentmihalyi

在轉向研究創造力之前，心理學家米哈里・奇克森特米海伊寫了一本著名的書《心流》（*Flow*）。書中的洞見是：「追求快樂本身」是錯誤的。更確切的說，我們應該識別出什麼時候我們真心快樂——當我們感覺有力量而且「真實」時候，正在做什麼——然後多做一點這些事。我們進行「心流活動」是為了純粹的愉悅或是知性的滿足，而不是想要獲得外在報償。舉個例子，你可能想要贏一場棋賽，可是你下棋是因為能夠讓自己的心思完全浸淫其中。你可能想要成為優秀的舞者，然而是學習和跳舞本身才是主要報償。

奇克森特米海伊應用這些觀念來回答「有些人是如何變得真正具有創造力」這個問題。他感興趣的不是他所謂的「小型」創造力，那些用來做蛋糕、選窗簾或者小孩用想像力自言自語涉及的創意。他有興趣的是改變整個人類功業「範疇」或領域的那種創造力。真正具有創造力的人擁有能力改變我們觀看、理解、品鑑或做事情的基本方式，無論是透過發明新機器或寫一系列歌曲，而奇克森特米海伊想要弄清楚是什麼讓他們與眾不同。

《創造力》是三十年研究創造力的集大成之作。探討「如何變得比較有創造力」的書籍和研討會是個小產業，許多都是夸夸其談，然而這本是少數的認真論述，確實瞭解具有創造力的人和創意產生的過程是多麼複雜。

研究具有創造力的人

《創造力》一開頭，奇克森特米海伊提供了從當前創意人身上所獲得的資訊，他聲稱這是第一次有人對此做出系統性研究。這項研究訪問了九十一名公認在他們各自領域，無論是藝術、商業、法律、政府、醫學或科學等，具有不可磨滅影響的人物。科學領域就涵蓋了十四位諾貝爾獎得主。受訪人士包括哲學家莫提默・艾德勒（Mortimer J. Adler）；物理學家約翰・巴丁（John Bardeen）；經濟學家肯尼斯・博爾丁（Kenneth Boulding）；數學家瑪格麗特・巴特勒（Margaret Butler）；天文物理學家蘇布拉馬尼揚・錢德拉塞卡（Subrahmanyan Chandrasekhar）；生物學家巴瑞・科蒙納（Barry Commoner）；歷史學家娜塔莉・戴維斯（Natalie Davis）；詩人喬治・法魯迪（Gyorgy Faludy）；作家娜汀・葛蒂瑪（Nadine Gordimer）；古生物學家史蒂芬・傑・古爾德（Stephen Jay Gould）；經濟學家海柔・亨德森（Hazel Henderson）；藝術家艾倫・拉永（Ellen Lanyon）；動物學家恩斯特・梅爾（Ernst Mayr）；心理學家布蘭達・米爾納（Brenda Milner）；化學家伊里亞・普里高津（Ilya Prigogine）；銀行家約翰・李德

（John Reed）；生物學家喬納斯・沙克（Jonas Salk）；音樂家拉維・香卡（Ravi Shankar）；兒科醫師班傑明・史波克（Benjamin Spock），以及陶瓷設計師伊娃・齊塞爾（Eva Zeisel）。

就算只是為了閱讀書中人物的故事，都值得買本《創造力》，其中有些人大名鼎鼎，其他人則主要聞名於自己的領域。幾乎所有訪談對象都超過六十歲，讓奇克森特米海伊比較有機會審視對方發展成熟的生涯，深入挖掘出成熟且具有創造力的成功究竟有什麼奧秘。

脈絡下的創造力

奇克森特米海伊表示，一般觀念以為具有創造力的個人是在孤立狀態下憑空構想出偉大的洞見、發現、作品或發明，這是錯誤的。創造力是個人和他的環境或文化複雜互動下的結果，而且要仰賴時機。

舉個例子，如果傑出的文藝復興藝術家，例如吉伯第（Ghiberti）和米開朗基羅早生五十年，藝術贊助的風氣還沒到位，就無法資助或塑造出他們的偉大成就。再想想那些天文學家，若不是幾世紀以來望遠鏡的科技不斷發展，加上前人所累積的宇宙知識，他們的發現是不可能出現的。

奇克森特米海伊的重點是，我們關注在某個領域工作的人，也應該同樣關注這個領域的發展，如此才能正確解釋有多少進步。他指出個人不過「是鎖鏈中的一環，是過程中的一個階段」。愛因斯坦真的「發明」了相對論嗎？愛迪生真的「發明」電力嗎？這就好像是說火花要為燃火負責，然而過程當然是涉及許多元素的。

創造力的產物也需要有觀眾接受並給予評價。如果沒有獲得認可，創造出來的事物就會消失。「瀰母」(meme)等同於文化基因，指涉語言、習俗、法律、歌曲、理論和價值之類的事物。如果夠強大就會保存下來，否則就會失落。有創造力的人追求的是創造能夠影響文化的瀰母。創造者越偉大，瀰母的影響力就越長久、越深入。

首先，愛你的工作

創新的突破從來不會是憑空出現，幾乎永遠是多年辛勤工作並且密切關注某樣事物的結果。許多創新發現有幸運的成分，尤其是科學方面的發現，不過通常「幸運」是來自多年來在這個領域鉅細靡遺的辛勤工作。奇克森特米海伊說了天文學家薇拉・魯賓（Vera Rubin）的故事。她發現有些銀河中的星星並不是全部朝同一個方向旋轉，有的是順時鐘轉，有的是逆時鐘轉。如果她沒機會使用比較清晰的新型光譜分析儀，就不會有這樣的發現。而她有機會使用是因為她在這個領域的紮實貢獻已經享有名聲。魯賓並不是一心追求大發現，相反的，她的發現只是仔細觀察星星和熱愛工作的結果。她的目標是記錄數據，然而她的全心投入帶來了意外發現。真正具有創造力的人為工作本身工作，如果他們的發現為大眾所知，或者本人變得有名，那是紅利。驅動他們的是渴望發現或是創造之前不存在的秩序，這些動機超越追求報償。

創造之前先要熟練

在大眾心目中，創意人的形象是反抗所有規範、教條和習俗。然而這是錯誤印象，因為每一位創造出真正改變的人首先需要精熟他的領域，這意味著浸淫和掌握這項領域的技巧和知識。唯有在自己的領域游刃有餘之後，才有可能留下真正創新的標記。融會貫通了領域的「規則」，讓他們能變通或打破規則創造出新事物。簡單來說，要做創新的事，首先必須把原有的事做好。

創造力的普遍特徵

奇克森特米海伊的其他洞察包括：

* 認為有創造力的人備受煎熬，這樣的觀念大部分是迷思。絕大多數受訪者對於自己的生活和創造力的發揮，都感到非常快樂。

*有創造力而且成功的人通常有豐富的好奇心和強大的驅力。他們絕對沉迷於自己投入的主題，儘管有人可能比他們聰慧，但決定性因素還是他們全心全意對成就的渴望。

*有創造力的人認真看待他們的直覺，在別人看來混亂的地方尋找模式，而且能夠連結不同領域的知識。

*有創造力的人往往看起來傲慢，不過那通常是因為他們想要全神貫注在令人興奮的工作上。

*儘管有創造力的人到哪裡都能發揮創造力，但能夠滿足他們的興趣、可以遇見志同道合的人，以及工作會獲得賞識的場域才吸引他們。

*美麗或是啟迪人的環境比較能夠幫助人們成為較有創意的思考者，勝過讓他們參加關於「創造力」的研討會。

*學校看來對許多具有創造力的人影響不大，甚至在大學時期他們往往不是風頭人物。許多後來公認為天才的人小時候並不特別突出，他們永遠超過別人的是好奇心。

*許多具有創造力的成功人士要不是孤兒，就是跟父親沒什麼接觸。另一方面，他們常常有位極為投入而且慈愛的母親，對他們期待很高。

*絕大多數的家庭落在這兩個範疇：家境貧窮或弱勢，然而父母還是督促他們接受好的教育或是取得專業素養；或者他們在父母是知識分子、研究人員、專業人員、作家、音樂家等等的家庭裡長大。由此可知：要成為強大的創意人才，最好是成長在重視知性努力而不是頌揚小確幸的

家庭。

＊有創造力的人既謙遜又驕傲。他們無我的投入個人領域，致力於可能達到的成就，然而他們也信心十足，知道自己可以有許多貢獻並且留下自己的印記。

＊以為有一種「創造力人格」那是迷思。具有創造力的人似乎共有的特質是：複雜——他們「傾向於把整個人類的可能性帶入自己的內在」。

總評

奇克森特米海伊表示，把具有創造力的人看成是享有特權的菁英，這種想法太簡單。相反的，他們的人生是一則訊息：我們每個人應該都可以找到令人滿足和熱愛的工作。如他指出的，這項研究中的許多人不是出身優越的背景，而是背負著經濟或家庭壓力，必須奮鬥才能做想要做的事。事實上，有些受訪者覺得他們最大的成就是：沒有仰賴社會期望就創造了自己的人生或事業。

為什麼我們應該真心在乎創造力？奇克森特米海伊關於「心流經驗」的研究發現，這種經驗最容易發生在人們投入「設計或發現新事物」的時候。我們發揮創造力之時最快樂，因為我們不再有自我意識，感覺自己融入了比較偉大的事物。奇克森特米海伊說，我們實際上先天就設定好了會從發現和創造當中獲得滿足和愉悅，因為產出的成果讓我們這個物種生存下來。如果這個星球要繼續生存下去，比從前更需要新構想，而最棒的構想很可能是來自真正具有創造力的人。

米哈里・奇克森特米海伊

米哈里・奇克森特米海伊於一九三四年生在亞得里亞海邊上的阜姆（Fiume），父親是匈牙利派駐這個當時歸屬義大利的城市的領事。家族名字的意思是「來自奇克省的聖馬可」；奇克原本是匈牙利的省分。

奇克森特米海伊在羅馬度過他的青春期，協助經營家庭餐館，同時接受古典教育。畢業後他以攝影和代辦旅行為業。他於一九五八年進入芝加哥大學，取得學士和博士學位。儘管他對卡爾・榮格的觀念更有興趣，還是必須修習行為主義心理學，一直到後來成為芝加哥大學的教授，他才能發展關於心流、創造力和自我的理論。

從一九九九年開始，奇克森特米海伊成為加州克萊蒙研究大學（Claremont Graduate University）的教授，他在那裡主持「生活品質研究中心」（Quality of Life Research Center），探討正向心理學的各個面向。

其他著作包括《超越無聊與焦慮》（*Beyond Boredom and Anxiety*，1975）、《演化中的自我：第三個千禧年的心理學》（*The Envolving Self : A Psychology for the Third Millennium*，1933），以及《生命的心流：追求忘我專注的圓融生活》（*Finding Flow : The Psychology of Engagement with Everyday Life*，1997）。

2006

心態致勝

Mindset

「人的品質可否培養，或者不可改變，是個老議題。你相信前者還是後者，對你會有新的意義。若你認為自己的智力和人格是可以開發的，並不是固定且根深蒂固的特質，那會產生什麼後果？」

「在固定型心態下，一切都是關於結果，如果你失敗了或者你不是最好的，一切都是徒勞無功。保持成長型心態讓人們能夠看重自己的作為，無論結果。他們會去解決問題，規劃新路徑，著力於重要議題。或許他們尚未找到治癒癌症的療法，然而追尋本身就意義深遠。」

總結一句

有兩種截然不同的方式來看待智力、才能和成功。擁有「成長」心態的人，從實現潛能的角度看待人生；有著「固定」心態的人關心的是，證明自己聰明或者有才華。

同場加映

阿爾弗雷德．阿德勒，《認識人性》（01章）
亞伯特．班杜拉，《自我效能》（03章）
霍華德．嘉納《發現七種IQ》（20章）
丹尼爾．高曼《EQ2》（23章）
沃爾特．米歇爾《忍耐力》（38章）

12

卡蘿・杜維克

Carol Dweck

從自己的經驗和觀察別人的生活中，我們知道原始的智力不等同於成功。還有許多因素會進入成功的方程式中，包括信念。

舉個例子，如果你相信出生時就賦予了固定的智力，那麼你的人生方向將會是向別人證明你的固定智力是高的。如果想要別人認為你真的很聰明，你必須看起來聰明，而且表現得聰明。你不會問：「我會從這件事學到什麼嗎？」而是問：「我會成功或失敗／被接納或拒絕／被看成是贏家還是輸家？」總結一句，這是「固定型心態」(fixed mindset)。

另一方面，如果是「成長型心態」，我們會把自己天生的特質或能力看成只是起點，透過經驗、努力和學習邁向目標，完成想做的事，成為理想的人。我們的智商或人格型態只是個人潛能的一部分，並不能限制我們。把興趣和技能發展到極致，看看自己能走多遠，人生就是要追求這種興奮感。上述兩種觀點迥然不同，一種看待我們的特質是無法改變的既成事實，另一種則認為天賦只是「流動饗宴」的一部分。兩種心態讓我們走上截然不同的路徑，有不同的思考和行動。

卡蘿．杜維克關於心態的研究影響深遠，揭示出人們終其一生懷抱卻不曾言說的信念，如何影響他們獲得自信、快樂和成功的機會。

成長超越智力

反諷的是，杜維克寫道，艾佛列．比奈（Alfred Binet，現代智力測驗的發明者）發展智力測驗的目的並不是要把受測者分門別類，把他們歸在「聰明」、「一般」和「蠢笨」的三個範疇。相反的，他測試巴黎地區學童的目的，是要學校當局可以設計新課程，讓學童的智力能夠提升到他們應該有的水準。對比奈來說，智力完全是可塑的：「經過練習和訓練，以及最重要的，正確方法。」他說，「我們可以提升自己的注意力、記憶力、判斷力，同時確確實實變得比之前聰明。」

基因只是智力方程式的一部分，杜維克指出。其餘部分是環境，包括為了達成特定目標，我們願意「有目的投入」多少心力。舉個例子，學習小提琴可能要有一定的音樂天賦，然而也得接受磨練，每天需要進行三小時的個人練習，好讓自己達到成為專業人士所需的程度。在成功這道方程式中，願意過著「有目的投入」的生活，比原始的天賦重要。「一開始最聰明的人，最後不一定也是最聰明的那位。」杜維克評道。

然而固定心態的人有時會讓一次測驗，例如智力測驗，界定了他們往後人生。成長型心態的人認為這是荒謬的。如一位接受杜維克和她的團隊測試的學生所說：「不可能！沒有任何測驗可以做到這點。」你不可能根據一次評估來預測人們會做什麼或是最終會成為什麼樣的人。相反的，如同傳奇的通用電氣執行長傑克・威爾許（Jack Welch）所主張，遇到要雇用人的選擇時，不應該根據他們到目前為止做了什麼，而是要看重他們成長的潛力。

杜維克撰寫《心態致勝》的動機是要讓人獲得解放。她談到，自己教導過一名男孩固定型和成長型心態的不同，那男孩的感想是：「你的意思是我不一定總是這麼笨？」

成功、努力和心態

美國軍事教練約翰・博伊德（John Boyd）經常向新來的海軍軍官提問：「你想要成為某號人物，還是建立某項事功？」換句話說，你想要「獨特」，還是想要成為實現潛能正面影響他人的人？

擁有固定心態的人可能目標是成為諾貝爾獎得主，或是地球上最有錢的人。成長型心態的人可能同樣樂於追求和拿到這些獎項，但是「他們之所以追求並不是為了肯定自己的價值，或是為了高人一等。」杜維克指出。固定型心態的人顯著的特點是，他們無時無刻「得呵護自己的信心，並且加以保衛」。

保持固定心態，若遇到事情，除非真的有信心能完成，否則不會覺得自己應該去處理。然而有成長心態意味著，你不一定要有信心就可以去做，因為你的目標是盡可能的學習和成長。這種根本差異表示這兩種人對失敗的看法可能南轅北轍。對於固定心態的人，沒有贏可能表示他們所有的努力都浪費了。而對於成長心態的人，失敗也可能是痛苦的，但是經歷本身就有極大價值。重要的是他們追尋了有意義的事物，因此即使沒有得到獎賞，實際上還是「贏」的。

思索天才的心理結構時，杜維克提出解釋，不只是天賦讓他們與眾不同，還有異乎尋常的渴望，想要浸淫在知識之中；渴望追求挑戰，從事要求高的工作。他們受好奇心驅使，其強烈程度是固定心態的人不會瞭解的。

杜維克提到的研究顯示，固定心態的人不善於評估自己的能力，成長心態的人則擅長。她引用哈佛心理學家霍華德・嘉納的話，傑出的個人擁有「識別自己的長處和短處的特別天賦」。這是有道理的，如果你偏好學習，那麼就會獲得一大堆關於自己的反饋。如果你對自己的概念只是建立在概念本身，那無論如何都找不到方法去驗證這些概念。

最後，有固定心態的人不相信努力，害怕挑戰，不太願意冒險。如果事情不順利，他們很容易放棄，會問：「有什麼意義呢？」對比之下，杜維克指出：「即使（或者尤其）是在事情不順利的時候，竭盡所能、堅持不懈保有熱情，是成長型心態的標記。」

心態與自我形象

如果你的焦點不是自我學習或是自我發現，那麼你在做的事「結果」如何就變得極其重要了。當你成功時，「顯然」你優越的表現是你優越特質的結果。你有權利覺得你比他人優秀。（確實，固定心態的人傾向於透過比別人贏得更多的讚許、為自己的表現或行為找藉口，或是責怪別人來維持自尊。）

但是自尊自重如果只建立在成果上，那會是紙牌屋。杜維克令人發寒的問題是：「如果你成功了就是號人物，那你不成功時是什麼呢？」這就是為什麼你會發現，在一次失敗之後固定心態的人整天坐在黑漆漆的房間裡。失敗似乎剝奪了他們的價值，而這是絕對不可能發生在成長型心態的人身上。

固定型心態可能導致人們做出不道德的選擇，因為他們只想要眼下看起來光鮮亮麗，而不想承受真正成功必經的多年學習和艱難險阻。她提到為《華盛頓郵報》和《新共和》撰稿的兩位明星記者，後來都被揭穿捏造了他們的報導。人們把他們看成是「通曉內情」的人，這讓他們感覺良好，承認無知會讓他們看起來像失敗者。儘管可以把他們單純看成是騙子，杜維克的觀點是，這些人不過是有才華而不顧一切的年輕人，他們「屈服於固定心態造成的壓力」。他們想要「當下十全十美」的需求凌駕其他一切。

在一項針對大學生的研究中，杜維克發現固定心態的人憂鬱程度較高。嚴苛的評斷自己之後，他們停止去上課和做作業，也不再打理自己。擁有成長型心態的憂鬱學生反應方式不同：他們越憂鬱就會越努力爬出來，無論感受如何，都會盡力維持上課和社交生活。再一次，對於成長型心態的人，他們把努力看成是進步的關鍵。

心態與小孩

杜維克探討過讚美如何影響小孩，這項研究目前廣為人知，總結在她的著作《自我理論》（*Self-Theories*，2000）裡。簡要來說，你跟小孩說的每一句話要不意味著「你擁有恆久不變的特質，而我正在評判它們」，就是「你是不斷發展的人，而我對你的發展有興趣」。如果你告訴小孩他們非常聰明，他們不會想要嘗試去做可能會讓你改變判斷的任何事。如果你告訴孩子，他們是「下一位畢卡索」，他們或許會感覺良好一分鐘，但是下次坐下來畫畫時，就不會想要嘗試任何困難的事，以防萬一他們配不上那個標籤。

當然小孩喜歡因為他們的智力或才華獲得讚美，但是這類讚美的增強效果持續不久。當他們遭遇困難的事，就會產生自我懷疑和負面感受，因為達不到他們「該有」的樣子。你無法透過讚美小孩的腦袋或才華給他們信心或勇氣，這麼做只會有負面效果。取代的是，杜維克寫道：「如果父母想要送孩子一份禮物，他們能夠做的最好的事，就是教導孩子熱愛挑戰、對錯誤感興趣、享受努力，同時不斷學習。這麼一來，他們的孩子就不會受讚美奴役。他們可以用一輩子來建立和修復自己的信心。」

不要讚美智力或才華，讚美孩子為某件事下的工夫，以及他們學到的技巧。與其說「你是下個畢卡索！」不如留意他們繪畫中的細節（顏色、形狀、意義），同時要他們談談是如何做到或者為什麼要那樣呈現。

許多小孩喜歡固守自己已知擅長的事，而其他小孩確實樂於從事辛苦的事。前者已經表現出他們固定思考的傾向，後者則是成長型。不過這只是傾向，父母和老師可以扮演舉足輕重的角色，影響孩子的選擇，是要他出於恐懼而追求確定，或是走另一條道路，讓大人看見他們心智變得越來越開放。最後，杜維克指出，我們不應該試圖保護孩子免於失敗。如果孩子失敗了，就向他們解釋，如果想要做得更好，就必須更加努力。給予誠實和建設性的回饋，不要只是說些讓他們感覺良好的話。對孩子有高度期許，不過要以溫暖、不帶判斷的方式表現。

愛情中的成長型VS固定型心態

杜維克納入了有趣的一章，探討關係中的心態。如果伴侶分屬不同型態那就避免不了衝突。成長型的人會想要溝通，接受批評，而且想要做新鮮的事。他們也會想要伴侶成長和發展。另一方面，固定型的人在關係中只會想要成為「另一人的上帝」。建議他們需要發展、改進或嘗試新鮮事，都會讓他們心煩意亂。

任何人都可能在關係中落入慣性的定型心態。不過，杜維克帶來好消息，我們都能夠改變。兩名成長型心態的人可以擁有真正充滿活力的關係，固定型—成長型和固定型—固定型的伴侶也可以，只要他們覺察並接受彼此的差異，而且願意在看法和行動上至少做點改變。

總評

杜維克的見解可能會被指責為「加州人」意識形態，也就是要求不斷成長與改變，明顯偏愛成長型心態。不過她的思考恰好吻合佛教的觀點，關於我們的一切幾乎都是變動不居的。的確，浸染於成長觀點的人或公司擁有潛力比別人成功，因為他們會不斷去適應環境。他們比較不容易固著於證實為錯誤的遠大構想。成長型心態偏愛事實、知識和回饋，不受限於我們「認為」什麼可能是真的。

杜維克的理論不是孤立發展出來的。她歸功社會學家班傑明．巴柏（Benjamin Barber）把世人區分為學習的人和不學習的人，還有儘管書中沒有提及他的名字，她的思考也讓人聯想起勵志作家厄爾．南丁格爾（Earl Nightingale）區分「河流型」和「目標型」的人。目標導向類型的人完全聚焦於特定目標，而且不在乎如何達成目標。河流型的人把自己投入滿懷熱情的獨特事物，活動本身比任何結果重要。米哈里・奇克森特米海伊的「心流」概念與此相似，當我們從事對自己極有意義的活動時，流動是我們最高昂的心智狀態。我們為了活動本身而投入，不是因為可能帶來的獎賞。

成長型與固定型心態可以看成是基本的心理範疇，就像內向與外向，不過杜維克的著作整個重點是：辨識出自己的心態，提供了我們可以改變的空間。一旦你認為自己懂得一切，應該獲得認可和獎勵，你就停止了學習，而且會招來失敗。持續的創新和發現自我是唯一做法，讓你對別人來說永遠是有意義、有用和有價值的。

卡蘿・杜維克

生於一九四六年，杜維克先就讀於巴納德學院（Barnard College），之後於一九七二年獲得耶魯的博士學位。她在哥倫比亞大學、哈佛大學和伊利諾大學教過書，目前是史丹佛大學心理系「路易士與維琴尼亞・伊登講座教授」(Lewis and Virginia Eaton Professor)。杜維克探討「心態」的研究受到廣泛引用，並且應用到工作與教育的場域裡。二〇〇九年，她獲得教育心理學領域的愛德華・宋戴克終身成就獎（EL Thorndike Award）。

其他著作包括《一生的動機與自我調節》（*Motivation and Self-regulation Across the Life Span*，與J. Heckhausen合編，1998）、《自我理論：對動機、人格和發展的影響》（*Self-Theories: Their Role in Motivation, Personality and Development*，2000）、《才幹與動機手冊》（*Handbook of Competence and Motivation*，與A. J. Elliott合編，2005），以及《心態：你如何實現自己的潛能》（*Mindset: How You Can Fulfill Your Potential*，2012）。

1961

理性生活指南

A Guide to Rational Living

「你永遠不能期待一輩子的每分每秒都會興高采烈。你也絕對不可能有這樣的運氣免於身體所有病痛。不過你也許可以不要讓自己陷入精神和情緒上的悲傷——如果你認為自己做得到，而且致力於你所相信的。」

「人類是獨一無二會創造語言的動物，從很小就開始學習用字詞、片語和句子闡述他的思想、知覺和情感……如果事實是如此（而且我們不知道有什麼證據說事實是相反的），那麼實際上，我們一直跟自己說的短語和句子通常就代表或化為我們的思想和情緒。」

總結一句

如果知道自己是如何從某些特定的想法，尤其是不理性的想法中滋生出負面情緒，就掌握了秘訣，永遠不會再次極度不快樂。

同場加映

大衛・柏恩斯《好心情》（08章）

馬汀・塞利格曼《真實的快樂》（48章）

13

亞伯・艾里斯&羅伯・哈波

Albert Ellis & Robert A. Harper

《理性生活指南》是大眾心理學中最長銷的著作之一，賣出百萬本以上。自從五十多年前出版之後，數千本「勵志」書籍出現又消失，然而這本書持續改變人們的生活。

這本著作讓大眾注意到一派新型態的心理學：「理性情緒治療」(rational emotive therapy，RET)。這套療法反對數十年來正統的佛洛伊德精神分析，點燃了心理學界的革命。「理性情緒治療」說的是，情緒的產生不是如佛洛伊德所堅持的，是壓抑慾望和需求的結果，而是直接來自我們的思想、觀念、態度和信仰。對我們的心理健康最要緊的不是神秘的潛意識，而是在日常基礎上我們說給自己聽的喃喃話語。總和起來，這些自言自語代表了我們的人生哲學，如果我們願意改變對自己習慣性說的話，就可以輕易更改它們。

理性思考可以讓自己擺脫情緒的糾結似乎讓人難以採信，不過艾里斯開創性的見解，以及四十年來認知心理學的發展，已經顯示這套理論真的有效。

注意自己內在的語句

艾里斯和哈波指出，人類是創造語言的動物。我們傾向於透過字詞和語句表述自己的情緒和想法。這些字詞和語句會實質上成為我們的思想和情緒。因此，如果我們基本上就是對自己陳述的那些事物，那要做出任何型態的個人改變，都需要首先檢視自己的內在對話。這些對話是扶持還是給我們挖坑？

談話治療的目標是揭露在人們相信是正確的事物中，存在著「邏輯錯誤」。舉個例子，如果我們有焦慮或害怕的糟糕感受，治療師會要求我們回溯導致目前焦慮的一連串想法，找出最初的那個想法。我們必然會發現那時正對自己說類似下述的語句：「如果……不是糟透了？」或是「我竟然……不是很可怕嗎？」就是在這個關頭我們必須介入，問自己到底為什麼認為某事發生的話會很糟糕；或者問自己，目前的處境真的如自己所說的那樣惡劣嗎？即使確實如此，會永遠持續嗎？

這樣自我發問乍看似乎很天真，不過實踐之後我們開始明白，內心的語句是如何塑造了我們的生活。畢竟，如果把某樁事件標籤為「大災難」，那肯定就會變成大災難。我們只能活得吻合自己的內在陳述，無論這些陳述是好的、壞的或是中立。

永遠不會再次極度不快樂

人類已經征服了太空和原子，然而我們大多數人無法讓自己擺脫惡劣心情，怎麼會這樣呢？隨著我們在物質上一直進步，似乎社會上精神官能症和思覺失調的病例只是不斷提升。今日人們的主要挑戰是，在生活中掌控自己的情緒。

在標題為「永遠不會極度不快樂的技巧」這一章節裡，艾里斯和哈波據理說明，悲慘和憂鬱永遠是心態問題，因為這些情緒是自我固著的。舉例來說，在失去一段關係或一份工作之後，我們會垂頭喪氣，這是可以理解的。然而，如果讓這樣的感受久留不去，它就會越來越強大。結果像滾雪球，我們因此變得「淒淒慘慘，陷在自己的悲慘裡」，而不是試著去理性看待情境。《理性生活指南》指出，如果不是透過反覆出現的想法來支撐，「情緒的爆發事實上是不可能持續下去的」。只要我們繼續告訴自己這是一件壞事，這件事在我們心裡就依然是「壞」的。如果我們不要一直去製造壞感受，這樣的情緒怎麼可能持續下去？沒錯，如果我們經歷的是身體疼痛，不可能就只是忽略不管，但是一旦疼痛結束了，就不會有刺激和感受的自動連結。

即使在一九六〇年代，艾里斯就表示藥物用來治療憂鬱是有問題的，因為一旦停止服藥，憂鬱症就很可能復發。永遠的改變需要當事人確實改變他們的思考，這樣每當頑強的負面感受浮現時，才能夠「說服自己擺脫掉」。艾里斯一針見血的指出，有些人秘密享受憂鬱的狀態，這樣就不需要採取任何行動來改變。在某些情況下，我們必須下定決心不會陷入憂鬱，於是感受就會跟著改變。

總評

人類是理性還是非理性？兩者都是，艾里斯和哈波說。我們有腦袋，但是無論如何仍然喜歡去做稚氣、愚蠢、帶有偏見和自私的行為。美好生活的關鍵是，把理性應用在最不理性的生活層面——情緒。

「理性情緒治療」強調約束自己的思考，找到極端情緒之間的中庸之道，這樣的取向的確與一些佛教思想如出一轍。這套理論認定，無論過去發生什麼事，要緊的是當下，以及現在能做什麼來緩解。艾里斯在小時候發現了這個道理。有位受躁鬱症影響而情緒混亂的母親，父親又經常出差在外，艾里斯負起照顧弟妹的責任，確保他們每天穿好衣服去上學。在他因為腎臟問題住院時，父母很少來探望。艾里斯學到，除非你要讓自己難過，否則不必因為處境而難過，永遠有餘裕控制自己的反應。儘管他以個人為品牌的治療法似乎有點硬氣，事實上卻代表了對人非常樂觀的看法。

《理性生活指南》幫助人們瞭解自己的情緒是如何產生的，還有最關鍵的，如何透過多多關注和約束自己的思考過著相當快樂和豐收的生活。書中主題包括：降低對認可的需求、克服焦慮、「如何在挫折中保持快樂」，以及根除「失敗的恐懼」。與內容一致，這本書呈現出清晰、直白的美妙風格。一定要讀更新和修訂過的第三版，內容加進了新的一章，闡述支持「理性情緒治療」背後原則和技術的相關研究。

亞伯・艾里斯

一九一三年生於賓州的匹茲堡，艾里斯在紐約市長大。他拿到紐約市立大學的商學學位，企圖開展商業生涯，但沒有成功。他也嘗試成為小說家，同樣失敗了。

寫了幾篇關於人類性行為的文章後，艾里斯於一九四二年進入哥倫比亞大學，攻讀臨床心理學的課程。一九四三年取得碩士學位，開始在課餘時間私人執業，從事家庭與性愛諮商。一九四七年獲得博士學位，任教於羅格斯大學和紐約大學，同時是「北紐澤西心理衛生診療所」（Northern New Jersey Mental Hygiene Clinic）的資深臨床心理師。

美國心理學界遲遲才接受艾里斯的觀念，不過今日公認他跟亞倫・貝克一樣，是認知行為治療的創建者。「亞伯・艾里斯學院」持續推廣他的理念。參見艾梅特・維爾登（Emmet Velten）撰寫的傳記《亞伯・艾里斯的生平》（*The Lives of Albert Ellis*）。

艾里斯是六百多篇學術論文的作者，還撰寫了五十多本書，包括《如何與精神官能症患者生活在一起》（*How to Live with a Neurotic*）、《愛的藝術與科學》（*The Art and Science of Love*）、《沒有罪咎的性》（*Sex Without Guilt*），以及《如何讓自己頑強拒絕為任何事難受，是的，任何事》（*How to Make Yourself Stubbornly Refuse to be Miserable About Anything-Yes, Anything*）。

羅伯・哈波

「美國婚姻顧問協會」（American Association of Marriage Counselors）以及「美國心理治療師學會」（American Academy of Psychotherapists）前任會長。他擁有俄亥俄州立大學的博士學位，在華盛頓特區從事心理治療，私人執業五十年之久。其他著作包括《創造性婚姻》（*Creative Marriage*，與亞伯・艾里斯合著），《四十五層次的性愛理解與享受》（*45 Levels to Sexual Understanding and Enjoyment*，與Walter Stokes合著）。

1982

催眠之聲伴隨你

My Voice Will Go With You

「如果人們在所謂的清醒狀態閱讀這些故事，可能認為不過就是些『陳腔濫調』、『老套』，或者『有點意思』，但是不會覺得受到啟發。然而，在催眠狀態下，治療師說的每一件事都具有高度意義，一則故事，或者故事中的一個字，可能會觸發小小的開悟。開悟是禪宗術語，指人受到啟發而覺悟。」——史德奈・羅森

「人們可以做到的事真是令人驚嘆。只不過人們不知道自己可以做到那些事。」——米爾頓・艾瑞克森

總結一句

潛意識心靈是一口井，充滿智慧的解答和遭遺忘的個人力量

同場加映

西格蒙德・佛洛伊德《夢的解析》(19章)
史戴分・格羅茲《說不出的故事，最想被聽見》(23章)
卡爾・榮格《原型與集體潛意識》(32章)
雷納・曼羅迪諾《潛意識正在控制你的行為》(39章)
弗利茲・波爾斯《完形治療》(41章)
卡爾・羅哲斯《成為一個人》(45章)

14

米爾頓・艾瑞克森＆史德奈・羅森

Milton Erickson & Sidney Rosen

西格蒙德・佛洛伊德實驗過催眠，但是從來無法輕鬆誘發「入神狀態」，或是讓病患接受他的暗示。米爾頓・艾瑞克森生於佛洛伊德之後四十五年，在許多方面實現了催眠的潛能，讓催眠成為合法誠信的心理學工具，往往可以為多年來苦於各種情結和恐懼症的案主帶來立即改變。

為什麼佛洛伊德失敗而艾瑞克森如此出色的成功了？或許可以從心理治療關係的動力上找到答案。傳統上，因為醫生有知識，他們是治療者。病人因為無知，所以是接受治療的人。艾瑞克森年輕時是精神醫療機構裡的醫生，自然承襲了這樣的認知，不過之後他開始理解，治療關係就只是雙方一起工作開發彼此的潛意識，尋求解答。經由進入催眠狀態，艾瑞克森的聲音會「成為」病人的聲音（「我的聲音會伴隨你」，他會跟病人這麼說），因此創造出強大的暗示力量。

艾瑞克森方法

艾瑞克森的秘訣是他的「教導故事」，不是古老童話，而是他自己的家庭生活軼事，或是先前病人的案例，而這些故事對於當事人的問題蘊含了特殊意義。這些故事通常包含了震驚或意外的元素，是設計來觸發「啊哈」的當下反應，讓當事人恍然大悟，脫離他們平常的思想迴路。不說「我看見什麼什麼錯誤，什麼什麼才是你應該做的」，艾瑞克森會讓病人從生活故事中拾取訊息，彷彿他們是自己想通的。

一名酒精上癮的人找上艾瑞克森，看起來是沒有希望的個案。他的父母酒精上癮，兩邊的祖父母也都是好飲之人，甚至太太和兄弟都酒精上癮。艾瑞克森可以把他送去「戒酒無名會」，但是由於這名男子的環境——他在報社工作，他說那裡助長了酗酒的生活方式——艾瑞克森想他要試試不同方法。他邀請這名男子去當地植物園，只是坐下來凝視仙人掌，沉思這種植物「可以三年沒有水分而不會死去」。多年以後，這名男子的女兒聯絡艾瑞克森，告訴他經過「仙人掌療法」之後，她的父親和母親一直保持滴酒不沾。欣欣向榮的仙人掌幾乎不需要「飲水」的意象顯然非常有力量。

艾瑞克森承認，這種療法永遠不會出現在教科書上，不過這就是他治療風格的重點：每個人都不一樣，我們會回應對自己最有意義的療方。有時候他的故事似乎比較像禪宗公案或是謎語，不是完全能夠明白。在正常狀態下你聽到這些故事可能會認為老套，或是心想：「那又怎樣？」不過在催眠狀態下，誘導性的語言、有意義的停頓和意外元素能夠讓當事人猛然醒覺，突然連結到潛意識心靈，觸發改變。

艾瑞克森同意讓精神科醫師史德奈・羅森整理他的許多故事，撰寫成書並且附上評論。《催眠之聲伴隨你》是帶我們認識艾瑞克森的完美入門書，捕捉了他對心理學神奇而且獨一無二的貢獻。以下簡要檢視書中幾則故事，以及對故事意義的詮釋，不過值得去買本書來閱讀其餘的故事。

建立融洽關係

和病人工作時，艾瑞克森不會試著去挖掘一大堆背景資訊，他的優先順序是建立「融洽關係」。他非常懂得從身體語言、呼吸和臉部微表情的角度去覺察當事人如何回應他說的故事。

一年夏天，艾瑞克森挨家挨戶賣書籌措他的大學學費。他拜訪一名農夫，不過這名農夫對書本沒興趣，只關心養大他的豬。艾瑞克森放棄賣任何東西，開始抓豬的背部；他在農莊長大，知道豬喜歡這樣。農夫注意到了，很高興，他說：「喜歡豬而且知道如何抓牠們背的人，是我想要認識的人。」他邀請年輕的艾瑞克森留下來吃晚飯，然後同意買他的書。

艾瑞克森說這則故事來闡明，我們身上大大小小事都傳達了某樣訊息，我們無法不傳達出來。當我們需要下判斷，必須讓自己的下意識發揮作用，就像那位農夫所做的。感受或預感通常是正確的，而且我們必須全盤吸納「整個」情境。

鏡射

相關的一項技巧是「鏡射」。藉由「跟隨」病人說的話，艾瑞克森可以讓他們比較客觀看到自己是如何行事。

在他工作的醫院裡，有兩名男子聲稱自己是耶穌基督。他讓他們坐在長椅上交談。終於，見識到對方的宣稱是多麼愚蠢之後，兩人都能看到自己的可笑之處。在一家醫院要增建新的側棟時，艾瑞克森讓另一名「耶穌」協助木工部分，畢竟這名男子無法否認，耶穌在以彌賽亞（救世主）現身之前，人盡皆知是位木匠。這種不尋常的療法讓這名男子再度與現實以及他人接上線。

露絲是十二歲的美少女，個性蠻橫。人們會幫她做事因為非常喜歡她。然而，她常常突如其來踢旁人小腿、撕扯他們的衣服，或者踩踏他們的腳、弄傷他們的腳趾。有一天，艾瑞克森聽說她在病房發脾氣。她正在撕開牆上的灰泥，不過他沒有說住手，反而也開始破壞環境，把床單扯下床，打破窗戶。「讓我們到別處去，」他說，「真好玩。」然後他進入走廊。當他看到一名護士，他上前扯掉她的衣服，讓她只剩下胸罩和內褲。對此露絲表示：「艾瑞克森醫師，你不應該做這樣的事。」並且拿床單給護士，幫她遮住身體。見識了自己的行為後，露絲變成好女孩。（「剛好」在走廊上的護士有事先同意演這場戲。)

迂迴的邏輯

經常，當有人因為控制或成癮的問題來找艾瑞克森時，他不會告訴他們停止做困擾自己的事(無論是什麼)，而是以更強烈的方式繼續做。一名男士來求醫，希望能減重，並且停止抽菸和喝酒。艾瑞克森沒有跟他說停止任何一項癮頭，而是指示他不要從當地的商店購買食物和菸酒，要到至少一哩外的商店買，這麼一來，頻繁的奔波會引導他重新思考自己的習慣。

一名體重一百八十磅(約八十二公斤)的女士來找艾瑞克森，想要減到一百三十磅(約六十公斤)。她陷入反覆增重再減重的模式。艾瑞克森表示，如果她先承諾一件事，他就會協助她。她同意了，艾瑞克森告訴她要先增重到兩百磅(約九十公斤)。她極力抗爭，然而她是如此渴望「獲得允許」減重，結果一達到兩百磅後，便毫無困難減到一百三十磅。

上述艾瑞克森「迂迴」行事的例子揭示了他更宏大的哲學：只有當事人覺得自己「主導」改變，才能真正讓一個人改變。與強制或勸導相比，這種方式的改變總是比較有力而且持久。

重新架構

一名女子來見艾瑞克森，她痛恨住在亞利桑納州的鳳凰城。她的先生想要去亞歷桑納另一座城市旗桿市（Flagstaff）度假，但是她說她覺得留在鳳凰城比較好，又痛恨不能到其他地方喘口氣休息一下。艾瑞克森促使她好奇自己為什麼如此痛恨鳳凰城，還有為什麼她要用自己的想法來懲罰自己。在一次催眠時段，他告訴她前往旗桿市，同時注意「閃現的色彩」。他並沒有暗暗想著希望她看見什麼，但是引發了這名女子的好奇心，當她找到自己「閃現的色彩」時（綠色背景中一隻紅色的鳥），興高采烈。

艾瑞克森想要改變她的心態，這樣她才會開始看見她平常看不見的事物——除了透過眼睛的功能來看，還有比較深層意義的看見。結果這名女子在旗桿市待了一個月，之後也到美國不同地區度假，尋找提供意義的「閃現的色彩」。透過一兩堂催眠課，艾瑞克森就促成案主改變，從強烈的負面感受轉為肯定生命的好奇心。

內在智慧

如果從艾瑞克森的著作中可以提取出一項心得，那就是：我們每個人內心都有「通曉一切的機制」。他相信每個人都擁有健康、有力量的內核，而催眠是有效工具，讓這個「自我」再度引導我們。

他藉由童年一樁軼事闡明這個論點。有一天一匹馬遊蕩到他們家的土地上，他們不知道馬的主人是誰，沒有印記。米爾頓決定騎上馬把牠帶回路上，但是他沒有騎到不同地方去找主人，而是讓馬引導自己。在馬走回自己主人的地盤時，他們問他怎麼知道馬是他們家的。他回答：「我不知道，但是馬知道。我做的只是讓他一直在路上。」

「馬」當然就是潛意識心靈，如果在催眠狀態下進入，潛意識就可以解決任何問題，並且讓我們回歸真實、有力量的自我。艾瑞克森相信，我們絕大多數的限制都是自己給的，但是那些屏障主要都是我們的意識心靈建構的。進入並且重塑潛意識的內涵，藉此便能重塑自己的人生。只要我們願意，就能以比較接近現實的資訊為自己重灌程式，而不執著於負面或扭曲的思考模式。

總評

艾瑞克森善於捕捉他人臉部動作和身體語言的微小線索，他在這方面的能力經常讓人相信他通靈。他十七歲感染小兒麻痺時，失去行動自由，由於無事可做，便開始觀察和分析眾多手足的行為舉止。他注意到，有些時候他們嘴裡說的跟心裡想的不一樣，溝通不只是透過語言，還涉及許許多多層面。他解讀人的著名能力從此開始發展。

如果你曾經求助催眠師來戒菸、減重或是治好恐懼症，你就是見證人，以說明目前催眠獲得的尊重，而這是艾瑞克森的部分遺澤。他的「短暫治療」概念——改變可能一瞬間就發生，不需要病患長年累月進行精神分析——也是目前心理治療全景的一部分。此外，他的追隨者理查・班德勒（Richard Bandler）和約翰・格林德（John Grinder）進一步開創了「神經語言程式學」（NLP），這是改良過的版本，把艾瑞克森技巧變成條列規則，許多企業和私人教練都採用，以提供職員工作上的優勢。

不過正如羅森闡明的，艾瑞克森本人並不是技術取向。他認定人類是說故事的物種。要表達關於生命和個人轉化的洞察，故事、神話或軼事永遠是最有力的方式。

米爾頓・艾瑞克森

一九〇一年生於內華達州的黃金鎮（Aurum），艾瑞克森天生色盲、不能分辨聲調高低，而且有讀寫障礙。年幼時，他的家人搭篷車前往威斯康辛，在那裡建立了農莊。

艾瑞克森在威斯康辛大學攻讀心理學，在那裡學會了催眠別人。他從科羅拉多綜合醫院（Colorado General Hospital）取得醫學學位，在羅德島州立醫院擔任初級精神科醫師。從一九三〇到三四年，他任職伍斯特州立醫院（Worcester State Hospital），成為首席精神科醫師，之後在密西根艾洛斯精神醫院（Eloise）負責門診和教學工作。在那裡他與伊莉莎白・艾瑞克森結婚，他們生育了五名子女。此外，在前一段婚姻中他有三名子女。

一九四八年，他因為健康理由移居鳳凰城，他的「奇蹟」療法把全美國的人都帶來這裡找他了。他催眠過作家阿道斯・赫胥黎（Aldous Huxley），結交的朋友有人類學家瑪格麗特・米德（Margaret Mead）和哲學家格雷戈里・貝特森（Gregory Bateson）。他創立了「美國臨床催眠學會」（American Society of Clinical Hypnosis），也是「美國心理與精神醫學協會」（American Psychological and Psychiatric Associations）的會員。

艾瑞克森於一九八〇年過世。他的骨灰灑在鳳凰城的斯闊峰（Squaw Peak），他常常指示患者去爬這座山，那是治療的一部分。

史德奈・羅森

紐約大學醫學中心精神醫學系的臨床助理教授，也是「紐約米爾頓・艾瑞克森心理治療和催眠學會」的創會會長。他主持工作坊傳授艾瑞克森的技巧，為艾瑞克森與厄尼思特・羅西（Ernest L. Rossi）合寫的《催眠治療：探索性個案記錄》（*Hypnotherapy: An Exploratory Casebook*，1979）作序。

1958

青年路德

Young Man Luther

「我把青春期的主要危機稱為自我認定危機。在這項危機發生的人生階段，每位年輕人必須從依舊有效力的童年殘留，以及期待的成年盼望中，為自己打造出核心的視界和方向，某個可以運作的統一主體。」

「毫無疑問，當馬丁學會大聲說出來，他內心高度壓縮的反抗使得他必須對魔鬼說的許多話越發激烈。這些累積的反抗源自他過去無法對父親和老師說的話，在適當時候他懷著復仇之心對教皇全部說出來了。」

總結一句

自我認定危機出現時，儘管很痛苦卻是必要的，如此才能打造出比較強壯、比較有掌控力的自我。

同場加映

威廉·詹姆斯《心理學原理》(31章)

15

艾瑞克・艾瑞克森

Erik Erickson

如果你曾經談論過自己有「自我認定危機」（identity crisis），你得感謝心理學家艾瑞克・艾瑞克森發明了這個詞。艾瑞克森將焦點放在自我認定上是因為自己的背景。他是已婚的猶太裔母親卡拉・阿布拉漢森（Karla Abrahamsen）和不知名的丹麥男士短暫戀情下的結晶，在德國以艾瑞克・洪伯格（Erik Homberger）之名長大，襲用了他醫師繼父的姓氏。在學校因為身為猶太人遭戲弄，而在猶太會堂又因為他「北歐神」的外表受嘲諷；他高大、金髮、藍眼。三位異父妹妹的誕生，只是加強了他局外人的感受。在他將近四十歲取得美國公民資格時，艾瑞克・洪伯格把自己的姓氏改成艾瑞克森（Erickson），意思是自己的兒子。

雖然艾瑞克森特別關注青春期的自我認定是如何形成，然而他的偉大貢獻在於指出，「我是誰？」的問題在一般人的一生當中會出現許多次。佛洛伊德確認了從嬰兒期到青少年期的五個心理發展階段，而艾瑞克森的理論更進一步涵蓋整個生命周期，從出生到老年總共有八個「心理社會」階段。每一階段結束時，我們會經歷一次危機，質疑自己的自我認定。在這些關鍵時刻我們可以選擇成長或是停滯。艾瑞克森表示，每一次選擇都為成年的人格結構放上另一塊基石。充分體認到這些轉捩點的強度，他粉碎人生二十歲過後就一路平穩的神話。

艾瑞克森還因為另一項理由出名。儘管佛洛伊德寫出關於達文西的著名研究，但在著作中探討甘地和馬丁・路德的生平後，艾瑞克森建立了新的文體：「心理傳記」，也就是把心理分析應用在名人的生平上。他在路德身上發現了「自我認定危機」的最佳例子，並在《青年路德：一個精神分析與歷史的研究》中詳細闡述。

路德生平事略

路德童年期和青春期的歐洲基督教世界，籠罩在「最後審判」的思想裡，那是人一生最後的清算，所有的原罪要透過善行來平衡。人們生活在下地獄的恐懼裡，從不間斷為死去的靈魂禱告。就像學校會鞭打學童，公開拷打罪犯是常態。生活的主題是完全服從，服從長者、服從教會、服從上帝。

馬丁・路德生於一四八三年，艾瑞克森形容說，路德進入了這個「瀰漫著罪咎和悲傷心情的世界」。他的父親出身農家，不過經由辛勤工作成為小規模的資本家，擁有一處礦坑的股份所有權。漢斯・路德（Hans Luther）為兒子的教育籌備了預備金，希望他成為高階律師，帶領家族脫離貧寒出身。馬丁・路德按照父親意願就讀拉丁文法學校，成績優異，十七歲時進入大學。一五〇五年，他大學畢業申請了法律學校。然而暑假在家時，差點被暴風雨的閃電擊中。本來就對安排好的人生道路有疑慮，他把這次事件看成是徵兆，發誓要成為修道士。他的父母嚇壞了，不過一五〇一年他還是進入艾爾福特（Erfurt）的奧古斯丁修道院。

一開始一切順利，他享受修道院的神聖氛圍。不過就像任何年輕人，他受到性愛念頭的引誘，為此內疚不安。正如許多路德的傳記學者說過的故事，在修道院教堂的唱詩班中他恐慌發作，哭著喊叫：「我不是！」艾瑞克森認為這件事顯示了典型的自我認定危機。路德拋下了父親極度渴望他開展的世俗事業（更別提婚姻了），然而眼下，在充滿希望的「敬畏上帝」開頭之後，修道院之路似乎也是錯誤的，儘管他拼命努力想要守住誓言。他陷入難受的自我認定真空地帶。無論他認為自己是什麼，令人痛苦而明確的事實是，那都不是他。

不過馬丁留在教會，迅速晉升。他成為神學博士，到了一五一五年已經是掌管十一家修道院的總鐸。然而這一路上，他對於真正靈性信仰的認識以及他對教會的認知，兩者分歧日漸擴大。根據中世紀天主教教義，原罪會招致世俗的懲罰，而做「善事」可以減輕原罪。然而即使是做善事的責任也可以透過購買「贖罪卷」（教會販售的一張紙，為自己的庫房賺進大把錢）來迴避。不過這個議題對路德來說也只是冰山一角。他相當激進的得出結論，相信聖經（「道」或「聖言」）的權威比體制的權威重要多了。

終於到了最後關頭，一五一七年十月，他把一份文件——著名的「九十五條論綱」——釘在威登堡（Wittenberg）城堡教堂的大門上（通常用來張貼公告的地方），勾勒了教會必須改革的領域。這份文件是枚震撼彈，然而如果不是不久之前發明了印刷機，可能就不會產生如此巨大的衝擊了。印刷機讓這份文件以及路德之後的著作流傳四方。任何人，從鄉下人到王公貴族，對現狀有怨言的人現在有了焦點。路德成為名人，他的反叛點燃了宗教改革。

艾瑞克森的詮釋

反叛通常顯現在一個人年輕的時候，然而路德公開發言徹底反對教會時已經三十四歲了。艾瑞克森的解釋是，年輕人必須先強烈相信某件事，之後才能轉向，改持反對立場，而路德極為相信教會的神聖權威。如果不是首先經歷了完全的獻身和依附，或許他永遠不會成為教會最直言不諱的批評者。艾瑞克森評述道，歷史上的大人物往往多年處於被動狀態。年輕時他們就覺得自己會在這個世界留下巨大印記，然而潛意識裡他們等待自己獨特的實相在心裡慢慢成形，直到他們可以在正確的時間造成最強烈的衝擊。這就是路德的案例。

艾瑞克森花了很大的篇幅以精神分析的方法討論路德和他父親的關係。他推測路德挺身反對神聖羅馬教會的勇氣，只能放在他最初不服從父親的脈絡下來理解。或許令人意外的是，艾瑞克森暗示路德不是天生反骨，但是曾經反抗過生命中的重要人物，讓他進入不服從的軌道裡。

艾瑞克森最吸引人的論點是，路德的確透過他的神學立場改變了世界，但是那個立場是解決了他個人心魔和自我認定危機的結果。路德是好修道士嗎？路德是好兒子嗎？或者路德是偉大的改革者？

艾瑞克森把重大的自我認定危機連結到「第二次誕生」，這個觀念他得自威廉・詹姆斯。誕生一次的人「平穩的主動融入和被動適應他所處年代的意識形態」，而誕生兩次的人往往是飽受折磨的靈魂，在帶給他們方向的徹底轉化經驗中尋求療癒。誕生兩次的正面意義是，如果能成功轉化自己，就有潛力橫掃身邊的世界。路德花了一段時間想清楚自己是誰，然而一旦找到答案，即使是教皇都阻擋不了他。

「暫停」的重要性

艾瑞克森認為，尤其重要的是，社會要有能力包容年輕人的自我認定危機。他論述了「懸宕」的概念，那是文化刻意創造出來的一段時間或經驗，因此年輕人可以在進入中規中矩的成年期之前「找到自己」。今日我們可能在高中畢業進入大學之前去體驗「空檔的一年」。路德的時代，在修道院住一段時間給了許多年輕人機會去決定「我是誰以及要成為誰」。

如果路德遵循了父親的意願進入法律界，結果會是什麼？他可能在世俗的意義上表現傑出，然而或許永遠無法實現他的潛能。

艾瑞克森表示，人一生中真正的危機往往發生在將近三十歲時，這時他們領悟到自己過度綑綁於自己覺得「不是自己」的道路上，即使一開始他們是熱情投入。正是他們的成功把他們推入坑洞，而那可能需要用盡一切心理力量才能爬出來。

艾瑞克森更寬廣的論點是，如果在某個重要關頭人們覺得有壓力必須選擇停滯而不是成長，整個社會都會受害。在充滿智慧的文化下，人們會認可年輕人的自我認定危機，並且試圖包容它。儘管短期內會騷動不安，這些個人轉捩點釋放出來的新觀念和能量可以讓人回春，不只是當事人復甦，廣大的社群也受益。

路德最後的危機

即使在聲名和權勢的巔峰，路德仍然寫信給父親試圖辯護和合理化自己的舉動，而且就像他父親，中年以後他在某種程度上也成了反動分子。放火者最終生活舒適，捍衛德國親王統治的政體，呼籲農民接受他們的身分地位。在外表和習慣上，他依舊是「地方型」而不是世界型人物。他終究成為父親所期待的他：有影響力、富裕，而且結了婚。

你會以為這必然是路德一生中最快樂的時光。事實上，這迎來了艾瑞克森所稱呼的成年成熟期「繁衍傳承」的危機，這時候人們會自問：「我所創造的一切有價值嗎？再一次我還會做同樣的事嗎？

或者我浪費了這些年？」路德第一次危機純粹是自我認定的問題，這一次，艾瑞克森指出，是關於統整。儘管是位「偉人」，路德仍然必須通過這個階段，如同每位年長的成人注定要過這關。

艾瑞克森的論點是，自我認定的議題永遠不會完全解決。當我們某個層面達到完整，仍然會有個更大的自我試圖賦予我們的經驗不同意義。路德一生最獨樹一幟的標記或許是不斷向自己陳述「他不是什麼」。某方面來說，這是形成自我認定的過程中，比較容易的那一半工作。至於決定「我們是什麼」的任務，仍然留待我們去完成。

總評

人在一生中如何改變自我認知，這是心理學最吸引人的問題之一，因為自我認定——知道自己是誰或會變得如何，或者至少希望自己是什麼——是如此根本的議題。

有些人傾向看輕自我認定危機的歷程，並強調那只是常態。不過艾瑞克森對路德有段評述，可以用來類比有著同樣處境的我們每個人：「他的作為彷彿人類隨著他個人的開始重新啟動……對他來說，歷史既是從他開始，也是隨著他結束。」這可能聽起來像是青春期的自我耽溺，然而不管在什麼年齡我們都必須下定某種決心，釐清楚跟世界的關係，決定我們站立的位置。除非社會盡力協助，讓每個人成功度過重大的人生轉捩點，否則代價不只是精神疾病，還有潛力的喪失。

心理傳記的明顯危險是，我們可能過度解讀傳主的童年，以及童年對往後人生的影響。無論如何，艾瑞克森在路德嚴苛的童年和他控制慾強的父親，以及路德身處時代的基調之間，建立了令人信服的連結。他說明了路德的個人危機無法與發生在他周遭的社會變遷區隔開來，整個宗教改革運動可以看成是路德的個人議題在全球的規模上尋求解決。舉例來說，是路德的良心驅動他把教會擺在第二位，放在個人和上帝的直接關係之下。身為真誠的信徒，他堅持信仰在「善行」之上也改造了基督教世界。

心理學至關重要，艾瑞克森這麼說，因為歷史本質上是個人心理的展現。

艾瑞克・艾瑞克森

一九〇二年生於法蘭克福，艾瑞克由母親單獨撫養，直到母親嫁給他的兒科醫師西奧多・洪伯格（Theodor Homberger）。一家人搬到南德的卡爾斯魯厄（Karlsruhe），艾瑞克的三位妹妹在那裡出生。高中畢業後他旅行全歐洲一年，之後進入藝術學校。他在維也納教了一陣子藝術，在那裡遇到他的妻子瓊・瑟森（Joan Serson）。瑟森是他終其一生的合作夥伴。一九二七年他開始在維也納精神分析學院學習精神分析，在安娜・佛洛伊德（參見18章）手下工作，專長兒童心理學。

一九三三年，艾瑞克移居美國，把姓氏改成艾瑞克森。他在哈佛醫學院教了三年書，同時成為波士頓第一位兒童精神分析師。在哈佛他與人類學家露絲・潘乃德（Ruth Benedict）、格雷戈里・貝特森和瑪格麗特・米德密切往來，受到強烈影響。他先後在耶魯大學、梅寧哲基金會（Menninger Foundation）、加州帕羅奧圖（Palo Alto）的「行為科學高等研究中心」（Center for Advanced Study in the Behavioral Sciences），以及舊金山的「錫安山醫院」工作過。艾瑞克森關於美國原住民族拉科塔人（Lakota）和優洛克人（Yurok）的著名研究，是他在加州大學柏克萊分校期間進行的。離開柏克萊之後，他私人執業多年，才又回去哈佛。

艾瑞克森開先河的著作是《童年與社會》（*Childhood and Society*，1950），是關於個人與文化的廣泛研究，贏得了普立茲獎和美國國家圖書獎。其他著作包括《自我認定：青春與危機》（*Identity: Youth and Crisis*，1968）、《甘地的真理》（*Gandhi's Truth*，1970），以及《生命周期完成式》（*The Life Cycle Completed*，1985）。艾瑞克森卒於一九九四年。

1947

人格的維度

Dimensions of Personality

「一個人的人格主要是由基因決定，他是父母的基因經過偶然的排列組合創造出來的。儘管能透過環境調整，影響十分有限。人格與智力同在一條船上，基因對兩者的影響都是壓倒性的強大，在大多數案例中，環境的作用縮減到只能造成些微改變，而且或許是某種掩飾。」

總結一句

所有的人格都可以根據兩、三種由生物層面決定的基本維度來測量。

同場加映

伊莎貝爾・布里格斯・邁爾斯《天生不同》(06章)
伊凡・帕夫洛夫《制約反射》(40章)
史迪芬・平克《白板》(43章)

16

漢斯・艾森克

Hans Eysenck

艾森克是二十世紀最受爭議也最富盛名的心理學家之一。他的生涯橫跨五十年，出了五十本書，還有超過九百篇的期刊文章，為一些領域注入創新見解。艾森克生於德國，一九三〇年代反對納粹黨，導致他逃亡到英國。在一九九七年去世之時，他是心理學界引用率最高的研究者。

《人格的維度》是艾森克第一本著作，帶著枯燥的學術風格。不過，這本書首度建立內向／外向概念的科學基礎，為五十年來人格差異領域的研究打下根基。

兩個維度

雖然艾森克認可古希臘把人區分為多血質（開朗）、膽汁質（衝動）、黏液質（穩定）和憂鬱質這四種氣質，而且顯然應該感謝卡爾・榮格關於內向和外向的區別，他還是堅決主張關於人格差異的任何研究必須客觀，以統計為基礎。《人格的維度》建立在「因素分析」這種研究方法上，讓艾森克可以從大量調查數據中得出關於人格差異的結論。二戰期間他在倫敦的「磨坊山急救醫院」工作，幾百名厭戰的兵士成為他的樣本。這些男士接受一連串詢問，關於他們對特定情境的慣性反應，並且為自己打分。蒐集到的答案讓艾森克有十足信心根據外／內向和神經質這兩個寬廣的維度（或稱「超級特質」）定位一個人。

艾森克相信，這些超級特質是基因決定的，而且在我們的生理上顯現出來，尤其是大腦和神經系統。在這方面他受到伊凡・帕夫洛夫的啟示。內向和外向的根源來自大腦容易興奮的程度。而決定神經質維度的是神經系統裡處理情緒反應（針對外在事件）的層面。

之後，艾森克增加了另一個維度：精神病質（psychoticism）。雖然這可以指涉精神不穩定的程度，比較普遍的詮釋是：一個人在這個維度裡落在什麼地方是種指標，顯示他們有多麼可能反叛體制或是狂野、膽大妄為。不像評量社交性的外向／內向維度，精神病質評量的是一個人遵循習俗生活的社會化程度，或者是否走到極端成為反社會精神病患或是反社會人格障礙者。

合在一起，「精神病質—外向（extraversion）—神經質（neuroticism）」這三個維度成為我們所知的「PEN」模型，特徵包括：

外向

* 外向者的大腦跟我們預期的相反，不會像內向者那麼容易興奮。

*因為內在活動比較少，外向者很自然會尋求外在刺激，與他人交往，這樣他們才會覺得真正的活著。

*外向者會以比較公允的態度來看待發生的事，比較不會苦惱於別人怎麼看他這個人。

*外向的人整體來說也是活力充沛和樂觀的，不過可能是不安分喜歡冒險的人，而且比較不可靠。

內向

*內向者的大腦比較容易興奮，讓他們比較容易受心情左右，有激烈的內在活動。

*由於內在感覺超載，為了自我保護他們很自然會迴避太多的社交互動；他們發現社交互動太耗精神。或者，因為他們擁有如此豐富的內在生活，於是根本不需要一大堆社交互動。

*因為他們似乎會比較強烈的體驗各種事情，內向的人對人生有比較深沉和比較哀痛的反應。

*他們整體來說比較內斂、嚴肅和悲觀，可能有自尊和內疚的議題需要處理。

神經質

*神經質是我們傾向會操煩、緊張、擔心、焦慮或感覺壓力的強度指標。

＊在這個維度得分高不表示這個人就神經兮兮，只是他們的大腦讓他們容易罹患精神官能症。分數低顯示他們的情緒比較穩定。

＊心智偏向神經質會對刺激過度反應，非神經質的人比較冷靜，可以全盤觀照思考事情。

＊心智偏向神經質的內向者，努力想要控制進入內心的刺激，很容易有恐懼症或恐慌發作。

＊心智偏向神經質的外向者，傾向於貶低日常事件的衝擊，可能發展出否認或壓抑的精神官能症。

總評

雖然艾森克關於人格具有生物基礎的研究經常遭到批評，也有越來越多研究證實他的論點。如史迪芬．平克在《白板》中指出的，研究分開撫養的同卵雙胞胎，驗證了只有一小部分的人格是社會化的結果，其他都是由基因塑造。

目前有許多其他的人格類型模型，包括普遍使用的「外向、親和、嚴謹、神經質和開放」的五因素模型，不過艾森克是致力以統計學方法來瞭解這個議題的第一人。如果不是他的研究奠定基礎，不光靠社會觀察或民間智慧來深入瞭解人，人格學大概就不可能成為道道地地的科學了。

既是嚴肅的科學家，又是撰寫大眾心理學書籍的作家，艾森克貢獻良多，提升了大眾對心理學議題的瞭解。一九五〇年代，艾森克針對精神分析的科學實證性發起著名攻擊，他表示根本沒有證據顯示精神分析有助於治癒病人的精神官能症，而在論戰過程中他也做出貢獻，讓心理治療變得比較有科學根據和受各界關注。

艾森克也以研究智商聞名，他反對當時盛行的社會制約論，主張智力高低主要是遺傳而且由基因決定。他在一九七一年的著作《種族、智力和教育》（*Race, Intelligence and Education*）中提出證據，論述智力的差異源自種族不同，結果引發示威抗議。艾森克在大學演講中臉上挨了一拳，鬧得滿城風雨。他也鑽研占星術，有限度支持超自然現象，主張與抽菸相關的癌症跟人格有關，並且提出證據說明有些人的生物特質讓他們容易成為罪犯。

儘管有種種爭議，在他人生即將走到盡頭時，美國心理學會頒贈他「威廉·詹姆斯終生成就獎」，表彰他對心理科學的傑出貢獻。

漢斯・艾森克

一九一六年生於德國，父母離婚後，漢斯・尤根・艾森克由祖母撫養長大。年少時他反對納粹政權，永遠離開了德國。他定居英國，一九四〇年在倫敦大學取得心理學博士學位。第二次世界大戰期間，他在磨坊山急救醫院擔任精神科醫師，一九四五到五〇年則是以心理學家的身分任職莫茲里醫院（Maudsley Hospital）。他也創建了倫敦大學精神醫學研究所的心理系，並且擔任系主任，直到一九八三年。

艾森克卒於一九九七年。

1969

追求意義的意志

The Will to Meaning

「我所謂的存在空虛，構成今日精神醫學的一大挑戰。越來越多患者抱怨空虛和無意義的感覺，而這種感覺似乎是源自兩項事實。跟動物不一樣，人類不是由本能告訴他必須做什麼。而且跟過去的人不一樣，現代人不再由傳統告訴他應該做什麼。往往他甚至不知道自己的基本願望是什麼。於是，他要嘛想要去做別人做的事（從眾主義），或者他去做別人想要他做的事（極權主義）。」

總結一句

有意識的接受苦難或命運，可以轉化成為我們最偉大的成就之一。

同場加映

史戴分・格羅茲《說不出的故事，最想被聽見》（26章）
亞伯拉罕・馬斯洛《人性能達到的境界》（36章）
馬汀・塞利格曼《真實的快樂》（48章）

17

維克多・法蘭可
Viktor Frankl

法蘭可最著名的作品是《活出意義來》(*Man's Search for Meaning*,參見《一次讀懂自我成長經典》的評論),扣人心弦的敘述了他在納粹集中營的時光,以及那些監禁在一起的同伴,當中有的人要不是發展出求生心態就是放棄生存。許多讀者珍視這本書,認為是現代生活單調無聊與無意義的解毒劑。

上述的著作稍微闡釋了法蘭可的意義心理學(意義治療),而《追求意義的意志:意義治療的基礎與應用》才是整本書在解釋意義治療的內涵與哲學基礎。因此閱讀這本書挑戰比較大,但是收穫豐碩。

有人會把法蘭可獨特的治療方法認定為繼佛洛伊德精神分析和阿德勒個人心理學之後的第三個維也納心理學派,而《追求意義的意志》清楚點出他的理念和同胞之間的差異。這本書也駁斥了行為主義心理學派的觀念,也就是企圖把人類化約為受制於環境的複雜產物。

心理學的盲點

法蘭可相信，心理學界沒有認識到人類天性是如此多面。他不否認生物學或環境制約塑造了我們，但是他也堅持自由意志仍有發揮空間，我們可以選擇發展特定的價值或獨特的人生道路，或是在艱難的處境下保持自己的尊嚴。

法蘭可否認像愛與良心這樣的東西可以化約為「制約反應」，或是生物學上預先輸入程式的結果。身為神經學家，他確實同意人類在實體層面可以類比於電腦。不過，他的論點是，我們無法歸結成一部機器的運作。我們可能有些問題是跟體內化學物質不平衡相關，或者有廣場恐懼症之類的心理議題，但是我們有另外一類埋怨（他稱之為「心靈的」）是關於道德或靈性的衝突。傳統的精神科醫師無法處理這些埋怨，還可能完全錯過當事人為何來求診的關鍵點。或許病人去見牧師或拉比收穫還比較多。法蘭可揣想，會把聖女貞德駁斥為精神分裂的這門專業，我們能信任他們在罪咎、良心、死亡和尊嚴等議題上的判斷嗎？

意義治療的答案

法蘭可認為他的心理學是關於存在的意義，但是不同於卡繆和沙特的存在主義，意義治療基本上是樂觀的。它的目標是要讓人相信人生永遠有意義，即使當下還不清楚是什麼意義。在艱難或痛苦的處境裡或許我們看不出意義，直到發生某些事而成長之後才明白。

人們最偉大的成就不是成功，法蘭可表示，而是以無比勇氣面對不可改變的命運。法蘭可在醫院照顧的一名臨終婦女為即將來臨的事感到驚恐，最終領悟到她展現勇氣面對死亡或許是她最好的時刻。不是「無意義」的早逝，她在選擇死亡的歷程中找到了莫大意義。

法蘭可主張人們感受到的「存在空虛」並不是精神官能症。反而是非常人性的事，顯示我們追求意義的意志是如此生機勃勃。他引用小說家法蘭茲・魏費爾（Franz Werfel）的話：「口渴是水存在最確鑿的證據。」

責任與罪咎

法蘭可曾經在惡名昭彰的聖昆丁監獄（San Quentin）演講。囚犯愛他，因為他沒有假裝他們都是好棒棒的人，或者說他們是社會或是基因的受害者。相反的，他認定他們是自由而且負責的人，他們的種種決定導致自身來到現在身處的地方。他承認罪咎的實相。

法蘭可喜歡說美國西岸應該豎立「責任神像」，與東岸的自由女神像互補。我們活在相對主義的時代；相對主義削弱了獨立於個人判斷之外的真正價值與意義。我們選擇不受這些共同準則約束，久而久之卻弔詭的圈住了自身的自由。

良知

如果你讀過《活出意義來》，應該會驚訝的發現，法蘭可其實有機會避免被抓進集中營。儘管住在維也納，但因為他是神經學家，所以獲得簽證能去美國居住，不過只有他獲得許可，父母沒有。他很清楚怎樣的命運在等待他們，他沒有辦法下定決心獨自離開。

他寫道，每個人帶著一套獨一無二的潛在意義降臨人世，這些意義等著我們去實現。要不要去捕捉並且接受這些意義，或是試圖迴避，取決於自己。沒有終極的「人生意義」，只有每個人個別的人生意義。除非我們問的是自己的人生意義，以及自己的議題和挑戰，否則詢問「什麼是人生意義」沒什麼意義。這種意義的獨特性稱為良知。

總評

在《追求意義的意志》結尾，法蘭可問了顯而易見的問題：如果意義治療完全是關於意義，那麼跟宗教有什麼分別？他的答案是，宗教的本質是關於救贖，而意義治療是關於心理健康。

儘管有這樣的區別，法蘭可的心理學底色是對於終極意義的靈性信仰，因此在許多人眼中意義治療立刻被標上可疑的記號。不過法蘭可是神經學和精神醫學的醫師，而且歷經兩座集中營存活下來。他不是神秘學家或夢想家。即使我們懷疑生命本身是否具有終極意義，也無法否認人類具有追求意義的意志。

佛洛伊德論述追求愉悅或性愛的驅力，阿德勒談的是追求權力的驅力，而法蘭可相信在塑造我們是誰這件事情上，人們追求意義的意志至少是同樣強大的力量。我們受驅力推動時，也受到意義的牽引，雖然他沒有否認生物學或環境制約塑造我們，但也堅持自由意志仍有發揮空間，我們可以選擇發展特定的價值或獨特的人生道路，或是在艱難的處境下保持自己的尊嚴。對法蘭可來說，如果心理學要達到什麼目標，就必須考量追求意義的意志，如同考量追求愉悅或權力的本能。

維克多・法蘭可

一九〇五年生於維也納，法蘭可在維也納大學攻讀醫學，獲得碩士和博士學位。一九三〇年代，他在維也納綜合醫院的自殺部門工作，同時開設了精神科私人診所。一九四〇到四二年，他是羅斯柴爾德醫院（Rothschild Hospital）神經內科主任。

一九四二年，法蘭可、他的父母以及妻子提莉（Tilly）被送進集中營，最初是在特雷辛（Theresienstadt）。其他的家人沒有活下來，不過進逼的美國軍隊在一九四五年於達豪（Dachau）解放了法蘭可。

戰後回到維也納，法蘭可寫下《活出意義來》，並且受命為維也納神經內科門診醫院（Vienna Neurological Policlinic）負責人，直到一九七一年他才卸下這個職務。他獲頒二十九個榮譽博士學位，同時是哈佛大學、其他美國大學與維也納大學醫學院的客座教授。

其他著作包括《醫生與靈魂》（*The Doctor and Soul*，1965）、《追尋意義的無聲吶喊》（*The Unheard Cry for Meaning*，1985），以及《潛意識中的上帝》（*The Unconscious God*，1985）。法蘭可卒於一九九七年，德瑞莎修女和黛安娜王妃也逝世於同一星期。

1936

自我與防衛機制

The Ego and the Mechanisms of Defence

「在這些所有衝突的情境裡，自我尋求否認部分的本我。因此，建立來防衛的體制和被阻擋在外的入侵力量，永遠是一樣的。變數則是驅使自我採取防衛措施的動機。終究，這一類的所有措施都是設計來保障自我，免於經驗『痛苦』。」

「我的患者是位異常漂亮和迷人的女孩，在她的社交圈已經出人頭地，儘管如此她還是因為瘋狂嫉妒仍然是個孩子的妹妹而飽受折磨。這名患者在青春期放棄了之前所有的興趣，此後的動機只來自一種渴望：贏得她的男性朋友（無論是男孩還是男人）的仰慕和喜愛。」

總結一句

我們會去做幾乎是任何事來迴避痛苦和保存自我意識，而這種強迫性的驅力往往導致我們創造出各種心理防衛。

同場加映

阿爾弗雷德．阿德勒，《認識人性》（01章）
艾瑞克．伯恩《人間遊戲》（08章）
西格蒙德．佛洛伊德《夢的解析》（19章）
史戴分．格羅茲《說不出的故事，最想被聽見》（26章）
凱倫．荷妮《我們的內在衝突》（30章）
拉馬錢．德蘭《尋找腦中幻影》（44章）

18

安娜・佛洛伊德
Anna Freud

安娜・佛洛伊德是父親西格蒙德六名小孩中年紀最小的，也是唯一憑自己本事成為舉世知名心理學家的子女。十四歲時她已經讀過父親的著作，而且立志要追隨父親腳步，雖然擺脫不掉「爹地的女兒」這個標籤，事實上她是兩項重要領域的開路先鋒：自我心理學和兒童精神分析。

西格蒙德專注於潛意識（本我〔id〕）而聞名，而安娜讓「自我」（ego）看來更加重要，尤其是在心理治療和精神分析領域。她透過研究仔細檢視，究竟自我、本我和超我（superego）是如何交互作用，同時透過這方面的瞭解，她得以探討心理防衛機制的概念。在治療兒童和青少年的工作中，她向父親展示了在精神分析的實踐上，兒童和青少年跟成人相當不同。

《自我與防衛機制》是她最知名的著作。雖然作者假設讀者多少熟悉了精神分析的術語，門外漢仍然可以閱讀這本書，而且書中包含了有趣的個案研究，為理論添加風味。安娜使用了許多經典的佛洛伊德術語，例如「痛恨母親」、「陰莖羨妒」，以及「閹割焦慮」，當代的讀者會對這些說法持保留態度。不過在這些觀念背後是引人入勝的解釋，說明了為什麼有些人會如此行事，而且儘管近年來對於佛洛伊德的心理學有種種駁斥，安娜・佛洛伊德對於防衛機制是如何出現以及如何作用的解釋還是能讓人信服。

什麼是防衛機制

西格蒙德・佛洛伊德是在心理學中使用「防衛」這個詞彙的第一人，那是在一八九四年。他的用意是要描述，如安娜・佛洛伊德所說的，「自我在掙扎抵抗令人痛苦或無法忍受的想法及後果」，可能會導致精神官能症。自我發展出防衛方式來保護自己不會屈服於潛意識的要求，例如性和攻擊性。精神分析師的工作是讓當事人意識到自己的本能欲求，其中包括隔絕痛苦——因為原始未滿足的衝動而經驗到的痛苦。

自我永遠保持警戒，提防著潛意識可能顛覆它。自我可能會試圖以理智打發潛意識的欲求、抑制它們、把它們投射到別人身上或是乾脆否認。安娜・佛洛伊德指出，當人們成功創造出防衛機制抵抗焦慮和痛苦時，便是自我贏得了自我、本我和超我「三個體制」之間的戰役。一旦他們輸掉內在戰役，由潛意識的本能或社會的「必須」和「應該」贏得勝利，就失去了自我。自我不斷努力，想要創造自我、潛意識與外在世界之間的和諧，但是不一定能永遠導向完美的心理健康。事實上，有時候自我「贏了」，整個人或許是輸的，因為成果可能包括創造出某種防衛，好讓自我不計任何代價保住自我意識。

受超我奴役

自我是正常思考的心靈，本我代表潛意識，超我在佛洛伊德學派的術語中是我們回應社交或社會規則的部分。

當自然的本能浮現時，自我希望予以滿足，但是超我不允許。自我屈服於「比較高階」的超我，然而留下了問題。自我展開與衝動的鬥爭，為了減輕不能滿足的痛苦，自我建構了某種防衛來合理化屈服的決定。

安娜・佛洛伊德寫道，超我是「挑撥離間的人，防止自我友好的理解本能」。超我建立高標準，把性看成是壞事，把攻擊性當成反社會態度。然而棄絕本能或許只是意味著把衝動排除在自我的視野之外，但無法融入自我意識的東西會在其他地方表現出來，成為不健康的人格特質或精神官能症。一旦自我成為只是執行超我意願的工具，我們就會看到那種既壓抑同時又一本正經的人，生活中時時恐懼受到本能襲擊，害怕臣服於本能。

安娜・佛洛伊德描述了一名女士的經歷，她的人生是由她非常強大的超我塑造的，以致於她不允許自己去實現的自然衝動「投射」到生活中的其他領域。童年時她是激烈的「索取者」，要求特定的物品和衣飾讓自己比得上或是勝過其他孩子。對她來說，她的慾望就是一切。成年後，她成為沒有先生沒有小孩的家庭教師，言談乏味、缺少進取心，而且衣著相當樸素。發生了什麼事？在某個時刻，她覺得自己應該順應社會價值和標準，因此壓抑自己天然的願望，走到另一頭極端。不把心思放在自己身上，她的時間用來同理別人，關注他們。她對朋友的愛情生活興趣濃厚，樂於談論服裝，然而不允許自己享受這些愉悅。為了防止覺知到自己太強烈的慾望，她的防衛機制就是透過別人來滿足自己的慾望。她的自我和本我徹底輸掉了跟超我的戰役，然而那卻是它們唯一能表達自己的方式。

壓抑

儘管上述例子涉及到把本能投射到外在世界，安娜·佛洛伊德仍強調，這還是相對健康的防衛形式。比較強大而且往往比較有害的防衛是壓抑，因為那需要最大的能量才壓得下去。

安娜·佛洛伊德說了一名女孩的故事，她在兄弟的環伺下長大，憤懣媽媽不停懷孕，便發展出對母親的痛恨。但她又覺得這不是良善的感受，必須壓抑，於是她的自我演化出相反的反應，對母親過度溫柔並且關切她的安全，藉此試圖保護自己，以防負面感受復發。女孩的羨慕和嫉妒轉化成無私和對別人的體貼。雖然這幫助她融入家庭環境，但壓抑自然的感受導致她失去這個年齡的女孩正常的反應和活力。

另一則例子中，一名年輕女孩發展出咬掉父親陰莖的幻想，然而為了逃避這種感受，她的自我完全拒絕咬東西，導致進食出問題。

這兩個案例中，儘管自我不再需要解決內在衝突，在這個意義下「獲得安寧」，但是當衝突被壓抑時，女孩在另外一個層面受苦。安娜・佛洛伊德評述道，壓抑是最危險的防衛形式，那剝奪了我們對本能這整塊領域的意識，因此弱化了人格。

兒童的防衛

並不是所有的防衛必然不好，有可能只是當事人用來應付真實外在危險的方法。檢視兒童創造的防衛時，安娜・佛洛伊德指出，小孩的經驗是，自己在這個充滿強大的大人和危險的世界裡相當弱小，因此就以幻想和角色扮演來彌補。往往小孩感覺受到某個形象威脅時，比如說鬼或者凶暴的男人，他們就假裝自己也是鬼，或者打扮成牛仔或搶匪，來吸納這個外在客體的特徵。他們從被動過渡成主動的角色，以這種方式從周遭環境中取回力量。

安娜・佛洛伊德分析過許多兒童故事，其中一個主題是，男孩或女孩想辦法馴服又壞又老的男士，這名男士或許有錢，或許有權力，或是令人害怕，例如《小公子》（*Little Lord Fauntleroy*）。小孩打動男人的心，那是其他人不曾做到的，於是這名男士轉變成具有人性的真人。在其他故事裡，野生動物被馴服，或者野獸變成人。這些幻想故事普遍顯示出對現實的反轉。故事或許可以讓孩子去面對現實關係中自己欠缺力量，例如父子關係。故事也可以幫助孩子甘心接受現實，理由很弔詭，因為故事允許孩子否認現實。

青少年的自我

安娜・佛洛伊德也觀察到，青少年往往變得反社會，而且試圖把自己跟其他家人隔離開來。青少年另一項特徵是他們善變的本質。一生中沒有其他時期會如此快速和熱切的變換新款式的衣著或髮型，還會強烈依附特定的政治和宗教理念。同時，青少年把自己看成是世界的中心，因此是自戀的。他們讓自己「認同」物與人，而不是清晰觀照自己，愛自己的本來面目。

安娜・佛洛伊德指出，人生的每一時刻，當性驅力高漲而自我無法恰當處理欲求時，就會有精神官能症或精神疾病的危險。對自我來說，增強的本能驅力意味著危險，自我的回應是盡一切可能重新伸張自己的存在。她以此來解釋青少年為什麼這麼自我中心——除了防禦接二連三不知從何而來的新奇、強烈感受，也為了保持自我認定。

總評

安娜．佛洛伊德承認，關於回應焦慮和恐懼而出現的各種防禦，她所做的描述並不是精確的科學。但我們處理的是心靈的地下洞穴，是願望和欲求，是人們對社會壓力的回應，這些工作怎麼可能是精確科學？佛洛伊德派的心理學常被人指責為不科學，在許多方面的確也是。精神分析師已經被心理治療師和認知心理學家取代。認知心理學家對於當事人的過去或渴望並不真的感興趣，他們的任務是修正錯誤的思考方式；是思考方式導致了讓人不滿意的情緒或行為。

這都沒錯，不過或許我們會開始懷念佛洛伊德派心理學的某些面向：它對「性與攻擊」的描述呈現了人性；它對夢境和神話象徵充滿深厚的知識背景；它著重自我、本我、超我的競爭。這些概念依舊有用，至於防衛機制，那是確確實實的存在，我們大多數人大概不必太費腦筋就可以描述自己身上至少一個防衛機制了。最近已經有人指出防衛機制在神經學上存在的事實了（參見「拉馬錢德蘭」，44章），因此或許精神分析還是在科學上站得住腳。安娜．佛洛伊德的主要貢獻是實際應用她父親的理論，如果佛洛伊德派心理學捲土重來，她的著作勢必會變得更有影響力。

安娜・佛洛伊德

一八九五年生於維也納，安娜・佛洛伊德與父親關係親密。她在學校精力充沛，求知若渴大量閱讀，從家裡的客人身上學會了幾種語言。她的姊姊蘇菲公認為「美女」，而安娜是家裡的「頭腦」。

安娜一九一二年從學校畢業，到義大利旅行之後通過考試，成為小學老師。透過翻譯父親文章的工作，她多少成了父親的弟子，不過她仍然繼續教書。一九一八年，她接受父親的精神分析，一九二二年獲得接納，成為國際精神分析大會的成員。第二年她開始以精神分析師的身分在柏林執業，不過父親的下顎癌把她帶回維也納，直到西格蒙德・佛洛伊德在一九三九年去世，安娜是主要照顧者。

一九二七到一九三四年，她出任國際精神分析協會主席，同時繼續發展她的兒童精神分析工作。一九三五年她成為維也納精神分析培訓學院院長，此外從一九三七年開始，協助成立了一家收容貧困兒童的育幼院。納粹占領奧地利之時，安娜安排一家人移居英國。她為單親母親的孩子創立了「漢普斯特德戰時育幼院」(Hampstead War Nursery)，一九四七年又創建「漢普斯特德兒童治療診所」，成為全世界的兒童心理學中心。

安娜終身未婚，認為自己的任務就是維持和發揚父親的傳承。她接受了好幾個美國大學的榮譽學位，也回饋了許多場演講和研討會。一九八二年過世之後，她倫敦的家成為佛洛伊德紀念館。

1900

夢的解析

The Interpretation of Dreams

「夢從來不會浪費時間在細瑣小事上；我們不會讓無足輕重的夢來打擾睡眠。當我們不嫌麻煩去解析夢時，顯然無害的夢原來是場惡夢。如果能夠允許自己表達，昨日就『不會』做這場夢了。」

「我不知道動物做什麼樣的夢。以前有人聲稱自己知道，因為有則諺語（我的學生跟我提起的）問了這樣的問題：一隻鵝會夢到什麼？答案是穀物。這兩句話就涵蓋了整套理論，夢是實現願望。」

「這牽涉到一整組夢，這些夢的基礎是我渴望去羅馬……因此有一次我夢到自己透過火車窗戶，望著台伯河和聖天使橋，然後火車開始啟動，我突然想到，我甚至還沒有踏足這個城市。我在夢中見到的景象是複製來的，來源是前一天我在患者客廳匆匆掃過的一幅熟悉版畫。另外一次有人領我到山丘上，指給我看羅馬，半遮半掩在霧中而且依舊非常遙遠，讓我好奇如果看清楚是什麼樣子……夢中的母題很容易就辨識出來……『從遠處看著應許之地』。」

總結一句

夢透露了潛意識的慾望，以及潛意識的聰慧。

同場加映

阿爾弗雷德·阿德勒，《認識人性》（01章）
安娜·佛洛伊德《自我與防衛機制》（18章）
卡爾·榮格《原型與集體潛意識》（32章）

19

西格蒙德・佛洛伊德

Sigmund Freud

不是許多人明白佛洛伊德其實起步相當晚。雖然求學過程他一直名列前茅，他花了八年時間在大學攻讀醫學和其他學科才畢業。他慢慢進入神經學領域，撰寫科學論文，主題有語言失調、古柯鹼的麻醉效應，還有兒童腦性麻痺，之後他的興趣才轉向精神病理學。不過他想成為知名醫學研究人員的野心和想娶未婚妻瑪塔・貝爾納斯（Martha Bernays）的渴望互相抵觸，為了維持一個家他必須行醫。

結果就是讓他成名的這本書《夢的解析》（德文版為*Die Traumdeutung*）直到他四十好幾才得以出版，即使這樣還是經過十多年這本書才家喻戶曉。歷史上最具影響力的著作之一，第一版只印了六百本，而且花了八年時間才賣完。少少的評論大部分是負面的，由布里爾（A. A. Brill）翻譯的第一本英文譯本遲至一九一三年才問世。

這本書有半自傳色彩，讓讀者可以透視十九世紀末期維也納的布爾喬亞世界（資產階級），帶我們進入「偉人」神話的後台，揭露了佛洛伊德享受與孩子共處的時光、到阿爾卑斯山度假、與朋友和同事的應對，以及追求專業上的成功。對讀者來說主要樂趣在於夢境本身的描述和分析（大多數是患者的夢，不過包含了不少他自己的夢），每個夢輕易就占了十幾章篇幅，用上了佛洛伊德在神話、藝術和文學方面可觀的學識。

《夢的解析》從醫學和科學的路徑探討了一個前人向來抗拒真正去分析的主題，這麼做的同時也創建了潛意識的科學。完成這本書之後佛洛伊德寫道：「這樣的洞察成為一個人的天命，一輩子只能有一次。」他花了四十年時間實現自己早年的允諾，然而其實這不過是他生涯的開端。

夢的成因

佛洛伊德之前有這麼多關於夢的文章實在令人意外。他書一開頭長篇大論評述了過往文獻，一直回溯到亞里斯多德，給予比較當代的學者應得的讚揚，例如路易士・阿佛列・莫里（Louis Alfred Maury）、卡爾・弗德里希・布達赫（Karl Friedrich Burdach）、伊伏斯・德拉奇（Yves Delage）和路德維希・史特姆培爾（Ludwig Strumpell）。總結他的閱讀成果，他指出：「儘管人們關切這個主題好幾千年，對於夢的科學認識還很粗淺。」

從認為夢是「神啟」，人們已經逐漸過渡到科學觀點，接受夢不過是「感官興奮」的結果。舉例來說，睡覺時聽到外面有嘈雜聲，於是我們把這些聲音編織到夢裡，讓聲音的出現合理。根據這樣的解釋就可以理解尋常的夢，例如發現自己裸體，是棉被掉落的結果，而飛行的夢是肺部起伏造成的，諸如此類。

不過佛洛伊德認為感官刺激不能解釋所有的夢。我們睡覺時接收到的身體刺激當然有可能形塑我們的夢境內容，不過這些刺激也同樣可能受到忽略，不會融入我們的夢裡。許多夢也呈現了倫理或道德層面，顯示不只有身體成因。

佛洛伊德對夢的興趣最初來自他治療精神病患的經驗。他領悟到患者做夢的內容是他們心理健康狀態的良好指標，而且那些夢如同其他症狀是可以解析的。等到他開始撰寫《夢的解析》時，他已經在臨床上解析過一千個以上的夢了。

他的結論包括：

＊夢偏愛使用過去幾天內的印象，不過也會觸及幼年記憶。

＊夢中選擇記憶的方法有別於清醒的頭腦。大致上潛意識不會聚焦重大事件，而是記得瑣碎或是沒有引起注意的細節。

＊儘管有任意或荒謬的名聲，事實上夢會有個統一的母題，輕鬆的把分散的人物、事件和感覺整合成一則「故事」。

＊夢永遠是關於自我。

*夢可能有多層意義，而且好幾個想法可以濃縮成一幅意象。同樣的，想法可能被替換掉（比如熟人可能變成其他人，或房子的用途改變了）。

*幾乎所有的夢都是「願望的實現」，意思是，夢透露了想要獲得滿足的深層動機或渴望，往往回溯到童年最早期的願望。

雖然有些作家相信日常事件的記憶是夢的首要成因，佛洛伊德的見解是，睡覺時的身體感覺和白天發生之事的記憶，都「像是永遠供應的便宜材料，隨時需要就可以使用」。簡單來說，它們不是夢的成因，只是心靈在創造意義時使用的元素。

偽裝的訊息

佛洛伊德下了結論，夢是潛意識能夠表達自己的領域，而且做夢主要是代表願望的實現，之後他好奇，為什麼願望表達得這麼不清不楚，要用奇怪的象徵和意象層層包裹起來。為什麼需要逃避一目了然？

答案就在於，事實上我們會壓抑自己的許多願望，只有當願望經過某種程度偽裝，才有機會進入我們意識層面。夢可能看起來正好跟我們的願望相反，因為我們會防衛或是想要掩飾許多願望，因此夢可以讓某項議題為我們所知的唯一方法，就是以相反的意思提出來。佛洛伊德透過比喻解釋這種「夢的扭曲」現象：寫政論的人想要批評統治者，但是可能會危害自身安全。因此這名作者必然懼怕統治者的審查，於是「緩和並扭曲他的意見表達」。如果心靈想要藉由夢給我們訊息，或許只有經過審查讓訊息變得比較可口才能傳達，或是把訊息裝扮成其他什麼東東。佛洛伊德相信，我們這麼容易就忘記夢的原因是：意識本身想要降低潛意識對它管轄的疆域（清醒時的生活）的衝擊。

佛洛伊德有項關鍵論點是，夢永遠是自我中心的。當其他人出現在夢裡，往往只是象徵我們自己，或是對我們有意義的他人。佛洛伊德相信每當有陌生人進入夢境，那個人毫無疑問代表做夢的人在清醒意識中不能表達的某個面向。他懷疑歷史上所有關於夢的故事，比如什麼人在夢中被告知要去做什麼事，大概都是來自理智的驅策，後來也證明是正確的。夢可以強力表達增強能量的訊息，那是他在意識清醒時習慣壓制的——而且那個訊息永遠是關於自己，不是家庭或社會，或是其他任何社會影響。

一切都是關於性

佛洛伊德對病患進行的精神分析引導他相信，精神官能症是從壓抑性慾望演化出來的，而且夢也是在表達這些壓抑的感受。在《夢的解析》中，佛洛伊德首度探討了索福克里斯（Sophocles）的劇本《伊底帕斯王》，用來支持他後來命名為「伊底帕斯情結」的見解：孩子在性方面受到母親的吸引，同時想要打敗父親，這是普世的傾向。

佛洛伊德述說了他童年時一樁重要事件。一天晚上要上床前，他打破父母的天條，在他們的臥室尿濕褲子。如同一般會有的指責，他父親嘀咕著：「這孩子不會有出息。」這句評語必然重重打擊了他，佛洛伊德承認，因為這個場景是他成年的夢境中反覆出現的母題，通常會跟他的成就連結在一起。舉個例子，其中一個夢是佛洛伊德的父親在他面前尿尿。佛洛伊德表示，這彷彿是他想要告訴父親：「你看，我的確有出息了。」這個違規尿尿的可恥形象終結一切，現在跟他競爭母親情感的人應該安於自己的本分位置了。

在佛洛伊德的宇宙觀裡，文明不過是勉強覆蓋住我們的本能，而性就是最強大的本能。因此夢遠遠不只是閒來無事的夜間娛樂，在揭露我們的潛意識動機方面，夢是瞭解人性的關鍵。

總評

佛洛伊德寫過一段知名的評述，他說人類歷史上有三大羞辱：伽利略發現地球不是宇宙的中心；達爾文發現人類不是創世的中心；還有佛洛伊德本人的發現，我們不是如我們相信的那樣掌控著自己的心智。

質疑「人類擁有自由意志」無可避免會帶來咒罵，尤其是在美國，結果就是整個精神分析被描繪成不科學。儘管佛洛伊德是無神論者，卻有人指出，精神分析是戴著宗教的光環，創造出整個「躺椅文化」；伍迪．艾倫特別愛如此嘲諷。佛洛伊德派的治療不只太過仰賴精神分析師的素養，也缺少標準程序和可以驗證的結果，而且沒有什麼證據顯示能有效療癒患者。夢可以和慾望或動機連結起來，這個想法也被神經學重重打擊。在這樣的氛圍下，大學心理學課堂上的閱讀書目已經不動聲色跳過了佛洛伊德，專業精神分析師的人數也銳減。到了一九九〇年代初期，《時代雜誌》覺得是時候在封面上發問：「永別了，佛洛伊德？」

今日，如果你去見心理師或精神科醫師，可能他們根本就不會詢問你的夢或你的過去，跟認知心理學比較精準的改變心態法擺在一起，這些問題看起來更無關緊要。然而今日的心理或精神從業人員太容易就忘掉他們從佛洛伊德那裡獲得的資產，他開創「談話治療」，傾聽和分析病患心裡想什麼；還有他了不起的洞察，人可能只因為內在的不理性而失能。此外，近來皇家倫敦醫學院（Royal London School of Medicine）的研究審慎支持了佛洛伊德關於夢的見解。大腦掃描造影顯示，夢不只是神經元隨機放電的副產品，事實上，控制情緒、慾望和動機的大腦邊緣和旁邊緣系統，在深層睡眠期間非常活躍。因此夢是跟動機相關的高階心理活動，儘管這項研究是否能證明佛洛伊德「夢的存在是為了實現願望」的理論，尚未有定論。

在他死後將近八十年，關於佛洛伊德的歷史地位我們能有什麼肯定的說法嗎？儘管他「發現」潛意識改變了我們對心智和想像活動的觀照，但或許他最偉大的貢獻是讓一般人也著迷於心理學。他給予我們探查自己心靈的可能性，使得他的觀念如此扣人心弦。

西格蒙德・佛洛伊德

一八五六年誕生於摩拉維亞的弗萊堡（Freiburg，現在是捷克的普日博爾〔Pribor〕），出生時取名「西格斯蒙德・佛洛伊德」（Sigismund Freud）。他是來自西烏克蘭的雅各和阿瑪麗亞夫婦五名孩子中的長子。一家人在一八五九年移居萊比錫，一年後又搬到維也納。

西格蒙德的父母很早就看出他很聰明，讓他接受拉丁文和希臘文的古典教育，同時給他單獨房間來念書。他決定到維也納大學攻讀法律，不過最後一刻改變主意，一八七三年入學，研習醫學。一八八一年畢業後，他與瑪塔・貝爾納斯訂婚，在維也納綜合醫院工作，專長是大腦解剖學。之後他前往巴黎的硝石礦醫院（Salpetriere Hospital），在讓・馬丁・沙可（J. M. Charcot）手下工作，同事還有奧地利心理學家約瑟夫・布魯爾（Josef Breuer）。他和布魯爾合寫了《歇斯底里的研究》（*Studies on*

Hysteria，1893）。

父親於一八九六年去世後，佛洛伊德進入深刻省思、學習、自我分析的階段，然後開始撰寫《夢的解析》。出版後幾個月之內《日常生活的精神病理學》（*The Psychopathology of Everyday Life*）也完成，引介了口誤（佛洛伊德式失言〔Freudian slip〕）這個概念，它會透露潛意識。一九〇二年，志趣相投的猶太專業人士組成了「星期三團體」，開始定期聚會，佛洛伊德也成為維也納大學的心理學教授。一九〇五年，他出版了《性史三論》《*Three Essays on the History of Sexuality*》與《玩笑以及跟潛意識的關係》《*Jokes and Their Relation to the Unconscious*》。精神分析發展成國際性運動，一九〇八年舉行了第一次大會。

一九二〇年，佛洛伊德的二女兒蘇菲懷第三胎時，因為流感過世。在這十年的著作包括《超越快樂原則》（*Beyond the Pleasure Principle*，1920）、《自我和本我》（*The Ego and the Id*，1923），一本《自傳》（*Autobiography*，1925），還有意在駁斥宗教的《一個幻覺的未來》（*The Future of an Illusion*，1927）。佛洛伊德的長篇論文《文明及其不滿》（*Civilization and its Discontents*，1930）結晶了他關於人的攻擊性與「死亡本能」的概念。一九三二年他與愛因斯坦合寫了《為什麼有戰爭？》（*Why War?*）

在納粹政權於一九三八年併吞奧地利，並且禁止精神分析之後，佛洛伊德與家人搬遷到倫敦。一輩子有嚴重的雪茄癮，佛洛伊德於一九三九年死於癌症。

1983

發現七種IQ

Frames of Mind

「只有擴大且重塑看待人的智能的觀點，我們才能設計出比較適切的方法來評估人的智能，同時設計出比較有效的方法來教育人的智能。」

「以我的觀點，把音樂或空間能力說成是才華沒問題，只要我們也把語言或邏輯能力說成是才華。但是我不能苟同下述沒有根據的假設：某些能力可以隨意撿選出來認證為智力，其他能力卻不行。」

總結一句

許多不同形式的智力在智力測驗中測不出來。

同場加映

亞伯特・班杜拉，《自我效能》（03章）
米哈里・奇克森特米海伊《創造力》（11章）
丹尼爾・高曼《EQ2》（12章）
尚・皮亞傑《兒童的語言與思考》（42章）

20

霍華德・嘉納
Howard Gardner

哈佛心理學教授霍華德・嘉納寫作《發現七種ＩＱ》之際，一般大眾大多接受智力可以單純透過智商（ＩＱ）測驗來評量這種觀念。高智商意味著你聰明，生活中可以獲得某些好機遇；低智商代表你有點遲鈍，因此機會受限。

嘉納的著作推廣了下述觀念：通常用智商測驗來評量的邏輯－數理或「整體」智力，實際上可能不是評量一個人潛力的好指標。智商測驗或許相當能有效預測出你的學科表現有多好，但是用來評估你創作交響樂、贏得選戰、寫電腦程式、精通外國語的能力，就失效了。嘉納以比較明智、比較包容的「你聰明的地方在哪裡？」取代了「你有多麼聰明？」的問題。

我們直覺的知道，自己在學校表現得多好不能決定我們的人生會有多成功，而且每個人都認識一些腦袋非常好卻沒有什麼成就的人。同樣的，我們很難相信莫札特、亨利・福特、甘地或邱吉爾等人的成就僅僅是「高智商」的結果。《發現七種ＩＱ》雖然牴觸世俗看法，實際上作者帶我們認識的智能接近我們早已知道的真相：每個人都有不同的方式展現聰明才智，而成功來自一輩子精進和善用這些聰明才智。

智能類型

嘉納聲稱所有人都擁有自己獨特組合的七種智能，透過這些智能我們投身世界，尋求自我實現。這些「心智架構」包括傳統教育一般都會重視的兩種智能，通常與藝術連結的三種智能，以及兩種他稱之為與「個人相關的智能」。

語言智能

這包括對語言的理悟力、學習新語言的能力，以及運用語言達成特定目標的才能。這項智能高的人可以成為優秀的遊說者或是說故事的人，而且懂得使用幽默來獲得好處。作家、詩人、新聞記者、律師、和政治人物大概都擁有突出的語言智能。

邏輯—數理智能

這是善於分析問題、進行數學運算、以科學方法研究主題的才能。用嘉納的話來說，蘊含了偵測模式、演繹推理和邏輯思考的能力。加上語言智能，這兩者是智商測驗主要評量的智力。邏輯—數理智能往往跟科學家、研究人員、數學家、電腦程式師、會計師和工程師連結在一起。

音樂智能

擁有音樂智能的人實際上是從聲音、節奏和音樂模式的角度來思考。這項智能涵蓋了表演、作曲和領悟音樂模式的技巧。發揮這項智能的典型職業包括音樂家、ＤＪ、歌手、作曲家和樂評家。

身體—動覺智能

這項智能涉及的能力是控制和協調複雜的身體動作，以及用動作表達自己，包括了身體語言、默劇表演、演戲，還有全部的運動項目。運動員、舞者、演員、雜耍表演者、體操選手，還有身體平衡與協調至關重要的專業，例如消防人員，身體—動覺智能勢必特別高。

視覺—空間智能

這種能力是精準感知空間中的物體，對於「東西應該去到什麼位置」有概念。雕刻家和建築師需要高超的空間智能，領航員、視覺藝術家、室內設計師和工程師也同樣需要。

人際智能

人際智能是瞭解他人的目標、動機和慾望的能力，有助於建立人際關係。教育工作者、行銷專員、推銷員、諮商師和政界人士是擁有高超人際智能的典型。

內省智能

這是瞭解自我的能力，可以敏銳覺察自己的感受和動機。這種智能幫助我們發展出個人有效的運作模式，運用我們的自我認知來規範人生。作家和哲學家通常擁有充足的內省智能。

要如何學習

要怎麼建立教育模型，嘉納的理論提出了巨大挑戰，因為如果接受每個人都有獨特的智能組合，我們就需要審慎調整教育制度，讓學生能夠實現他們的潛能。嘉納承認，心理學無法直接支配教育政策，而且首先需要更深入的研究來證實的確存在多元智能。不過他的整體推論是，考慮每個孩子獨特性的教育制度不可能是壞事。

總評

我們會永遠從「IQ」的角度評量個人嗎？或者嘉納的觀念會推翻現行的智商測驗體系，例如美國用來申請大學入學的著名「學術能力測驗」（SAT）？絕大多數人不知道智商測驗跟我們長相左右的歷史超過一百年，最先嘗試的評量方式是法國心理學家艾佛列．比奈（Alfred Binet）和西奧多．西蒙（Theodore Simon）在一九〇五年設計出來的。這是相當簡單和便宜的方式，讓大部分的人根據「指標」分類排序，社會接受度很高，已經屹立不搖。不過只要人們覺得自己真正的價值沒有獲得認可，多元智能的觀念就不會消失。

真正重要的不是一份假定客觀的智力測驗，而是我們是否相信自己有能力做一件事，同時用紀律去完成。嘉納稱此為「在我們的環境內解決問題的能力」。我們最仰慕的是有特殊聰明才智的人，他們精進自己的思考和行事方式達到非凡程度。厲害的不只是原始智力，他們還擁有「判斷力」。

因此嘉納的著作給我們上的一堂課或許是：我們應該停止操心自己是否符合某種武斷的腦力標準，因為真正聰明的人是那些確實知道自己擅長什麼，並且根據這項認知活出自己的人。單純擁有心智、身體或社交能力，和確實發揮這些能力獲得成功，兩者之間有極大分野。

霍華德・嘉納

生於一九四三年，父母是逃離納粹德國的難民。最初霍華德・嘉納是到哈佛大學唸歷史。在倫敦政治經濟學院待了一年後，他於一九六六年進入哈佛「發展心理學」博士班，之後成為「零點計畫」（Project Zero，關於人類智能和創造力發展的長期研究）的研究團隊成員。他對人類認知的興趣是受到導師艾瑞克・艾瑞克森（參見15章）的影響。

嘉納目前是哈佛教育研究所哈布斯講座認知與教育學教授、波斯頓大學醫學院神經學兼任教授、哈佛零點計畫的共同主持人。他獲頒許多榮譽學位和獎項。

其他著作包括：《超越教化的心靈》（*The Unschooled Mind: How Children Think and How Schools Should Teach*，1991）、《多元智能：理論的實踐》（*Multiple Intelligences: The Theory in Practice*，1993）、《學習的紀律》（*The Disciplined Mind: Beyond Facts and Standardized Tests*，1999）、《改變想法的藝術》（*Changing Minds: The Art and Science of Changing Our Own and Other People's Minds*，2004）、以及《決勝未來的五種能力》（*Five Minds for the Future*，2009）。

2006

快樂為什麼不幸福

Stumbling on Happines

「在人們聲稱自己很快樂，在我們能夠判定是否要接受之前，必須首先判定，就原則來說，人們是否可能誤解自己的感受。我們可能搞錯各式各樣的事情，黃豆的價格、塵蟎的壽命、法蘭絨的歷史，但是我們可能搞錯自己體驗的情緒嗎？」

總結一句

由於大腦的運作方式，對於自己將來會有甚麼感受，我們的預測不一定永遠正確，包括甚麼會讓我們快樂，也不一定預測得準。

同場加映

貝瑞．史瓦茲《只想買條牛仔褲》（47章）
馬汀．塞利格曼《真實的快樂》（48章）

21

丹尼爾・吉伯特

Daniel Gilbert

小時候，丹尼爾・吉伯特喜愛研讀呈現視覺錯覺的書，例如奈克方塊，以及著名的花瓶／側臉圖片。讓他驚奇的是，眼睛和大腦是多麼容易受到愚弄。

許多年後他成為心理學家，他感興趣的是：為了快速提供我們現實圖像，大腦經常性的犯錯和「腦補」。就如同我們可能因為視覺犯下可預測的錯誤，他發現我們也可能因為「先覺」犯錯。意思是，我們大部分時間都花在做那些希望未來會讓自己快樂的事，然而對於未來以及屆時自己會有什麼樣的感受，我們預先的瞭解一點都不可靠。

人們對於「先見」（預知）的問題困惑了幾千年，而吉伯特自稱《快樂為什麼不幸福》這本著作首開先例，結合心理學、神經科學、哲學和行為經濟學的觀念，解答了許多心智問題。這是相當複雜的心理學領域，而作者領先群倫，還把素材編織成引人入勝且不時流露趣味的讀本。行文風格讓人想起比爾・布萊森（Bill Bryson），每一章至少有一兩個地方讓你咯咯笑。

會預期的機器

吉伯特指出，大部分的心理學著作都會在某處出現這樣的句子：「人類是唯一ＸＸ的動物。」以他的例子，他填進去的是「我們是唯一能夠思考未來的動物」。松鼠可能「看起來」也會思考未來，因為牠們會為了冬天儲存橡實，然而事實上只是牠們的大腦記錄了白晝時間的減少，於是促使牠們儲存食物。沒有覺察，只是生物本能。然而人類不只是覺察到未來，我們是名副其實「會預期的機器」。我們聚焦未來會發生的事，關注程度跟眼前發生的事不相上下。為什麼會這樣呢？

數百萬年之前，最初的人類在相對而言短暫的時間內，經歷了大腦尺寸的巨幅增長。但是新的大腦不是每個部位都長大。大部分的成長集中在眼睛之上的額葉區域，這是我們的祖先前額劇烈後傾而我們的前額幾乎垂直的部分原因。我們需要空間容納新增的數百萬個腦細胞。

長久以來人們以為額葉沒有特別功能，然而觀察額葉損傷的病人後，研究人員發現他們會有不能做計畫的問題，還有很奇怪的，焦慮感也減輕了。這兩者之間有什麼連結？計畫和焦慮都跟思考未來有關。額葉損傷讓當事人活在永遠的當下，結果他們就不必費心力去做計畫，所以不會為此焦慮。

因此人類額葉的大幅成長帶來了顯著的生存優勢。我們擁有想像各種未來的能力，在之間做出選擇，進而能掌控周邊環境。我們可以預測什麼會讓自己在未來感到快樂。

有缺陷的預測能力

吉伯特表示，大腦有可能塞進自己所有的經驗、記憶和知識，那是因為我們不會完整記住每一件事，只是保存每個經驗的一些線索。我們只會回想起這些線索，而大腦會自行「填補其餘部分」，讓記憶似乎是完整的。

要形成認知時，大腦也會創造出巧妙捷徑。德國哲學家康德提出，認知就像是肖像；肖像讓我們看見畫中人，也看見藝術家的手法（覺知者）。肖像傳達出來這兩方面的訊息是一樣多。大腦創造出對現實的詮釋，然而這詮釋太好了，以致於我們沒有理解到這只是一種詮釋。

記憶和覺知可能有錯誤，同樣的當我們想像未來時，想像會發生的細節往往不會給與我們完整圖像。並不是想像會發生的許多事都不正確，更多的狀況是我們排除了確實發生的事。如同許多心理實驗顯示的，人的心智結構沒有完善到可以注意到什麼事缺席了。但是我們的大腦變了如此聰慧的戲法，讓我們相信自己的詮釋就是事實，於是毫不質疑就接受了。

我們真的知道什麼會讓自己快樂嗎？

關於快樂，吉伯特的主要論點是：快樂是主觀的。他說了一對連體嬰的故事，蘿莉和瑞芭。她們一出生就頭相連，共用血液的供應以及部分大腦組織。儘管如此，她們自在過生活，任何人一問起，她們都說自己非常快樂。大多數人聽了都會說，這對雙胞胎不知道什麼是快樂。這樣的反應是假設快樂只能來自你是「一個」人。同樣的，人們高估了如果自己瞎了眼會多麼難受。然而盲人依舊過著他們的日子，做著大部分明眼人會做的事情，可以像任何人一樣快樂而滿足。

讓我們快樂的事會影響我們對於什麼是快樂的所有認知，然而即使是自己對快樂的認知，在人生的不同時期也會改變。戀人永遠看不到十年內他們對彼此的感覺可能會改變；母親愛著新生兒時，絕對不會想要回去工作。這種認知上的錯誤是有神經學理由的。我們想像未來的事，跟經驗當下真正發生的事，使用的是大腦裡相同的感覺部位。一般來說，對於未來的事件我們不是那麼理性，不會小心翼翼權衡利弊，而是在心裡過一遍看看自己會有什麼情緒反應。我們想像會發生的事是由現在的感受來界定。那又怎麼知道二十年內什麼會讓我們快樂？

總之，人類大腦設定成很會想像未來，但是結果不完全準確，這就解釋了我們經驗上常有的巨大落差，以為會讓自己快樂的跟實際上讓我們快樂的不一樣。這意味著我們可能花一輩子時間在賺錢，後來卻斷定不值得，不過有時也會有驚喜，比如說原本肯定什麼人、什麼情境或什麼事件會讓自己難過，但結果卻不是如此。

總評

吉伯特紮實的用整本書的篇幅來指出，在精準預測自己未來的情緒狀態時，我們會遇到各種問題，但是他有提供任何解答讓快樂比較可靠嗎？他的答案不是那麼令人驚奇：在採取某項行動（生涯選擇、搬到特定城市、生小孩）前，要發現自己將來會有什麼感受，最好的方法是向先行者討教他們的感受。我們是喜歡掌控的生物，又對自己的獨特性有強烈信念，自然會厭惡仰賴別人的經驗。這樣的策略雖然不讓人特別興奮，卻是最現成好用的，會帶給我們生活的滿足與幸福，而完全仰賴自己，就只能碰運氣巧遇快樂了。

丹尼爾・吉伯特

生於一九五七年，丹尼爾・吉伯特是哈佛大學艾德加・皮爾斯（Edgar Pierce）講座心理學教授。在社會心理學領域他寫了無數影響深遠的文章，同時編輯了《社會心理學手冊》（*The Handbook of Social Psychology*）。《快樂為什麼不幸福？》贏得二〇〇七年的皇家學會社會科學圖書獎。

2005

決斷2秒間

Blink

「他們不會權衡每一項想像得到的證據。他們只會考慮眼下能夠搜集到的訊息。他們的思考如同認知心理學家格爾德．吉格仁澤（Gerd Gigerenzer）喜歡稱呼的『快而簡』。他們只會看一眼狀況，腦袋的某個部分就會進行一連串的立即運算，在任何有意識的思考尚未發生之前，他們感受到某種東西，就像賭徒突然感覺到手掌上的汗水……他們知道自己為什麼知道嗎？毫無概念。不過他們知道。」

「一眨眼的直覺可能和幾個月的理性分析，具有同樣價值。」

總結一句

一眨眼之間我們做的評估，可能跟深思熟慮之後做的判斷一樣好。

同場加映

蓋文．德貝克《求生之書》（04章）
羅伯特．席爾迪尼《影響力》（10章）
丹尼爾．康納曼《快思慢想》（33章）
雷納．曼羅迪諾《潛意識正在控制你的行為》（39章）

22

麥爾坎・葛拉威爾

Malcolm Gladwell

麥爾坎・葛拉威爾在書本的世界已然成為名流。從一九九六年開始為《紐約客》寫文章，他以《引爆趨勢》（*The Tipping Point*）獲得大眾關注。他透過這本著作思索著，小觀念或小潮流如何達到臨界的分量，推進到主流裡。

葛拉威爾後續的暢銷書《決斷2秒間：擷取關鍵資訊，發揮不假思索的力量》，是比較純粹的心理學著作，主要是根據提摩西・威爾森（Timothy Wilson）和蓋瑞・克萊恩（Gary Klein）的研究撰寫而成。威爾森是維吉尼亞大學教授，他曾寫書探討「適應性潛意識」，這個部分的心智運作可以引領我們做出好的決定，即使我們不知道自己是如何決斷。克萊恩則是認知心理學家，專長是人們如何在壓力下決斷。

葛拉威爾的才華是把來自社會學、心理學和犯罪學這些不同領域的科學研究發現編織在一起，同時以軼事趣聞的風格來行銷，為一般讀者創造出看事情的新方法。而《決斷2秒間》嘗試將大眾眼光帶到新興的、目前一般人尚未關注的心理學領域——快速認知。

第一印象和瞬間判斷

葛拉威爾指出，像閃電般快速得到結論的能力是為了生存演化出來的。在生命遭受威脅的情境中，人們需要有能力根據現有資訊做出精確的瞬間判斷。

人類多數的功能都不需要刻意思考就能運作，而且我們會在有意識和無意識的思考模式之間來來回回。我們實際上是用兩個大腦來工作：一個大腦必須深思熟慮，進行分析和分類；另一個大腦先判斷好，之後再問問題。

往往，我們針對某個人的瞬間判斷會精準到彷彿已經觀察他好長一段時間。舉例來說，心理學家納里妮・安芭蒂（Nalini Ambady）做過一項研究，發現給大學生看過兩秒鐘片段的教學影片之後，他們對教授的評價，和一整個學期坐在教室聽課的學生給的評價一模一樣。

小時候我們受到的教導是，不要信任第一印象，而是要「停下來想一想」，「三思而後行」，還有不要以貌取人。雖然這樣的處事態度有可取之處，葛拉威爾指出，在行動之前盡可能收集資訊不一定永遠是最佳策略。往往額外的資訊並沒有讓判斷比較好，然而我們繼續全盤信任理性、刻意的深思熟慮。

「擷取薄片」

葛拉威爾介紹了「擷取薄片」(thin-slicing)的概念，這是「我們的潛意識根據非常微薄的經驗找出情境模式和行為模式的能力」。他表示，如果我們可以確認潛藏的模式，即使最複雜的情境也能快速「解讀」。《決斷2秒間》的第一章主要是在講心理學家約翰・高曼(參見24章)的研究。高曼根據多年來觀察配偶互動的經驗，只要觀看一對夫妻幾分鐘就能夠預測他們會白首偕老還是勞燕分飛，準確率達到百分之九十。

藝術專家往往可以非常快速鑑定藝術品，因為站在雕塑品或畫作前面，就會產生一種實質的身體感受。某樣東西告訴他們這是真品或是偽作。優秀的籃球員據說擁有「球場意識」，能夠瞬間解讀球賽的打法，而偉大的將領擁有「一目瞭然」的能力。葛拉威爾說了一名消防員的故事，他及時命令他的小隊退出著火的房子。他的手下努力要撲滅廚房裡的火，但是那火有什麼地方不對勁，溫度太高了。之後真相才浮現，主火發生在地下室，因此高熱是從地板傳上來的。救火人員一離場，房子就爆炸了，如果他們還待在屋裡，大概都會喪命。為什麼突然決定撤離隊員，消防隊長也說不出理由——他「就是知道」。

根據概率的法則，大部分壓力下的決定應該都是有錯誤的，然而心理學家發現，即使資訊有限，大多數時候人們照例做出正確判斷。葛拉威爾出乎人們意料之外的論點是：我們的確可以學習如何做出比較好的瞬間判斷，就像學習邏輯、縝密的思考那樣。不過首先我們必須接受下述觀點：漫長而辛苦的思考不一定總是能帶給我們比較好的結果，而且大腦實際上已經演化成讓我們能快速思考，當機立斷。

看起來像是領導者

「擷取薄片」正向的一面是有能力迅速而正確判斷，然而也帶有負向層面，決定可能是倉促而錯誤的。

葛拉威爾表示，美國人選出華倫．哈定（Warren Harding）當總統，基本上是因為他高大、黝黑、長得好看，而且聲音低沉。「華倫．哈丁效應」是指因為外貌我們相信這個人勇敢、聰明和正直，即使他在外表之下並沒有多少實質內涵，如同哈丁的例子（一般認為他短暫在位期間是美國最糟糕的總統之一）。

葛拉威爾組織了一項研究，調查美國大企業執行長的身高。他發現這些執行長基本上都是白人男性，平均身高接近六呎（約一百八十公分）；《財星》五百大企業的執行長有百分之五十八身高都超過六呎，相較之下，只有百分之十四點五的美國人身高超過六呎。這顯示除了需要領導能力，我們也要求領導人擁有出眾外表。一個人身材越高，就會對他越有信心，不管這是否說得通。

悲劇的第一印象

錯誤的第一印象可能帶來更為悲劇的後果。葛拉威爾長篇分析了一名無辜男子阿瑪杜・狄亞洛（Amadou Diallo）在紐約布朗克斯區遭射殺的事故。狄亞洛是來自幾內亞的移民，站在自家門外吸口新鮮空氣時，一輛汽車恰巧駛過他的街道，上面載著四名年輕白人男性，他們是便衣警察。他們狐疑他在做什麼，驟下結論他在進行毒品交易，或是幫搶劫把風。他們大聲叫喚他時，他因為害怕轉身進了屋子。在警察看來，這項舉動更是證實了他的罪行。他們跑進去追他，開槍射擊，狄亞洛中槍當場斃命。

葛拉威爾不相信警察有特別種族歧視，不過他引用心理學家凱斯・佩恩（Keith Payne）的話：「當我們瞬間決斷時，的確容易受刻板印象和偏見左右，即使我們不一定支持或相信那些刻板印象和偏見。」在壓力下要立刻判斷時，我們無法有意識的消除隱性的聯想或偏見，因為第一印象是來自我們的意識層面之下。

年長、比較有經驗的警察處於類似情境，或許表現會比較明智，因為他們的決定是以「接下來可能會發生什麼事」的過去經驗為基礎，而不是根據表相。或者他們可能有卓越能力來解讀人臉上的細微表情，或許只維持了一瞬間，然而卻透露了非常多內心的動機。

太多資訊

芝加哥庫克郡醫院（Cook County Hospital，電視劇《急診室的春天》拍攝地點）發現，他們一大堆資源都消耗在可能僅僅是心臟病發作的病人上。沒有標準方式來判斷患者有多麼危險，醫院只好寧可失於謹慎也不願冒險。為了省錢，院方決定試試稱為「高曼演算法」（Goldman algorithm）的快速方法，評估人們心跳驟然停止的風險。沒有醫院願意嘗試，因為他們不相信這麼嚴重的狀況可以用什麼方法快速診斷出來。醫生習慣下判斷之前，針對病人病史盡可能求取最多資訊。然而這套演算法運作得非常成功，節省了醫生時間和醫院經費。

醫學界普遍假定醫療從業人員有越多資訊，做出的決定就越好。然而經常不是如此。較多資訊可能會混淆問題，導致用各式各樣方法來處理相同病症。研究已經證實，醫生得到越多關於患者的資訊，就越相信自己的診斷正確。但是診斷的正確率不會因為他們獲得的資訊量而提高。

教訓是：我們覺得需要大量資訊才能對自己的判斷有信心，但是多出來的資訊往往給了我們有把握的錯覺，讓我們比較容易犯錯。

總評

以上內容只是快速瀏覽《決斷2秒間》。書裡有許許多多引人入勝的案例、軼事和另類的思考方式，從湯姆·漢克斯的明星魅力、快速約會、軍事策略、偽造的希臘雕像，到交響樂團如何辦理試奏，在在闡釋了葛拉威爾的關注焦點：第一印象的威力。

有人認為葛拉威爾的著作基本上都是把他為《紐約客》寫的專欄文章拼湊在一起成書，不能讓人滿意，不過他的寫作風格就是如此，總是從一個觀念和例子跳到另一個，比較精準的說，都是因為他太著迷於與人類動機和行為有關的各種見解，不管它們的來源是什麼。

薄薄的《決斷2秒間》可說是一趟飛機旅程的最佳良伴，不過這麼容易閱讀的事實不應該貶損了它的成就：把心理學的複雜領域帶入大眾視野，而且可能改善了我們的生活。

麥爾坎·葛拉威爾

一九六三年生於英國，麥爾坎·葛拉威爾是英國數學教授（父）與亞買加心理治療師（母）結合生下的子嗣。在安大略長大，後來也進入多倫多大學，一九八四年畢業，取得歷史學位。

葛拉威爾在《華盛頓郵報》工作將近十年，起初從事科學報導，之後成為紐約市分社社長。一九九六年開始他成為《紐約客》班底，固定撰寫專題文章。《時代雜誌》提名他為「一百位最具影響力的人物」。他先前的著作《引爆趨勢：小改變如何引發大流行》（*The Tipping Point: How Little Things Can Make a Big Difference*）出版於二〇〇〇年。

時至今日，《決斷2秒間：擷取關鍵資訊，發揮不假思索的力量》已經售出一百五十萬本左右，翻譯成二十五種語言，同時催生出一些諧擬的書名，包括《空白：根本不想的力量》（*Blank: The Power of Not Actually Thinking at All*）。葛拉威爾後續的著作是《異數：超凡與平凡的界線在哪裡？》（*Outliers: The Story of Success*，2008）、《大開眼界：葛拉威爾的奇想》（*What the Dog Saw: And Other Adventures*，2010），以及《以小勝大：弱者如何找到優勢，反敗為勝》（*David and Goliath*，2015）。

1998

EQ2

Working with Emotional Intelligence

「要有亮眼表現，情緒智能的重要性是技術和分析能力加起來的兩倍……在公司的職位越高，情緒智能就變得更加關鍵。」

「人們開始領悟到，成功不單靠智力的卓越或是技術的高超，在未來越發動盪的求職市場上，我們需要另外一種技巧來生存，想更上一層樓也需要。例如越挫越勇、主動進取、樂觀態度和適應能力等內在品質，如今都獲得新的評價。」

總結一句

在絕大多數領域，造就一位亮眼明星的是：運用卓越情緒智能的能力。

同場加映

亞伯特・班杜拉，《自我效能》(03章)
霍華德・嘉納《發現七種IQ》(20章)

23

丹尼爾・高曼

Daniel Goleman

丹尼爾・高曼一九九五年的著作《EQ》大爆冷門，全世界銷售超過五百萬冊。受到約翰・梅爾（John Mayer）與彼得・沙洛維（Peter Salovey）把情緒跟智能連結起來的兩篇晦澀學術論文啟發，高曼結合新聞寫作才華（他是《紐約時報》專欄作家）與心理學學術背景（哈佛博士），創作了一本大眾心理學著作，影響力驚人。

雖然《EQ》吸引了一般讀者，高曼還是驚訝來自工商界的巨大迴響。許多人拿自身故事與他交流，內容通常是這一類：「大學時我不是班上頂尖的，差遠了，不過現在我管理一個大機構。」情緒智商（EQ）似乎解釋了為什麼他們成功，而聰明才智勝過他們的大學同學發展則沒那麼好。

大多數暢銷書的後續之作都無法符合期待，不過《EQ2：工作EQ》和前作一樣讀來令人著迷。把這本書劃分成五個部分，高曼企圖定義二十五項能夠決定我們在職業生涯中會領先群倫或落於人後的「情緒能力」，並且提供理論基礎，說明為什麼我們應該致力於成立訓練EQ的組織。

雇主想要什麼

高曼一開頭描述職場上有多少規則已經改變了。就業保障已經不存在。曾經，我們最終會落腳於哪一種工作取決於大學成績或是專業技能有多好，但是現在，學術或專業能力只是進入職場的門檻。除此之外，讓我們成為「明星」的是我們擁有韌性、主動、樂觀、適應變化、同理他人等等的能力。非常少雇主會以「情商高」做為他們雇用某人的理由，然而這往往是決定因素。這種能力有時我們會用其他措辭例如個性、人格、成熟度、軟技能或追求卓越的動力來代稱。

高曼剖析現在公司行號重視情緒智能的原因，還有為什麼老闆想要提高員工的情緒智能：因為在競爭激烈的行業裡，來自新產品的成長有限。公司不僅是在產品方面競爭，也競爭他們多麼善用人力。在充滿挑戰的企業環境裡，讓公司能走更遠的是情緒智能技巧。

高曼公布了調查一百二十家公司的研究結果。研究員人請雇主描述是什麼能力讓他們的員工表現傑出，百分之六十七的答案是情緒能力。也就是說，三分之二雇主讚許的是一般行為技能，超過對智商或專業的要求。明確的說，雇主想要員工擁有的能力是：

* 傾聽和溝通技巧。
* 適應變化以及克服挫折的能力。

＊想要發展自己生涯的信心、動機和願望。
＊與他人共事和處理歧見的能力。
＊想要有所貢獻或成為領導人。

你的情緒能力合格嗎？

一九七三年，高曼的指導教授大衛・麥克利蘭（David McClelland）在《美國心理學家》（*American Psychologist*）發表了著名的論文，主張傳統的學術和智力測驗並不是一個人未來工作表現的有效預測指標。取代的是，人們應該接受工作上重要「能力」的測驗。這標誌了「能力測驗」的開端，目前廣泛用來選擇應徵者或是建立團隊，補充學術技巧和經驗方面的傳統考量。今日，麥克利蘭的概念幾乎是一般常識，不過當年是破天荒的見解。高曼更進一步發展麥克利蘭的觀點，以下述五個核心能力為基礎，提出二十五項情緒能力：

自我覺察

覺察自己的感受，以及有能力讓自我覺察去引導自己做出更好決策。認識自己的能力和短處。覺得自己可以處理大部分的事情。

自我規範

有責任心，而且為了達成目標可以延遲滿足。從沮喪中復原，以及掌控情緒的能力。

動機

培養成就或目標取向的心態，因此可以全盤觀照挫折和障礙，精進自動自發和堅持不懈等特質。

同理心

覺察他人的感受和想法，並且運用這種能力影響形形色色的人。

社交技巧

善於處理親密的私人關係，然而也懂得社會網絡和政治運作。與人互動良好；有能力跟人合作，產生成果。

高曼指出，無論我們擁有的是哪一類專業技巧，情緒智能都可以讓它們獲得最大發揮。科學家想要圈外的世界知道他們在做什麼；程式設計師希望人們覺得他們是服務導向，而不只是「技術人員」。大部分科技公司會付高薪給專門解決疑難雜症的維修人員，因為他們可以聯繫顧客搞定問題。他們跟一般的技術員工一樣聰明，而且往往技術一樣好，還具有傾聽、影響、激勵、讓團隊合作的能力。

高曼指出，情緒智能不是關於「做好人」，甚至不是表達自己的感受，而是學習如何以適當方式在適當時機表達感受，並且有能力同理他人，與他人好好共事。

高曼主張，智商只有解釋了百分之二十五的工作表現，留下完整的百分之七十五給其他因素。在大多數領域，合理程度的認知能力或智商當然是前提，還有基本程度的工作能力、知識或專業。除了上述之外，將領導者和其他人區分開來的是情緒與社交能力。

區別最優秀的是什麼

高曼評述，在組織內越資深，要把工作做好，「軟技能」就越重要。至於對最上面的領導階層來說，專業技術就更沒什麼重要了。除了明顯的因素例如渴望成就和領導團隊的能力，要緊的是：

*思考「大局」的才能，意思是從眼前大量資訊中準確定位未來方向的能力。

*政治敏感度，或者對於某些人或團體是如何互動和彼此影響的，有大致圖像。

*信心。心理學家亞伯特．班杜拉鑄造了新詞「自我效能」，用來描述除了實際能力之外，一個人相信自己擁有的潛能和表現能力有多強。這個信念本身就能有效預測你的職業生涯實際上會發展得多麼好。

*直覺。針對企業家和高階主管的研究發現，在他們的決策過程中，直覺是核心。他們需要提供

「左腦」的分析來說服別人相信他們的觀點，然而卻是下意識的分析幫助他們做出正確決定。

檢視經理人的失敗也很有啟發性，《EQ2》提到了好幾份研究，調查對象是曾經爬上高位但是後來被開除或降職的經理人。根據知名的「彼得定律」(Peter Principle)，這些人「晉升到他們不能勝任的職位」，於是不能再更上一層樓。高曼相信扯他們後腿的是關鍵的情緒智能有缺陷。他們要不是太僵化，不能或者不願改變或適應改變，或是在組織內人際關係不好，疏離了為他們工作的人。

高階主管獵頭公司「億康先達」(Egon Zehnder)發現，失敗的經理人通常智商和專業技能都高，但是往往有致命缺點，例如傲慢、不願協作、沒有能力考慮變化，或是過度仰賴腦力本身。對比之下，大多數成功的經理人在危機中保持冷靜，善於接受批評，能夠臨場發揮，而且在別人眼中看來，他會強烈關切共事者的需求。

總評

高曼提到了可能是智商與情緒智能之間最重要的差異：我們一出生就帶有某種程度的天生

智力，而且十幾歲之後就不太會改變，但是情緒智能主要是學習得來。隨著時間推移，我們有機會改進自己掌控衝動和情緒的能力，學會激勵自己，並且比較懂得人情世故。對於這個過程，老派的用語是「品格」和「成熟」，跟天生智力不一樣，培養情緒智能是我們自己的責任。

情緒智能的概念本身也捲起了不小的爭議。最初提出這個概念的心理學家約翰．梅爾與彼得．沙洛維表示，高曼對於情緒智能內涵的描繪（包括熱誠、毅力、成熟和品格這類字眼）過度衍伸而且扭曲了他們的原始定義。對於高曼的命題：「EQ（情商）可以是未來人生是否成功的預測指標」他們也提出自己的不安。不過高曼指出這份關於情緒能力的可觀研究回溯了三十年，還針對五百多家機構進行調查。這項研究的分量顯示，一個人工作表現會有多好，智商（IQ）是僅次於情緒智能的預測指標。

究竟是否存在情緒智能還有大量辯論。有些人主張情緒智能的許多屬性不過是人格的面向。還有其他心理學家堅持，關於工作上可不可能成功，智商仍然是最可靠的指標。不過高曼的論證被扭曲了。他沒有在哪裡說過智商無關緊要。他說的是，一切條件相同時（智力程度、專業、教育），善於與他人共事、看得遠、有同理心、能夠覺察自己情緒的人，會有更為遠大的前程。任何人開始工作，一發現他們要能夠「脫穎而出」，仰賴的不是在職校或大學學了什麼，就會懂得高曼這項命題的道理。

下半部的《EQ2：工作EQ》有三分之二只是在填補上半部說過的，不過高曼舉例描述的企業生活，閱讀起來還是引人入勝。作者具名引用的都是一九九〇年代末期的公司，無可避免是過時了，但本書是藍圖，讓我們看到情商高的組織應該如何運作，而且可能會改變你的看法，重新思考在工作場所應該如何做事。

丹尼爾・高曼

生於一九四六年，在加州的史塔克頓（Stockton）成長，隨後就讀艾姆赫斯特學院。他在哈佛大學取得心理學博士學位，指導教授是大衛・麥克利蘭。

以行為和大腦科學為主題，高曼為《紐約時報》寫了十二年的專欄。他同時是《今日心理學》《*Psychology Today*》的資深編輯，並且獲得美國心理協會頒發的新聞報導終身成就獎。一九九四年，他共同創辦了「學業、社交、情緒學習的協同組織」（Collaborative for Academic, Social, and Emotional Learning，CASEL），致力提升孩童在社交、情緒和學業方面的學習，幫助他們在學校和生活中成功。高曼目前是羅格斯大學「組織中的情緒智能研究聯盟」（Consortium for Research on Emotional Intelligence in Organizations）共同主任。

其他著作包括《打造新領導人》（*The Meditative Mind*，1996）、《首要領導力》（*Primal Leadership*，2002，與理查・波雅齊斯〔Richard Boyatsis〕、安妮・瑪琪〔Annie McKee〕合著）、《破壞性情緒管理：達賴喇嘛與西方科學大師的智慧》（*Destructive Emotions: A Scientific Dialogue with* the *Dalai Lama*，2003）、《SQ：I-You 共融的社會智能》（*Social Intelligence: The New Science of Human Relationships*，2007），以及《專注的力量》（*Focus: The Hidden Driver of Excellence*，2015）。

1999

七個讓愛延續的方法

The Seven Principles for Making Marriage Work

「婚姻成功的原則簡單得令人驚訝。婚姻幸福的伴侶並沒有比較聰明、比較富有，或者在心理上比較機敏。不過在日常生活裡，他們找到一種動力，讓他們對彼此的負面想法和感受（所有伴侶都會有的）不會壓過正面想法和感受。他們擁有我所謂的高情商婚姻。」

「我的課程核心就是一樁簡單的事實：幸福的婚姻以深厚的友誼為基礎。對此我的意思是，互相尊重，而且享受對方陪伴。」

總結一句

婚姻或伴侶關係為何能穩固，這並不是解不開的謎團。如果我們用心去找，心理學研究提供了答案。

24

約翰・高曼

John M. Gottman

約翰・高曼在一九七〇年代初期開始研究這項主題時，關於婚姻以及讓婚姻成功的因素，幾乎沒有什麼紮實的科學數據。婚姻諮商師仰賴世俗智慧、意見、直覺、宗教信仰，或是心理治療師的觀點，提供配偶建議，結果是他們的協助並不特別有效。

一九八六年，之前在麻省理工學院攻讀數學，目前是西雅圖華盛頓大學心理學教授的高曼，成立了他的家庭研究實驗室，俗稱為「愛情實驗室」。一棟家具齊全的公寓，俯瞰著湖，這個實驗室的成立是要攝影和錄音夫妻生活的對話、爭吵，還有身體語言。

令人吃驚的是，這項計畫是首度以科學方式觀察真實夫妻的生活動態。等到高曼出版《七個讓愛延續的方法》（與妮安・希爾維〔Nan Silver〕共筆）時，他的團隊已經在十四年期間觀察了超過六百五十對夫妻。大多數來到他婚姻課堂上的夫妻已經瀕臨離婚，但是學習了他的準則之後，回到悲慘婚姻生活的復發率，小於接受婚姻諮商平均復發率的一半。

如何改善關係有成千上百本著作，然而高曼的書勝出，因為他的建議是建立在真實數據上，而不是用心良苦的通則。結果許多答案違反直覺，關於如何維持幸福而穩定的浪漫伴侶關係，高曼樂於打破一些迷思。

最大的迷思

來參加高曼工作坊的學員聽到即使是最幸福、關係最穩定的夫妻也是會吵架，總是鬆一口氣。美好的婚姻不只是靠「化學作用」，還要看伴侶如何處理衝突。

在「為什麼大部分婚姻治療失敗」的標題下，高曼揭露專業諮商的最大迷思：伴侶之間的溝通是幸福、持久婚姻的關鍵。諮商師告訴你，你們的問題跟溝通不良有關，而「冷靜、關愛」，傾聽伴侶的觀點會讓你們的婚姻改觀。不要比賽尖叫，重覆和確認伴侶所說的話，然後冷靜表達你想要什麼，會讓你們的相互理解有所突破。

上述觀念源自心理學家卡爾・羅哲斯（參見45章），他教導我們，不帶判斷的傾聽和接納對方的感受會帶來和諧。不過應用到婚姻關係，高曼表示這條途徑肯定走不通。大多數夫妻採用了這套方法之後變得沮喪，而那些似乎獲益的夫妻，大多數在一年內重新陷入舊有的衝突裡。不論雙方是多麼懂得好好說出彼此的不滿，仍然是一個人嚴厲批評另一個人的情況，而很少人——或許只有達賴・喇嘛（高曼指名）——能夠在面對批評時保持寬宏大度。

更多迷思

重大的意見分歧會摧毀婚姻

高曼揭露了關於婚姻衝突的駭人真相：「絕大多數的婚姻爭執無法解決。」他的研究發現，百分之六十九的衝突涉及永久或無法解決的問題。舉些例子：梅格想要有小孩，而唐納不想；華特永遠比達娜想要更多的性愛；克里斯總是在宴會上調情，而蘇珊痛恨這點；約翰想要孩子受洗為天主教徒，琳達則想把孩子教養成猶太人。

夫妻耗費多年時光和大把精力嘗試改變對方，但是重大歧見是關於價值以及看世界的不同方式，這些事是不會改變的。成功的夫妻清楚這點，因此決定接受彼此，「好的壞的照單全收」。

幸福婚姻通常是開放、坦承的

真相是，許多美好婚姻把大量議題「掃到地毯下」遮掩起來。許多夫妻爭吵時，男人怒氣沖沖離開去看電視，女人匆匆離家去進行購物治療。幾小時之後，爭執平息雨過天青，兩人又很高興看到對方。許多伴侶不說出內心深處的感受，保持穩定和滿意的關係。

性別差異是大問題

高曼指出，「男人來自火星，女人來自金星」的事實可能影響了婚姻問題，然而實際上並不是問題成因。大約百分之七十的夫妻表示，他們與伴侶是不是好朋友才是幸福與否的決定因素，不是性別或其他什麼原因。

預測離婚

經過多年研究，高曼驚人的宣稱他能夠百分之九十一正確預測出一對夫妻會離婚或維持婚姻關係——只要觀察他們五分鐘之後。

他寫道，夫妻不會因為爭吵最終走入法院離婚，是爭吵的方式大幅提高了分手機率。在觀看過無數小時夫妻互動的錄影片之後，高曼確認了幾項夫妻可能會走向離婚的徵兆，如果不是下一年，那麼就是幾年後會離婚。這些徵兆包括下述：

苛刻開場

以批評、諷刺或鄙夷起頭的討論就是高曼所說的「苛刻開場」。惡始惡終。

批評

抱怨（指向配偶的特定行為）和針對個人的批評不同。

鄙夷

包括任何形式的譏諷、翻白眼、嘲弄或侮辱，意圖要讓對方不好受。鄙夷更糟糕的版本是挑釁，往往用這句話來表達：「你打算怎麼辦？」

防衛

試圖讓對方看起來是問題所在，彷彿自己沒有任何責任。

豎起高牆

豎起高牆是某一方「充耳不聞」，沒法再接受例常的批評、鄙夷和防衛。藉由抽離他們就比較不會受傷。高曼指出在百分之八十五的婚姻中，男人是豎起高牆的一方。這是因為男性心血管系統比較慢從壓力中恢復。男人對衝突的回應比較會是氣憤，懷著報復念頭，或是「我不必受這個氣」。另一方面，在充滿壓力的情境之後，女人比較能夠安撫自己，讓自己平靜下來。這也解釋了為什麼幾乎總是女人必須在關係中提起衝突的議題，而男人試圖迴避。

氾濫

一般情緒「氾濫」是指，一方受不了另一方語言攻擊時會感到無法負荷。我們受到攻擊時，心跳速率和血壓會升高，荷爾蒙釋放出來，包括腎上腺素。遭受語言攻擊時，在生理層面的體驗就像是生存面臨威脅。如高曼所說：「無論你是面對劍齒虎，或是鄙夷的配偶發出質疑，為什麼你永遠記不得把馬桶座放回去。」生理反應是相同的。當氾濫頻繁發生時，雙方都想要迴避這種經驗，導致在情感上彼此抽離。

失敗的修復嘗試

不幸福的夫妻無法藉由說，例如：「等等，我需要冷靜下來」，停止越來越激烈的爭吵，或者扮個逗趣表情防止衝突升高。幸福的夫妻都擁有這種不可或缺的能力。

單獨來說，上述徵兆不一定預示離婚，不過如果它們長期接二連三出現，非常有可能終結一段關係。高曼形容防衛、豎起高牆、批評和鄙夷是「啟示錄中的四騎士」。負面情感開始慢慢取代正面情感，因此關係中的幸福「盤末點」減少到一個程度，婚姻變得過於痛苦。

伴侶在情緒上抽離，不再費心去釐清問題，而且開始在一個屋簷下過著平行的生活，這是外遇最可能發生的時候，因為一方或雙方變得寂寞，想要從別處尋求關注、支持或關心。高曼指出外遇通常是婚姻病入膏肓的症狀而不是原因。

什麼造就好婚姻

要如何創造出可以維持而且幸福的婚姻，高曼提出的原則大多數都環繞著一關鍵因素：友誼。幸福婚姻中的伴侶能夠保持互相尊重，享受對方陪伴。友誼點燃浪漫愛情，並且保護彼此的關係不會變成敵對。只要你能夠保有對伴侶的「喜愛和仰慕」，就永遠可以挽救你們的關係。少了友誼，在爭執中就比較可能表達出厭惡，而厭惡對關係來說是毒藥。

根據高曼的說法，婚姻的目的是「共享意義」。意思是，彼此支持對方的夢想和希望。如果一方必須犧牲他想要的來讓對方快樂，婚姻就走上了錯誤方向。真正的友誼是平等的。

跟友誼這項核心議題相關的是下述需求。

熟悉你配偶的世界並且感興趣

關係堅實的伴侶擁有一份瞭解對方的「愛戀地圖」，他們能掌握伴侶的感受和想望，而且知道一些基本事情，如對方的朋友是誰。缺少這方面的認識，重大事件例如第一個孩子的誕生，很可能會弱化而不是強化關係。

轉向你的伴侶

即使是在最無聊的對話中也可以保持浪漫愛情的鮮活，高曼指出。是當你們甚至都不互相招呼時（轉身離開），關係才邁向結束。雖然有些夫妻相信浪漫的晚餐或是度假可以讓婚姻幸福，事實上是日常給予對方小小的關注（轉向伴侶）才要緊。

允許自己受到影響

女人本質會開放自己接受伴侶的影響，而男人發現要做到這點比較困難。不過先生會傾聽太太，而且考慮她的看法和感受，通常都是比較幸福的婚姻。比較美好、維持較久的婚姻是權力分享的婚姻。

總評

一旦在科學層面瞭解了「什麼讓婚姻保持活力」，你就處於十分有利的位置來改善自己的婚姻關係，保護婚姻不要失敗。當然這點適用於任何一種長期關係。高曼也進行了十二年同性配偶的研究，發現他們的互動跟異性配偶沒什麼太大不同。同志比較不會認為對方的話是針對自己，也比較不會採取敵對或控制的策略，提出異議時通常會運用比較多的感情和幽默，不過衝突的基本動力和解決衝突的方法，同性異性沒什麼兩樣。

很可能再不到五十年，當我們回顧關於衝突時生理和心理的反應，以及如何全面處理關係時，會驚訝於一般人知道的是那麼少。弔詭的是，關於讓我們值得活著的那些事——愛、浪漫愛情和關係——自然科學可以教導我們的可多了。

約翰・高曼

高曼是華盛頓大學的榮休教授，而他最初獲聘是在一九八六年。他撰寫了一百多篇學術論文和許多書籍，包括《伴侶溝通指南》(*A Couple's Guide to Communication*，1979)、《預測離婚的指標》(*What Predicts Divorce*，1993)、《與孩子一起上的情緒管理課》(*Raising an Emotionally Intelligent Child*，1996)、《關係療癒》(*The Relationship Cure*，2001)、《婚姻的數學》(*The Mathematics of Marriage*，2003)，以及與妮安・希爾維合著的《信任，決定幸福的深度》(*What Makes Love Last?*，2013)。

「高曼學院」是他與妻子茱莉・史瓦茲・高曼(Julie Schwartz Gottman)共同創建的，為專業人士和家庭提供訓練課程。高曼的「家庭研究實驗室」獲得「美國心理衛生國家研究院」資金贊助十五年，成為非營利組織「關係研究院」(The Relationship Research Institute)的分部。

共同作者妮安・希爾維是新聞記者和作家，專長是關係和教養。

2013

我的大腦和你不一樣

The Autistic Brain

「到三十出頭這麼大年紀了，在我攻讀博士學位時……我仍然可以忽略自閉症對我人生的影響。有一堂必修課是統計，我完全沒救。我詢問是否可以有助教單獨指導，而不是在課堂上學習，得到的答覆是，想要獲得許可，我必須接受『教育心理評估』。一九八二年十二月十七和二十二日，我去見一位心理師，進行了幾項標準測驗。今日，我把那份報告從檔案裡挖出來，重新閱讀，那分數幾乎是衝著我大叫：『做這幾項測驗的人是自閉症。』」

「自閉、憂鬱以及其他的失調都是在一條從正常到不正常的連續軸上，某個特質太多會造成嚴重失能，不過擁有一點可以帶來優勢。如果去除了所有基因上的大腦失調，人們可能會比較幸福快樂，但是會付出可怕代價。」

總結一句

人們曾經把自閉症患者看成是難以理解、反社會的人，需要送進收容機構。科學上的進步，加上越來越開明的社會態度，意味著自閉的特質可以重塑為差異，甚至是長處

同場加映

朗納・連恩《分裂的自我》(35章)

亞伯拉罕・馬斯洛《人性能達到的境界》(36章)

25

天寶・葛蘭汀

Temple Grandin

當天寶・葛蘭汀——美國牲畜管理設施設計師與自閉症權利倡議者，生平曾獲改編成受歡迎的ＨＢＯ影片——於一九四七年誕生時，自閉症的診斷只有四年歷史。葛蘭汀的母親觀察到女兒的行為，包括不會說話、對身體接觸敏感、著迷於旋轉物體，於是帶她去見神經學家。在宣稱天寶是「古怪的小女孩」之後，他診斷是腦傷，並引介了一名語言治療師。葛蘭汀說，如果她是生在一九五七年，診斷很可能就會大大不同，會說她的症狀都是心理因素，而且需要安置在收容機構。實際的狀況是，她直到四十幾歲才正式診斷為自閉症。

當然在今日診斷又會不同了。美國大多數關於自閉症的診斷都是引用《精神疾病診斷與統計手冊》（ＤＳＭ）。這本手冊以行為剖析做為診斷依據，但是每一版的診斷標準和工具都會改變。事實是，沒有簡單的測驗可以判別自閉症，每位患者呈現的症狀都是獨特的。而且的確有一條細微的線區分了下述兩群人：有自閉症特質但是不想要或不需要診斷為自閉症；診斷為高功能自閉症或是具有亞斯伯格症候群但是完全可以過著多采多姿的生活。

葛蘭汀的書清楚說明了新的研究，並且讓讀者感受一下身為自閉症是什麼滋味。儘管在一九九五年的著作《星星的孩子：自閉天才的圖像思考》（*Thinking in Pictures*）她還要花很大心力為自閉症去除污名，科學已經有所進展，特別是朝向把自閉症看成是基因失序，基本上是根植於大腦的實質差異。《我的大腦和你不一樣：看見自閉症的天賦優勢》（*The Autistic Brain: Helping Different Kinds of Mind Succeed*，共同作者理查・潘奈克〔Richard Panek〕，科學作家）總結了新發現。目前自閉症是從「神經多樣性」（加上讀寫障礙和注意力缺失）的角度來看待，意思是，應該說是差異而不是失調，並不會阻礙當事人享有圓滿的人生。

自閉症診斷簡史

李歐・肯納（Leo Kanner）開創性的論文〈自閉的情感接觸障礙〉（Autistic Disturbances of Affective Contact，發表在一九四三年的 *Nervous Child* 期刊）描述了十一位兒童的案例，他們展現的特質現在我們稱為自閉症。葛蘭汀簡明扼要形容了肯納治療的兒童：需要獨處，事物要保持一致。獨自一人在一個永遠不會有差異的世界裡。

不過從一開始，醫療專業人士沒有辦法確切指出自閉症的成因：生理或心理？天生或教養？肯納指出，自閉症特質在很小的年紀就可以看出來了，這點顯示是生物學的成因，同時他也震驚於他所稱呼的「父母的執迷」以及缺乏父母的溫暖。從這方面來說，自閉症似乎是根源於遺傳，有其父必有其子。之後，肯納轉向自閉症的心理學解釋。在一九五〇年代末期發表在《時代雜誌》的文章裡，他提出自閉症小孩透過「剛好解凍到足以生出孩子」的父母來到這個世界，這吻合戰後流行的佛洛伊德派對行為的解釋，特別把焦點放在母親身上以及幼年的「心理傷害」。

肯納搞錯方向了，葛蘭汀說。自閉症的小孩不是因為父母而變得冷淡，而是自閉症孩童讓父母變得情感疏離，那是他們對自閉症孩子的反應。葛蘭汀談到，她母親覺得孩子不想要她，因此保持距離。但是小天寶的冷淡不是出於選擇，而是，她說，真實的情況是「擁抱導致的感覺超載會讓我的神經系統短路」。

在一九四〇年代，英國精神科醫師羅娜・溫（Lorna Wing）把奧地利小兒科醫師漢斯・亞斯伯格（Hans Asperger）的研究帶給英語世界的讀者。亞斯伯格觀察到有一群小孩，他封他們為「小教授」，這群孩子的特徵包括：沒什麼同理心、沒有朋友、單方面的對話、笨拙，以及執迷的興趣（不過與自閉症有別的是，幾乎沒有語言發展上的問題）。葛蘭汀表示，一九九四年的DSM加入溫醫師稱呼的「亞斯伯格症候群」（成為五種「普遍的發展失調」之一，「自閉症」也是其一）是重要進展，把自閉症變成一個「光譜」。亞斯伯格症候群在精神醫學界以高功能自閉症為人所知後，自閉症的光譜從幾乎不說話、不能工作、必須和父母一起生活的患者，延伸到執迷的特徵類似比爾・蓋茲或史蒂夫・賈伯斯的那些人。

擴充的結果讓診斷為「泛自閉症障礙」(autism spectrum disorder，ASD)的人數自然增加，從二〇〇〇年的每一百五十名小孩有一位，到二〇〇八年每八十八名小孩就有一人。其中包括許多之前會歸類為心智遲緩或根本沒有類別的小孩。的確，過去的診斷特別困難，葛蘭汀指出，因為許多自閉症小孩的特徵，從粗魯到發脾氣到不分享玩具，可能看起來都只是「沒教養」的結果。

葛蘭汀指出，長久存在的事實是：許多一開始屬於精神方面的疾病最後都歸類為神經問題。自閉症終將如此，就像癲癇一樣。有兩件事情把自閉症往這個方向推：神經造影技術和遺傳學。

自閉症大腦的內部

大多數自閉症的大腦穩穩落在解剖學上我們認為正常的範圍內。沒有所謂「自閉症大腦」這回事。不過，的確有模式可循：通常自閉症患者與控制組的個人相比，與眼神接觸相關的大腦功能是有差異的。葛蘭汀指出：「當對方不跟你眼神接觸時，神經典型性的人(也就是『正常人』)的感受，可能就是有自閉症的人跟他人眼神接觸時的感受。」通常是大腦的某些局部過度連結，而大腦的主要中樞之間卻連結不夠。

在確認究竟哪些大腦差異要為自閉行為負責這方面，我們仍然有漫長的路要走，葛蘭汀表示，但是如果找到確定連結，那就表示嬰兒期或幼年期可以及早介入，那時大腦會比較容易重新建立迴路，或是針對大腦部位復健。

神經學家對於自閉症沒有清楚判別的「石蕊試紙測驗」，不過他們越來越能夠辨識他們掃瞄的哪些兒童很可能有自閉症。在自閉症兒童身上，大腦沒有辦法形成「你在看什麼」和「你在說什麼」兩種功能之間的連結，因此當語言在一兩歲之間開始發展時，幾乎看不到進步。為了補償他們大腦，其他部位會擴張。像這樣的洞察是非常重要的進展，加上「高解析度神經纖維追蹤」（HDFT）技術的輔助，科學家繪製出大腦神經傳導的幹道和小徑，找出神經哪些特性會使人們容易出現自閉症狀。

自閉症的DNA？

從「人類基因組計畫」脫胎出來的「自閉症基因組計畫」，有十九個國家的機構參與，檢視了美國和加拿大確診為泛自閉症障礙的九百九十六位學齡兒童的DNA。結果發現這些兒童之間有數百項「拷貝數變異」（CNV），包括DNA的複製、缺失或重新排列與常態不同。這些變異大多數是遺傳的，然而耐人尋味的是有些變異正好自動發生在受精之前的卵子或精子裡面（稱為「新發」突變）或是剛剛受精完的受精卵裡面。最有意思的發現是，每個孩子的拷貝數變異是非常稀罕的，也就是不會發生在另一個孩子身上。從一個特定基因的角度來看，自閉症還沒有找到哪個基因是「冒煙的槍」。自閉症所呈現的廣泛行為，有許多是連結到環境，而不是自閉症。如果每個孩子呈現出來的行為不一樣，我們很難發現「自閉症基因」或是某項變異。

或許每個自閉症特質是由各種變異的組合促成的。一項變異可能對行為造成影響，而如果有兩項變異，那就更有可能造成影響了。

懷孕期也可能發生基因突變，那是對環境因素的回應，例如汽車廢氣、殺蟲劑、飲食或藥物。舉個例子，如果母親懷孕前或是妊辰服用了穩定情緒或抗憂鬱的藥物，小孩發展出自閉症的風險就會稍微提高。

高度敏感

葛蘭汀陳述自閉症患者十中有九個也有感官失調的問題，而這些問題代表了自閉症研究不足的層面。

感官失調牽涉到對周遭環境的強烈反應。對大多數孩童來說，去度假、看見新的地方和做新鮮的事很有趣。然而對自閉症兒童可能是夢魘。感官失調的成人坐在咖啡店裡，可能會淹沒於周圍的景象和聲音，因此無法專注同座的人在說些什麼。

葛蘭汀列出自己敏感的事物，包括汽笛和警報器、公廁烘手機的聲音、飛機廁所沖馬桶的聲音、人們在她窗戶外面講話，以及扎人的衣物。在研討會或演講中，別人送給她一大堆T恤，但是只有一些足夠柔軟可以穿。眾所周知有自閉症的人討厭日光燈（螢光燈）、快速移動的東西（自動走道、旋轉門）、「眼花撩亂」的東西例如色彩繽紛的地磚、砂子濕掉的觸感、柔軟的毛毯和泰迪熊、防曬油、新聞紙、從洗碗機剛剛拿出來的玻璃杯尖厲的聲音。每位有自閉症的人都會有自己「無法忍受」的清單。

有些自閉症患者回應環境只有兩個設定：關機（因為感覺超載），或是發脾氣（因為感覺超載）。回應不足或過度回應是一枚銅板的兩面。你可能看起來沒有表情，但是內心裡你覺得沒頂了。

二〇〇七年一篇發表在《神經科學新領域》（*Frontiers in Neuroscience*）的論文提議，自閉症的另一個名稱可以是「強烈世界症候群」，因為「過量的神經元處理可能導致世界強烈得讓人痛苦」。大腦的回應是把當事人閉鎖在「執迷重複的少數安全固定行為裡」。正如葛蘭汀所說，有太多東西要吸納，有自閉症的人「無法去體驗外在世界的多采多姿，更別提表達他們跟世界的關係」。

失調或長處？

葛蘭汀相信我們應該停止把自閉症特質看成是缺陷，這些特質可以是能力或長處。她的高中科學老師卡拉克先生曾經在美國太空總署工作過，幫了她一個大忙，指出她在機械和工程方面的長處，並且讓她著迷於電子設備。不過他也督促她學習代數，即使如此，不管花多少時間學習，她就是無法理解，因為她的腦袋沒有為理解抽象鋪好迴路，而那是象徵性符號思考所需要的。

直到最近，大多數關於自閉症的研究只強調負向的層面，例如掃描大腦後揭露其迴路的「瑕疵」。但是如果這樣的迴路不好也不壞，只是不一樣呢？本身有自閉症的研究者米歇爾・道森（Michelle Dawson）二〇〇七年在《心理科學》（*Psychological Science*）發表了一篇開創性論文，討論自閉症兒童和成人的智力測驗，結論是：「自閉症患者的智力向來被低估了。」

自閉症患者一項關鍵長處是對細節的關注。葛蘭汀表示：「我在看到全景之前先看到細節的傾向，一直是我如何與世界連結的核心特徵。」這個特點幫助葛蘭汀設計管理牲畜的程序。她善於觀照到微小細節，例如鬆垮的鏈條會驚嚇到牛隻，而其他人不會注意到。她信任自己的結論，因為她首先會檢視細節，唯有在進行完一大堆觀察和研究之後，結論才會浮現。「我那見樹不見林的特質，讓我免於見林不見樹的問題，也就是由上而下的思考者會有的缺點。」她寫道。需要吸收大量數據才能獲得結論，也就意味著，這樣建立起來的模型、論點和設計是審慎的，但是比較精確。葛蘭汀總結，許多有亞斯伯格症的科學家和數學家擁有的確定感，就是來自這種由下而上的工作方式；由下而上能夠建立起無懈可擊的邏輯。她進一步主張，自閉症讓當事人比較有可能擁有某種創造力，能將之前未曾有關連的觀念或事物連結在一起。

葛蘭汀說，父母與教育者已經變得過度聚焦於診斷標籤，以致於忽略教導自閉症和亞斯伯格症兒童基本社交技巧。如果培養出社交技巧，沒有理由他們不能在合適的公司裡擁有長期而且富有生產力的職業生涯。葛蘭汀舉了一些公司當例子，他們特別雇用泛自閉症族群，因為他們會注意細節，擁有出色的長期和視覺記憶，而且會開開心心每天從事相同的特定工作。這一類公司不會犯下要求他們講電話或是外出見新顧客的錯誤。

總評

葛蘭汀據理主張，自閉症的醫療需要進入新的階段；檢視特定症狀，把它們連結到明確的生物學或基因上的成因。之前我們可能會說：「這孩子無法溝通，因為她有自閉症。」現在我們大概會說：「她無法溝通，因為大腦處理語言輸出或語言意義的部位有問題。」接著去制定一項行動或治療計畫，她的父母就會比較容易知道要有什麼樣的期待，同時能夠與孩子一起努力。最近二十年關於自閉症的研究大量增加，受益的不只是有症狀的人，而是我們全體。以往方便然而潛藏危害的分類，例如「正常」或「遲緩」已經退位，取代的是欣賞豐富的神經多樣性。我們應該小心所有標籤，葛蘭汀表示。許多人在「西蒙・巴倫－寇恩五十道題測驗」（Simon Baron-Cohen's 50 question quiz，很容易在網路上找到）中顯示為「自閉症」，往往不是真的有自閉症，只是極度或異乎尋常的內向而已。

天寶・葛蘭汀

葛蘭汀於一九四七年生於波士頓。母親是位演員和歌手，父親是不動產經紀人，而且繼承了栽培小麥的龐大事業。由於天寶到了三歲半還不會講話，醫生建議送去收容機構（父親大力贊成），不過母親聘請了語言治療師，同時把她放在能同情、支持她的私人學校裡。天寶十五歲時父母離婚，她求學生涯一路受到霸凌。

天寶進入富蘭克林・皮爾斯學院（Franklin Pierce College）主修心理學，一九七〇年畢業。她還擁有亞利桑那州立大學的碩士學位（1975），以及伊利諾大學厄巴納—香檳分校的畜牧科學博士學位。天寶目前是科羅拉多州立大學的畜牧科學教授，並且參與畜牧產業的實務工作，同時以自閉症為主題進行演講和寫作。

其他著作包括《發展天賦：亞斯伯格和高功能自閉者的生涯》（*Developing Talents: Careers for Individuals with Asperger Syndrome and High-Functioning Autism*，2004）、《我看世界的方法跟你不一樣：給自閉症家庭的實用指南》（*The Way I See It:Personal Look At Autism And Asperger's*，2008）、與凱瑟琳・強森（Catherine Johnson）合著的《動物造就我們的人性：為動物創造最好的生活》（*Animal Make Us Human: Creating the Best life for Animals*，2009）。她也寫了許多書籍和文章呼籲善待畜牧場與屠宰場的動物。

2011

說不出的故事，最想被聽見

The Examined Life

「對心理醫生來說，無聊是有用的工具。無聊可能是個徵兆，顯示患者逃避特定主題；他或她無法直接談論某樁私密或困窘的事。」

「當我們找不到方法說出自己的故事，它們就會自己說出來——我們會夢到這些故事，會出現症狀，或者會發現不瞭解自己為什麼如此行事。」

「最重要的是，被迫害妄想是回應我們感覺自己受到冷漠的對待。換句話說，被迫害妄想讓人困擾，然而那是種防衛，保護自己免於更悲慘的情緒狀態，也就是沒有人關心我們，沒有人在乎。『某某某背叛了我』這樣的想法保護我們免於『沒有人想著我』這種更痛苦的念頭。」

總結一句

我們無法逃脫心理議題，它們總是會以某種方式顯現出來。

同場加映

安娜．佛洛伊德《自我與防衛機制》（18章）
米爾頓．艾瑞克森《催眠之聲伴隨你》（15章）
凱倫．荷妮《我們的內在衝突》（30章）
卡爾．羅哲斯《成為一個人》（45章）
奧立佛．薩克斯《錯把太太當帽子的人》（46章）

26

史戴分・格羅茲

Stephen Grosz

精神分析早已經退流行，不再是一種心理療法，由成果更快速（也更便宜）的認知行為治療取代。然而高明的精神分析師，例如倫敦的史戴分・格羅茲相信，有些議題埋藏得很深，需要許多次的會談才能揭露這些議題的本質。事實上，時間本身，以及精神分析師願意跟患者一同在場，即使說得很少或者什麼都沒說，也會具有療癒效果。

如果你喜歡奧立佛・薩克斯的《錯把太太當帽子的人》，以及史考特・派克（M. Scott Peck）的《心靈地圖——追求愛與成長之路》（*The Road Less Traveled*），就會熱愛《說不出的故事，最想被聽見》。出乎意料的暢銷書，由扣人心弦的病例研究組成，而且文筆優美。正常來說，在諮商室進行的事必須保密，因此這一類的書有偷窺的層面。葛羅茲獨特的技巧是，他述說這些故事的方式闡明了我們自己人生的各個層面。真正的動機是什麼？掩飾了什麼？有多麼恐懼親密關係或死亡？哪些事我們相信「已成過去」，然而卻每天形塑我們的思想與行動？

對葛羅茲來說，如果你探索得夠深，古怪的行為總是說得通的。即使是要花好幾個月甚至好幾年去梳理出來，永遠有個好理由。

創傷會顯現出來

葛羅茲討論的第一則個案是名年輕工程師彼得，教堂的清潔人員發現他全身都是刀傷，流血不止，但是還活著。在送到醫院之前，受到驚嚇的清潔人員問他：「是誰這樣對你？是誰這樣對你？」

在跟葛羅茲的會談中，彼得指出，從有記憶以來他一直感到害怕，但是害怕什麼他不確定。結果浮現出來，彼得小時候一直受到父母暴力對待，從那時開始他一直在處理這個議題。葛羅茲說，這種性質的創傷會內化，也會在當事人的關係中表現出來。為了避免再度感覺到弱小無助，彼得決定最好是當攻擊者，而不是承受攻擊。任何形式的依賴都是危險的。不過創傷以另外一種方式表現出來：彼得不允許自己軟弱、對自己缺乏同情，導致在教堂中自我攻擊。如彼得跟葛羅茲說的：「我心裡想著——你這個可悲的愛哭小鬼。我可以這樣對你，而你無法阻止我。」

事情發生在這麼小的年紀，當事人無法說出來或是轉化成安慰自己的故事時，就會造成深層的個人問題。經過多次會談，葛羅茲領悟到彼得的行為是他用來跟葛羅茲對話的語言：「彼得試圖讓我感同身受，以此來告訴我他的故事，關於他小時候必定感覺到的憤怒、困惑和驚嚇。」彼得顯然有需要去驚嚇別人，以表達自己受過的驚嚇。對待葛羅茲，他給的第一個驚嚇是突然放棄接受分析。第二個驚嚇是葛羅茲接到彼得未婚妻的信說他自殺了。發愣的葛羅茲想知道當初他可以有哪些不同做法。之後有一天電話答錄機上有一則留言：「是我。」彼得說。他假造了那封未婚妻的來信，事實上還活蹦亂跳的活著。

再度回來接受分析，狀況逐漸明朗，彼得的確享受驚嚇別人的能力，而且喜歡想像驚嚇造成的苦惱，不論是突然放棄工作、友誼或其他什麼事物。最好去驚嚇別人，似乎是如此，好過生活在恐懼中或者再度受到驚嚇。

苛刻的評斷背後是什麼

葛羅茲記得有一次他從紐約飛到舊金山。旅程中他與鄰座的女士艾琵聊天，她兩位十幾歲的女兒坐在後座。艾琵要去看她的母親，這是十六年來第一次。在她嫁給有天主教背景、金髮的愛爾蘭人派崔克後，就跟父母決裂。由於她的家人並不是特別嚴守教規的猶太人，因此她一直困惑於父親的反應，也常常懷疑跟派崔克結婚是不是正確。不過現在是什麼促使她跟母親重修舊好？原來是艾琵的父親承認他跟自己的秘書外遇二十五年，有趣的是女秘書是金髮的天主教徒。

水落石出，艾琵恍然大悟：她跟派崔克結婚的決定給了父親完美工具，執行精神分析師所說的「分裂」。葛羅茲解釋分裂是「不自覺的策略，目的在使我們忽視自己身上無法忍受的感受」。為了能夠一直把自己看成是好人，我們把不喜歡自己擁有的那一面投射到別人身上。分裂提供了心理上的解脫，這麼一來我們可以說：我不壞，是你壞。但總要付出代價：以艾琵父親為例，分裂使得他喪失自我覺察，他能夠讓外遇維持這麼久，不過是因為他已經覺察不到真實的自己和感受，也覺察不到真實的女兒和女兒的感受。跟葛羅茲談話時，艾琵使用更有力的語言描述這個情境：正面越大，背面就越大。

聽了艾琵的故事之後，葛羅茲寫道：「每次我聽到提倡家庭價值的政客被逮到出軌，或者宣揚同性戀是罪的傳道人被發現召男妓時，我就想，正面越大，背面就越大。」

任何事都好過遭人遺忘

葛羅茲指出，當人們變老時，整體來說就比較不會苦於精神疾病，但是比較容易疑神疑鬼。這是有道理的。被拋棄在療養院，生出「有位護士想要毒死自己」的想法，好過終於明白沒有人來探望你，沒有人真的在乎你。想像自己在躲避攻擊，這樣的鬧劇好過遭人遺忘的現實。

有位來看葛羅茲的女士說，從海外出差回來後她有個念頭，她一轉動插在公寓前門的鑰匙，就會發生爆炸，好像電影裡面那樣。這樣的幻想有什麼意義嗎？她記得小時候每一天她會回到一個溫暖的家，媽媽和祖母會等著她，還有一杯好茶。現在，她回到冷冰冰的寂靜公寓，冰箱裡沒有任何食物。

恐怖分子把房子炸掉的幻想取代了顯然更糟糕的命運：無足輕重。感覺自己是個目標，被人痛恨和追捕，好過遭人遺忘。

執迷不悟過日子

葛羅茲說了海倫的故事，她是三十七歲的新聞記者，跟已婚同事羅伯維持了長久的婚外情。多年來羅伯一直在等「適當時間」離開妻子，好跟海倫在一起，但是並沒有實現。甚至在他遇到另一名女人，準備為她離開妻子的時候，海倫還是如此看待事情：我會給他時間，讓他看到這件事不會成功，然後就會回到我身邊。「就像疑神疑鬼的人，」葛羅茲評述，「為情所困的人總熱切搜集情報，但是我們很快就會注意到，這些監測有一不自覺的意圖——每一樁新的事實都是在確認他們的妄想。」花了一年半的時間，葛羅茲都沒法說服她用不同的眼光看事情。她硬是不從，堅持真正的愛就是不管對方有什麼樣的行為都愛他。

葛羅茲認為自己的工作有部分就是找出糾纏在人們生活中的東西，讓他們去面對那些「鬼魂」。海倫告訴他，自己認識一位五十歲的女編輯，曾經看起來永遠是那麼優雅，挑不出缺點，然而現在有種絕望的神情，拼命保養，想要看起比較年輕，說話大聲，還和年輕的同事喝酒。海倫擺脫不了這樣的念頭：這會是幾年後的我嗎？她的朋友開始結婚、有小孩，而她人生的過去十年凍結在跟羅伯的關係裡。在追求這段不真實的關係過程中，她拋棄了朋友的愛。有一晚她跟朋友吃飯，她查看手機，發現羅伯打電話來，十年來第一次，她選擇不接電話。

自我糟蹋（Self-sabotage）

一位接受葛羅茲分析的迷人三十五歲女子，準備好要定下來成家。而同時，她拒絕了艾力克斯的求婚。艾力克斯是絕對的好人，她喜歡他也受他吸引。葛羅茲問她為什麼拒絕，她沒辦法給個好理由，只是說：「我寧願不要。」

葛羅茲以前聽過這句話，想起來是在赫爾曼・梅爾維爾（Herman Melville）的小說〈錄事巴托比〉（Bartleby, the Scrivener）裡。巴托比是華爾街一名錄事（抄寫員），有任何工作找上他時，他只是說：「我寧願不要。」「在我們每個人身上都有一名律師和一名巴托比，」葛羅茲說，「我們都有一個激勵、加油的聲音說：『讓我們現在就開始，馬上』，還有一個反對、負面的聲音回答：『我寧願不要。』」

儘管在某個層面莎拉想要找個人談戀愛，潛意識層面發生了某件事阻止她。葛羅茲明白了莎拉是怎麼回事，雖然新的生活或許會讓她有所收穫，但是也可能意味著失去：失去自己、失去上班的生活、失去朋友。因為她的人生曾經失落了一些人事物，所以新伴侶關係也許只是代表會失去更多，而不是獲得。「莎拉的負面心態是一種情感反應，」葛羅茲寫道，「對艾力克斯懷著正面、深情的感受——愛的前景讓她出現負面反應。」

接受某些失去

「面對改變，我們猶豫不決，因為改變就是失去。但是如果我們不接受失去一些……可能就會失去一切。」

在第一架飛機撞上北樓時，瑪莉莎・帕妮格羅索（Marissa Panigrosso）在世貿中心南樓第九十八層的辦公室工作。她立刻從安全門緊急撤離，甚至沒有停步去拿皮包。然而正在跟她講話的女士並沒有離開，其他人繼續講電話，還有些人真的去開會了。有一位同事下了幾層樓梯又回去拿小寶寶的照片。這些人都沒有活著出來。

重述這則故事，葛羅茲評論：「身為精神分析師二十五年之後，我不能說這件事讓我驚訝。」人們不喜歡改變，即使改變只是意味著做一些相當小的事情，而且這些小事顯然符合他們的最佳利益。我們是如此懼怕改變，即使有明顯的危險也不行動。我們比較關切的是弄清楚行動的後果。事後回顧，帕妮格羅索無法相信面對這麼明顯的緊急狀況，每個人就只是站在那裡不行動。但是葛羅茲指出，他們的反應事實上是常態。

為什麼我們竭盡所能逃避改變？在我們的眼裡，改變就是失去，但是如果我們不接受一些失去，那麼——如同那位女士和她小寶寶照片的例子——有可能我們會失去一切。我們只看到眼前失去的，而且似乎無法理解也可能會有收穫。

只要在場

安東尼是位「後天免疫缺乏症候群」（ＡＩＤＳ）患者，他來跟葛羅茲會談，然而許多時候他就只是在躺椅上睡著了。在家裡他很難入睡，因為他感覺全然孤單，同時會一直想著自己未來會發生什麼事而不安。但是有葛羅茲在場他就能放鬆，知道有人想著他。「安東尼發現他可以比較容易的想著自己的死亡，接受寂靜，」葛羅茲寫道，「因為他覺得自己活在別人心裡。」

當他的免疫系統崩潰時，安東尼已經跟葛羅茲會談了四年。在一場臨床研討會上，葛羅茲決定提出他的個案，從安東尼的觀點來陳述。研討會上，一位赫赫有名的美國精神分析師施詢問葛羅茲，為什麼他要浪費時間在一名顯然沒有什麼未來的病人身上。這番評語讓葛羅茲震驚，不過他回想起安東尼本人告訴他的：「比起空口保證，實事求是幾乎總是讓人比較安心，不管事實是多麼痛苦。」確實，對待人體免疫缺乏病毒（ＨＩＶ）陽性的人時，照常規是該給予建議和保證，但安東尼稱之為「糖衣」。

在這則個案描述的最後幾行，葛羅茲談到後續情況，安東尼來看他之後二十二年，病毒量已經偵測不出來了，過著健康的生活。在最黑暗的時刻，安東尼需要有人傾聽——即使他什麼都沒說。他需要活在別人的心裡。

總評

別人看來奇怪自己也感到困惑的反應，永遠有個源頭，精神分析的工作就是把它爬梳出來或是理解其意義。雖然《說不出的故事，最想被聽見》呈現的當事人、處境和問題各式各樣，但串連的主題卻很清楚。共處諮商室的兩人（葛羅茲和躺椅上的人）代表了我們一般人，這就是為什麼這些個案的解決方式吸引我們。身為讀者你想的不是：「太棒了，這位受到傷害的人獲得療癒了。」而是：「我在這個人身上看到部分的自己。」

「未經檢視的人生不值得活。」據說蘇格拉底在面對死亡時以此質疑雅典統治階層的立場。對蘇格拉底來說，身為人的榮耀是擁有自我反省的良知。如果不善用良知，與動物何異？關於「心智是如何運作的」，如果你已經讀過夠多正統心理學或神經科學的著作，想要從比較人本的取向來解釋人類行為，《說不出的故事，最想被聽見》是必讀之書。

史戴分・格羅茲

一九五二年生於芝加哥市郊。父親是移民商店的老闆，母親是畫家。十七歲時他已經閱讀了佛洛伊德、朗納・連恩和厄文・高夫曼（Irving Goffman）的著作。他進入加州大學柏克萊分校攻讀心理學和政治學。之後前往牛津大學深造。

在生涯早期，葛羅茲服務於「波特曼治療中心」(Portman Clinic)，為犯人提供門診治療。他同時提供私人診療，從事精神分析工作三十年之久。他在倫敦精神分析學院教導精神分析技巧，也在倫敦的大學學院（University College）教導精神分析理論。《說不出的故事，最想被聽見》是葛羅茲的第一本著作，已經有十五種語言的版本，入圍了《衛報》二〇一三年「首作獎」。

1958

愛的本質

The Nature of Love

「關於愛，我們知道的那麼一點沒有超過簡單的觀察；關於愛，我們書寫的那麼一點也比不上詩人和小說家寫得那麼好。不過更值得關切的是，心理學家越來越不關注在我們一生當中無處不在的母題。心理學家，至少是寫教科書的心理學家，不只是對於愛或情感的起源和發展沒有興趣，也似乎沒有覺察到愛的存在。」

總結一句

嬰兒時期溫暖的身體連結，對於我們長成為健康的成人至關重要。

同場加映

史丹利・米爾格蘭《服從權威》(37章)
伊凡・帕夫洛夫《制約反射》(40章)
尚・皮亞傑《兒童的語言與思考》(42章)
史迪芬・平克《白板》(43章)
伯爾赫斯・史金納《超越自由與尊嚴》(49章)

27

哈利・哈洛

Harry Harlow

一九五八年，靈長類研究學者哈利・哈洛獲選為美國心理協會會長。同一年他造訪華府，參加協會在那裡舉行的年會，發表了一篇論文，內容關於他最近以恆河猴為對象進行的實驗。

在一九五〇年代，美國心理學界由行為主義學派主宰，他們不斷拿實驗室的老鼠進行實驗，目標是展示哺乳類的心智是多麼容易透過環境來塑造。哈洛和他的妻子瑪格麗特違反常規研究猴子，他們認為研究猴子才能更深入洞察人類行為。總是直話直說，哈洛想要講的就是愛，更拒絕使用「趨近於愛」這類語詞。他告訴聽眾：

「愛是奇妙的狀態，深刻、溫柔，而且回報讓人滿足。因為愛有私密和個人的本質，有人認為愛不是實驗研究的適當主題。不過，不論我們的個人感受是什麼，身為心理學者被賦予的任務就是分析人類和動物行為的每一面，拆解出其中的內含變數。就愛或情感來說，心理學家的這項任務失敗了。」

行為主義的信條是：人類的動機是來自飢餓、口渴、排泄、疼痛和性愛等原始驅力。其他動機，包括愛與感情，與上述相比是次要的。在撫養孩子方面，情感遭到貶低，當時心理學家相信的是「訓練」，連身體接觸對寶寶的重要性，也接近無知（今日我們已熟知）。

哈洛的論文「愛的本質」帶來了全面翻轉。他拒絕把愛與情感看成只是「次要驅力」，使得這篇文章成為史上最富盛名的科學論文之一。

食物、水和愛

哈洛選擇研究年幼的恆河猴，因為牠們比人類的嬰孩成熟，而在如何吃奶、依附、回應情感，甚至看和聽方面，表現得都跟人類寶寶沒什麼兩樣。牠們學習的方式，甚至如何體驗和表達恐懼和挫折，也是類似的。

哈洛指出，缺乏跟母親的接觸，這些實驗室養大的猴子變得非常依戀鋪在籠子硬地板上的布墊（實際上是尿布）。當這些布墊定期清除，準備放上新的鋪墊時，恆河猴寶寶會大發脾氣。哈洛表示，這項反應正如同人類寶寶發展出對某個枕頭、毯子或絨毛玩偶的依戀一樣。令人吃驚的是，他的研究發現，在沒有布墊的鐵絲網籠子裡撫養的恆河猴寶寶幾乎活不過五天以上。似乎「可以依附的柔軟事物」不只是慰藉而已，而是在母猴缺席的情況下，攸關猴寶寶存活的首要因素。

行為主義者的觀點是，寶寶——猴子或人——愛媽媽是為了她們提供的奶水，因為奶水滿足了原始需求。但是哈洛見識了布墊的效應，讓他好奇是否有可能寶寶愛媽媽不只是為了奶水，而是因為媽媽提供了溫暖和情感。或許愛是基本需求，就像食物和水一樣。

布料和鐵絲媽媽

為了進一步測試自己的想法，哈洛和他的團隊用木頭包上柔軟的布料製作了「替身媽媽」，後面裝了燈泡提供溫暖。另外只用鐵絲網做個「媽媽」。針對四隻新生小猴，只有布料母猴提供奶水，鐵絲母猴不提供；另外四隻新生小猴，供奶情況剛好相反。研究顯示，即使鐵絲母猴是唯一餵奶的，小猴還是大大偏愛跟柔軟的布猴在一起，喜歡有身體接觸。

這項結果推翻了傳統觀點。當時一般看法是：寶寶受到制約愛母親，是因為母親提供奶水，是寶寶生存的保障。顯然，對猴子來說，哺乳的能力不是主要因素；關鍵的是身體接觸，或者「母親的愛」。哈洛甚至大膽表示，或許哺乳的主要功能是確保寶寶與母親之間頻繁的身體接觸，因為愛的連繫似乎對生存是如此重要。他指出，在實際的營養供應早就停止之後，是親情連繫保存下來。

愛是盲目的

現實中的寶寶看到任何害怕或危險的跡象時，就會逃到母親身邊，黏著母親不放，哈洛想知道這點是否適用於猴寶寶，即使母親是用布料或鐵絲做成的。的確適用，小猴會跑向布媽媽，無論這位媽媽「餵了」牠們多少奶。把小猴放在不熟悉的房間裡，增加了新的視覺刺激，而且給牠們機會回到布媽媽身邊時，也會發生相同的事。

哈洛也發現，小猴跟「替身媽媽」長時間（五個月）分開之後，如果給予機會，仍然會立刻回應替身媽媽。一旦一開始形成了連繫，就很難遺忘。即使根本沒有任何母親角色——無論是真實或替身——撫養的猴子，在布媽媽出現時經過一兩天的茫然和害怕之後，也會喜愛布媽媽，跟它建立關係。一段時間之後，這些猴子就會表現出類似行為，跟一開始就有替身媽媽陪同的猴子沒什麼兩樣。

在另一項稍有改動的實驗裡，有些替身媽媽增加了搖擺動作，而且可以感覺到溫暖。結果猴寶寶變得更加依戀這些媽媽，一天黏在他們身邊高達十八小時。

是替身媽媽的臉，有著畫上的大眼睛和大嘴巴，特別激發了猴寶寶的愛嗎？哈洛第一隻由替身撫養的猴子，替身媽媽的頭是塊圓圓的木頭，沒有臉，牠跟替身媽媽的連繫有六個月。等到後來放入兩個有臉的布媽媽，這隻小猴卻把它們的頭轉過去，這樣就看不到臉了——就如同牠習慣的媽媽！再一次，哈洛的實驗顯示，最關鍵的是我們跟母親形成的親密連結，跟她們長什麼樣沒關係，甚至跟她們如何冷漠對待我們也沒關係。哈洛寫下「愛是盲目的」並不是開玩笑。他的結論是，由替身或真實的母親提供的照護，品質上沒什麼差異，顯然猴寶寶只需要非常基本的「母親角色」，就能健康快樂的長大。

真相浮現

不過這番評估最後證實是不成熟的。哈洛觀察到他的猴寶寶長大後，有許多地方不對勁。牠們的情緒回應沒有落在正常範圍，而是搖擺在黏著性依附和破壞性攻擊之間，常常撕扯自己的身體，或是把布或紙撕成碎片。即使成年後，牠們還是必須緊抱著柔軟、毛茸茸的東西，而且似乎不懂得分別有生命和無生命的客體。雖然牠們可以對其他猴子產生感情，極少數也能夠像成猴那樣交配，但擁有下一代卻沒有能力去正確照顧牠們。顯然，缺少來自假母親的正常回應，而且與其他猴子隔離開來，使得牠們的社會化落後。牠們不懂什麼是或不是恰當的行為，對於正常關係中通常會有的互相遷就忍讓，也沒有概念。

事實上，哈洛的發現匈牙利精神科醫師勒內・史畢茲（René Spitz）在一九四〇年代就觀察到了。在其知名的研究中，他比較了兩家收容機構撫養的嬰孩。第一所是棄嬰之家，非常乾淨，井井有條，但是有點冷冰冰。第二家是監獄的托兒所，那是個打打鬧鬧的場所，孩子之間有許多身體接觸。在兩年期間，棄嬰之家的小孩超過三分之一過世，然而五年之後監獄托兒所的孩子都活著。棄嬰之家活下來的孩子，許多人長大之後都有問題，超過二十人依舊留在收容機構。造成這一切差異的是，托兒所孩子的媽媽獲得允許去照顧他們，而棄嬰之家的孩子生活在專業護士控制的管理下。無論你從身體或心理角度來定義「死亡」，缺乏身體的情感和愛是死亡的原因。

總評

批評者認為，哈利做的一切只是用科學方法證明了普通常識：寶寶和小小孩需要跟某個人形成身體和情緒的親密依附，就像需要氧氣一樣。不過，去證明毫無疑問我們已經知道的事情，這項任務似乎就是實驗心理學的職責，而且是哈洛的實驗改變了兒童之家和社會福利機構的經營方式。當初他的論點違反了流行的育兒觀點，現在卻成了一般常識。舉例來說，今日我們經常建議新手媽媽，抱著剛出生的寶寶時，身體應該貼著他們裸露的皮膚，如果沒有這樣的接觸，對寶寶會產生災難性後果，此觀念源頭可回溯到哈洛的發現。

以猴子為研究對象也讓我們現在相信，動物擁有的智力和感受能力比我們原先以為的高。史金納（參見49章）相信動物沒有感受，不過哈洛的猴子是因為好奇心和學習茁壯成長的生物，而且有深刻的情緒需求。

然而取得這一切知識是有代價的。最大的反諷是，哈洛對於確定「愛的本質」雖有貢獻，但他的實驗室對猴子來說經常是殘忍粗暴的地方。隨著年紀增長，哈洛的實驗越來越殘酷，難怪他成為動物解放運動的眾矢之的。許多參與後期實驗的助手發現這項演變造成嚴重的後果。

關於哈洛比較私人的故事——離婚、第二任妻子去世、與第一任妻子復合、酗酒問題，以及他本身教養子女的方式——請參考黛博拉・布魯姆（Deborah Blum）的《愛在暴力公園：哈利・哈洛和情感的科學》（*Love at Goon Park: Harry Harlow and the Science of Affection*, 2003）。書名中的「Goon Park」源自哈洛在威斯康辛大學的實驗室的暱稱。實驗室的住址是「600 N. Park」，很容易就誤看成「Goon Park」（goon的字義是「暴力打手」）。許多人認為這個名字很合適，因為他許多反女權的觀點、出名的不客氣，以及身為實驗者無情的名聲，哈洛成為令人害怕的人物。

哈利・哈洛

一九〇五年生於愛荷華州的費爾菲爾德（Fairfield），原名哈利・以色列。哈洛是上進心強的小孩，他的聰慧讓他得以進入史丹佛大學。他拿到學士和博士學位，二十五歲取得威斯康辛大學的教職。大約在此時他改掉自己的姓氏「以色列」，因為儘管他是聖公會教徒，有人跟他說反猶太主義會影響他的前程。哈洛迅速建立了「靈長類心理研究室」，與研究智商的路易斯・特曼（Lewis Terman）共事，還有馬斯洛。

哈洛絕大部分的生涯都是待在威斯康辛大學，是心理系「喬治・蓋瑞・康斯托克講座」（George Gary Comstock）研究教授，直到一九七四年退休。他曾主持美國陸軍的人力資源研究部門，也在康乃爾、西北大學，以及其他大學講課。一九七二年他獲頒美國心理協會的金質獎章，一九七四年搬到土桑（Tucson），成為亞利桑納大學榮譽教授。

他第一任妻子克拉拉・米爾斯（Clara Mears）與他一起從事靈長類研究，不過他們在一九四六年離婚。哈洛再娶瑪格麗特・庫尼（Margaret Kuenne）。一九七〇年，瑪格麗特去世後第二年，哈洛與克拉拉・米爾斯再度結婚。他們有三名兒子和一名女兒。哈洛卒於一九八一年。

1967

我好你也好的溝通練習

I'm OK-You're OK

「這本書的用意不只是呈現新數據，同時企圖回答一道問題：即使人們已經知道怎樣過生活是好的，為什麼卻不能過上那樣的好生活？人們或許知道專家關於人類行為的一大堆說法，然而這樣的知識似乎絲毫影響不了他們的行為、正在破裂的婚姻，或是他們難搞的小孩。」

「一旦我們瞭解處境和遊戲規則，就能夠開始自由回應，確實是有可能的。」

總結一句

如果我們多一點自覺，能夠意識到自己根深蒂固的反應和行為模式，生活就可以開始享有真正的自由

同場加映

艾瑞克・伯恩《人間遊戲》(05章)
安娜・佛洛伊德《自我與防衛機制》(18章)
凱倫・荷妮《我們的內在衝突》(30章)

28

湯姆斯・哈里斯

Thomas A. Harris

當你看到一本書成為情境喜劇的笑梗時，你就知道這本書已經成為經典。《歡樂單身派對》（*Seinfeld*）中有一集，傑瑞・史菲德（Jerry Seinfeld）打開公寓的門，看見史上最無可救藥的喬治・康斯坦扎（George Costanza）四仰八叉躺在沙發上閱讀《我好你也好的溝通練習》。對傑瑞來說，閱讀一本書名可笑的自我成長書，不過是再一次證明他的朋友是道道地地的魯蛇。

《我好你也好的溝通練習》的確是一九六〇和七〇年代大眾心理學盛極一時的代表著作。這本書的市場需求量非常龐大，今日它穩坐銷售超過一千萬本的寶座。但是銷售數字顯示了什麼意義？在那個年代，一大堆庸俗作品車載斗量的賣。《我好你也好的溝通練習》不同之處在於迄今有人閱讀和運用。

你心裡的家庭：父母、成人、兒童

要瞭解哈里斯這本著作的成功，我們必須檢視他的導師艾瑞克・伯恩在《人間遊戲》（參見05章）中開創的路徑。哈里斯把伯恩的書當成是自己著作的基礎，不過不是分析人們玩的人際遊戲，而是聚焦於伯恩三個內在聲音的概念。這三個聲音無時無刻不在跟我們說話，以原型角色的形式：父母、成人和兒童。我們所有人都擁有父母、成人或兒童的「資料」來指引自己的想法和決定，而哈里斯相信，人際溝通分析會釋放出「成人」——理性思考的聲音。

「成人」讓我們不會受制於不假思索的服從（「兒童」）或根深蒂固的習慣或偏見（「父母」），以保留我們殘存的自由意志。成人代表啟發蘇格拉底名言「未經檢視的人生不值得活」的客觀心態。那是理性思考和道德的聲音，讓我們成長，並且檢核兒童或父母的資料，看看是否適合特定情境。當飯店櫃台搞錯了訂房，我們可能想要發脾氣，但結果沒有，當下選擇了接受，經盤算後，如果想要有正面的解決方式，最好是保持冷靜。

哈里斯收錄了許多對話的例子，呈現出人們陷入兒童或父母的模式，以此闡示，如果當事人沒有覺察到自己正在運作的是哪個模式，要消除種族歧視或任何型態的偏見是多麼困難。

要付出什麼才能「好」

書名「我好，你也好」究竟是什麼意思？哈里斯評述，兒童因為在成人世界居於劣勢，學習到「我不好，而你好，因為你是成人」。每個小孩都懂得這件事，即使擁有幸福童年，而許多大人只有在父母過世後才能推翻這項基本認定，之後面對自己孩子時，卻又大逆轉延續這項認定。不過好消息是：一旦我們覺察到這項認定是自己的決定，就可以決定用放鬆、喜歡自己的存在模式加以取代。

我們不是自然而然轉移到「我好，你也好」的立場。我們可能偶爾有這樣的體驗，但是要讓這種心態變得比較根深蒂固，那就必須是有意識的下定決心（不只是感受），並且建立在普遍信任人的基礎上。這有點像是基督教關於「恩典」的概念，意思是，完全接納自己和他人。站在這樣的立場，別人表現出「父母」或「兒童」的行為時，我們就比較能夠超然看待，即使那些行為通常來說算是冒犯。到達某個層次後，就不會再期待每一次人際交流都會讓我們快樂，清楚「我好，你也好」是真實的，即使我們沒有看見證據。

無論你命名為「超我」、「成人」，或是新時代的說法「更高的自我」，願意讓成熟的內在聲音脫穎而出，是任何人發展良好的一部分。《我好你也好的溝通練習》提供一把鑰匙，讓我們離開精神監獄，我們甚至有可能不知道自己住在裡面。要手段或是保持防衛，或者安於偏見，往往讓人比較滿足，而且肯定比較容易，同時在我們的社會，即使本質上終生保持兒童模式，也可能旁人會認為你是成功者。保持兒童模式時，我們會把別人看成物件，要嘛是來幫助我們，不然就是阻礙我們完成目標。對比之下，真正成功的人假定其他人是平等對手，他們可以從對方身上學到有價值的東西。

總評

雖然伯恩關於人際溝通分析的著作可能是比較出色的書，哈里斯的《我好你也好的溝通練習》卻成為空前成功的暢銷書，主要原因必然是他使用的「父母、成人和兒童」的架構比較容易理解。這些用語可能看起來有點瞎，然而事實上對應了佛洛伊德最初的三位一體：超我、自我和本我，這是佛洛伊德提出來瞭解人類行為的基本元素。儘管是大眾心理學著作，哈里斯沒有試圖把書簡化到吸引每個人。他自由引用愛默生、惠特曼、柏拉圖和佛洛伊德之流的人物，假定如果讀者還不知道這些人，就更應該要去認識。

雖然永遠不會成為家常用語，在幫助我們覺察自己負面而且通常是潛意識的行為模式時，「人際溝通分析」的確有其真正價值。由於是「DIY」（自己動手做）的性質，主流的精神醫學專業絕對不會騰出多少空間來容納這種觀照方式，不過心理學家和諮商師需要能夠運作的技巧來啟動改變，人際溝通分析還是成為他們可以掏出來的工具之一。

人際溝通分析甚至進入創作的領域。詹姆士・雷德非（James Redfield）承認，哈里斯和伯恩對於他寫作一九九〇年代賣翻天的《聖境預言書》（*The Celestine Prophecy*）有莫大影響。他的角色捲入「控制劇碼」，企圖尋求脫離，就是直接根據人際溝通分析的遊戲和主張寫成的。在作者安排下，書中人物的存活——以及實際上是人類演化——仰賴他們有沒有超越自動反應的觀照能力。

湯姆斯・哈里斯

哈里斯於一九一〇年生於德州。他前往賓州就讀天普大學（Temple University）的醫學院，一九四二年在華盛頓特區的聖伊莉莎白醫院開始接受精神科訓練。他擔任美國海軍的精神科醫師數年，珍珠港遭受攻擊時他在現場。後來成為海軍精神科部門的主任。

戰後他在阿肯色大學謀得教職，有一段時間是資深心理衛生官員。一九五六年，他開始在加州的沙加緬度以精神科醫師身分私人執業，同時是「國際人際溝通分析協會」董事。一九八五年，他出版了與妻子艾米・碧玉・哈里斯（Amy Bjork Harris）合寫的續作《保持最佳狀態》（*Staying OK*）。哈里斯卒於一九九五年。

1951

群眾運動聖經

The True Believer

「一場崛起的群眾運動不是靠信條和承諾吸引和保住追隨者，而是提供追隨者庇護，逃離個體生存中的焦慮、荒蕪和無意義。」

「群眾運動通常遭受的指責是，以未來的希望蠱惑追隨者，騙走他們當下的享受。然而對於挫敗、失意的人來說，當下早已無可挽救的崩裂了。舒適和歡愉無法使其完整。真正的滿足或慰藉無法在他們心裡湧現，只能來自希望。」

總結一句

人們讓比較偉大的目標將自己席捲而去，為的是不必為自己的人生負責，同時逃避眼前的平庸或悲慘生活。

同場加映

亞伯特・班杜拉，《自我效能》（03章）

維克多・法蘭可《追求意義的意志》（17章）

29

艾里克・賀佛爾

Eric Hoffer

如果你認識過什麼人加入邪教、改變了宗教信仰，或是投入政治運動，而且在過程中似乎喪失了他們的身分認同，這本書或許可以幫助你洞察為什麼會發生這樣的事。業餘者的著作（賀佛爾白天的工作是在舊金山碼頭裝卸貨物），《群眾運動聖經》讓人信服的攻入群眾運動領域，剖析其本質以及塑造心智的強大力量，讓我們見識到精神上的匱乏如何導致人們拋棄舊有的自我，好讓自己成為顯然比較偉大、比較光榮的事物一部分。

這本書在二戰後出版有其特別意義，因為一場納粹主義運動對歐洲帶來了浩劫，不過賀佛爾的著作是超越時間的，他對於團體認同以及人們為什麼如此從容和願意為一個目標赴死的心理學觀察，歷久彌新。實際上他寫的一切都適用於今日的恐怖分子和自殺炸彈客。儘管是超過半個世紀的舊作，《群眾運動聖經》依然切中時弊。

蛻變的願望

為什麼群眾運動力量如此強大？因為它們充滿了激情，這是賀佛爾提出的答案。強大的政治運動永遠蘊含著宗教般的激情。法國革命事實上是一新興宗教，以獻身於國家的類似教條和儀式取代了教會的所有教條和儀式。布爾什維克和納粹的革命也是如此：「鐵鎚和鐮刀，以及卍字，」賀佛爾評述，「跟十字架地位相當。」

革命運動早期階段的組成分子想要尋求重大且徹底的人生改變。群眾運動的領導人清楚這一點，因此盡他們所能「點燃而且煽動不切實際的誇大希望」。他們不承諾漸進的點滴改革，而是全然改變信眾的存在狀態。

人們通常因為自利的理由加入組織，在某方面提升自己或者獲得利益。相反的，那些參與群眾運動起義的人會這麼做是要「擺脫不想要的自我」。如果我們不開心自己的樣貌，在群眾運動中這點不再重要了，因為相對於運動中比較偉大的「神聖目標」，自我無關緊要。之前在個人的存在中只有經驗到挫折和無意義，現在他們擁有了尊榮、目的、信心和希望。「對神聖目標的信仰大幅替代了對自身喪失的信念。」賀佛爾寫道。然而渴望消除個體意識，弔詭的帶來龐大的自尊和價值感。

其他潛在參與者

還有誰會一頭栽入群眾運動？在他探討潛在的皈依者這一章中，賀佛爾指出真正的窮人不是好的潛在參與者。他們太容易滿足於只是活著，因此對於偉大的願景不會感興趣。相反的，是那些擁有多一點的人，那些睜開眼張望比較偉大事物的人，比較有可能陷入群眾運動。賀佛爾評述：「當我們擁有很多而且想要更多時，挫折感會比較大，相比之下，一無所有時的要求就沒那麼多。比起只缺少一樣東西，當我們缺少許多東西時會更不滿足。」

人們加入群眾運動是為了歸屬感，以及在經濟自由和競爭的社會裡經常缺失的同志情誼，也有可能只是非常無聊。賀佛爾指出，希特勒獲得德國一些顯赫實業家的妻子經濟資助，她們固定的娛樂或熱衷的事情已經不再能讓她們滿足了。有機會致力於一項目標令人陶醉，不只精神上獲得鞭策，還受到偉大領袖的感召，排擠了甚至是家庭和工作這類可靠的消遣。確實如此，賀佛爾注意到了有趣的事實，受到群眾運動吸引的，往往是擁有無限機會的人。

最後，運動會吸引那些不喜歡必須為自己的人生負責的人。年輕的納粹黨人希望免於做決定的重擔，不必像父母那樣慢慢建構自己的成年生活。更加誘人的是第三帝國的榮光這樣簡單的承諾。身為戰敗者，別人期待他們對過往種種要有責任感，但這份期待令他們震驚，因為在他們心裡，在新政權的盛會中，他們早已放棄的正是責任。

為什麼人們會為了一個目標赴死

群眾運動承諾了與現實相比好得驚人的新世界，讓信眾能夠無視於正常的道德約束。神聖或光榮的目的合理化任何手段，而且在打造心中樂園的目標下，信徒會對其他人做出恐怖的事。賀佛爾警告我們要非常小心「當希望和夢想在街道上流竄時」。通常隨之而來的是某種災難。

對於不是信徒的人，殉道者、神風特攻隊飛行員或自殺炸彈客的自我犧牲似乎完全非理性。不過，如果認為眼下的生活沒有價值，而內心所相信的運動如此偉大，那麼為此赴死就不是什麼突如其來的莽撞舉動了。在人們抵達這個分水嶺之前，賀佛爾說，他們會先剝除自己的個體意識。完全融入集體，他們不再是朋友與家人認識的那個人，而只是一個民族、一個黨派或一個部落的代表。

對真誠的信徒來說，不信的人軟弱、腐敗、沒有骨氣或者墮落。認為自己意圖純潔，讓他們可以奉那個高尚意圖為名做任何事，包括奪取自己的性命。就是這種接近瘋狂甚至盲目，提供了真誠信徒力量。既然世界黑白分明，那麼行動當然是明確的。只有心胸開放的人才必須處理意外或者矛盾。

總評

賀佛爾其中一項洞察是，「什麼不是」永遠比「什麼是」具有更強大的推動力量。在改善他們的命運之時，一般人會致力於他們已經擁有的，真誠的信徒則要踏上建立新世界的路途才會滿足。如此痛恨當下造成了可怕的破壞，但是另一方面，沒有這些夢想和策劃更美好世界的人，沒有為了自由、平等之類的理想願意流血發動革命的人，就不可能推翻各種型態的暴政了。無論是好是壞，你可以據理主張是狂熱分子塑造了我們的世界。

《群眾運動聖經》不只是關於群眾運動。這是一本哲學著作，敏銳的洞察了人性，而且幾乎沒有一句廢話或是贅詞。這本書也是絕佳例子，說明為什麼探究人類動機和行為的工作永遠不應該只留給心理學家來進行。

艾里克・賀佛爾

一九〇二年生於紐約市，移民之子，父親是製作櫥櫃的木匠。七歲時頭部受傷導致失明，錯過了大部分的學校教育。十五歲時，沒有經過任何手術，他奇蹟般恢復視力。十幾歲時雙親就都過世，他繼承了三百美元，搬遷到加州。他四處打工同時探勘黃金以維持生計，閒暇時間廣泛閱讀，從蒙田的散文讀到希特勒的《我的奮鬥》。他在舊金山當碼頭工人多年，直到一九四一年才停止用雙手勞動的工作。

《群眾運動聖經》為賀佛爾帶來一定名氣，他把下半輩子投入著書立說。其他著作包括《心靈的激情狀態與其他警句》（*The Passionate State of Mind and Other Aphorisms*，1954）、《改變的嚴酷考驗》（*The Ordeal of Change*，1963）、《我們這個時代的心性》（*The Temper of Our Time*，1967）、《人類境況的反思》（*Reflections on the Human Condition*，1973），以及《在我們的時代》（*In Our Time*，1976）。他也出版了一本記錄碼頭區生活的日記，還有一本自傳《想像的真相》（*Truth Imagined*）是在他死後發行的。

一九八三年，賀佛爾在世最後一年，他獲得雷根總統頒贈的「總統自由勳章」。

1945

我們的內在衝突

Our Inner Conflicts

「生活中有未解決的內心衝突，主要影響是使人們徒然浪費精力。不只是衝突本身虛耗能量，想要排除衝突的一切迂迴努力也在虛耗能量。」

「有時候具有精神官能症的人會展現出不尋常的執拗，一心一意追求目標。男人可能犧牲一切，包括他們的尊嚴，只求實現自己的野心；女人可能生活中什麼都不要只渴求愛；父母可能把全部興趣都投注在孩子身上。這樣的人給人全心全意的印象。然而如我們已經闡示的，他們實際上是在追逐海市蜃樓，看起來為他們的內心衝突找到了解答，實質上卻是幻影。表面上的全心全意是一種絕望的掙扎，而不是整合。」

總結一句

我們可能在童年時期發展出精神官能症的傾向，然而現在不再需要了。如果我們把精神官能症拋下，就可以實現自己的潛能。

同場加映

阿爾弗雷德．阿德勒，《認識人性》（01章）
安娜．佛洛伊德《自我與防衛機制》（18章）
史戴分．格羅茲《說不出的故事，最想被聽見》（26章）
朗納．連恩《分裂的自我》（35章）
亞伯拉罕．馬斯洛《人性能達到的境界》（36章）
卡爾．羅哲斯《成為一個人》（45章）

30

凱倫・荷妮

Karen Horney

在佛洛伊德寫下《夢的解析》時，凱倫・丹尼爾森（Karen Danielsen）是十幾歲的青少女。後來她把原本屬於男性堡壘的精神分析「女性化」並因此知名，然而花了三十五年的光陰才出版了第一本著作。在這中間，她結了婚，有三名子女，取得博士學位。

凱倫・荷妮（冠了夫姓，「Horney」發音為「Horn-eye」）在一些重要地方叛離佛洛伊德。她駁斥佛洛伊德一些觀念例如「陰莖嫉羨」，同時整體貶低性動機的至尊地位，可以說是讓精神分析變得比較合理。此外，她闡示女性是多麼容易因為虛幻的文化期待導致精神官能症，因而實至名歸獲得第一位女性主義精神分析師的名聲。

荷妮違背佛洛伊德的教條，她說人們不是永遠必須成為潛意識或過往的囚徒。她想要找出心理議題的根源，不過主要是把這些議題看成是當下可以療癒的問題。她關於精神官能症類型的描繪，簡潔又巧妙，深遠影響了當代心理治療，而且她的人際關係取徑和著重發掘「真實自我」(及其巨大潛能)，對於卡爾・羅哲斯和亞伯拉罕・馬斯洛的人本心理學有重要影響。最後，荷妮希望讓分析過程足夠好懂，這樣人們就可以分析自己了。在這方面她同時預示了認知治療和自我成長運動。《我們的內在衝突：精神官能症的建構性理論》是為門外漢構想的一本書。儘管應該由受過訓練的治療師來處理嚴重的精神官能症，荷妮也相信「經過不懈的努力，我們可以獨自走上漫漫長路，解開自己的內在衝突」。因此這是本自我成長書，而且是非常出色的，內容奠基於四十年來針對心理防衛的敏銳觀察。如果你沒有在荷妮關於三種精神官能症傾向的描述中，看到至少部分的自己，你絕對會成為不凡人物。

衝突與前後矛盾

根據荷妮的看法，所有精神官能症的症狀（也稱為「大吵大鬧」）都是指向內心深處未解決的衝突。這些症狀造成當事人真實生活中的種種困難，實際上則是內心的衝突帶來憂鬱、焦慮、沒有活力、優柔寡斷、過度疏離、過度依賴等等。衝突包含了當事人通常看不見的前後矛盾。舉例來說：

* 因為注意到毀謗的言辭而感覺大大受辱，但是實際上沒有人說。
* 顯然珍視友誼卻還是偷朋友東西。
* 聲稱為孩子奉獻卻不知怎麼忘記了小孩的生日。

＊最大渴望是結婚的女孩，卻迴避接觸男人。
＊對別人寬大而容忍，對自己卻非常嚴苛。

像這樣「不合情理」的事顯示了分裂的人格。關於那位母親，荷妮的評論是：或許「她獻身的比較是身為好母親的理想，而不是孩子本身」。也或者她有不自覺的虐待傾向，想要打擊孩子的樂趣。重點是，外顯的議題往往指涉了比較深層的衝突。想想看為每一件小事就起爭執的婚姻。真正的議題是爭執的主題嗎？還是某種潛藏的動力？

衝突是如何形成的

佛洛伊德相信我們的內在衝突是本能驅力與「文明洗禮過」的良知互相對抗的問題，這是我們永遠無法改變的處境。然而荷妮覺得我們的內在騷動源自我們對於真正想要什麼在想法上互相衝突。

舉個例子，在充滿敵意的家庭環境中長大的孩子，跟每個人一樣渴望愛，但是覺得一定要變得好鬥才能應付人際關係。當他們長大成人，真正的需求和想要控制情境與他人的神經質需求產生衝突。悲劇的是，受到神經質驅迫想要成為的那個人，人格特質上恰恰好永遠無法實現他們真心渴望的事物。他們採取的行為實質上成為他們的人格，然而那是分裂的人格。

跟「陰莖嫉羨」或「伊底帕斯情結」（戀父弒母情結）無關，荷妮認為成人的精神官能症根源於比較基本的因素，例如接收太少愛或窒息的愛；童年時缺乏引導、關注或尊重；有條件的愛或沒有原則的規則；與其他孩童隔離開來；敵意的氛圍或被掌控等等。上述一切都會讓孩童覺得他們必須用什麼方式來彌補不安全感，因而發展出他們帶進成年的策略或「精神官能症傾向」。發展到極端，精神官能症最終會創造出「化身博士」那樣的雙重人格，內在分裂然而可悲的是自己渾然不覺。

荷妮確認了三種基本的精神官能症傾向：親近他人、對抗他人，以及逃避他人。

親近他人

這一類型的人在童年體驗了孤立或恐懼的感受，因此企圖贏得家中其他人的感情來獲得安全感。經過好幾年任性發脾氣之後，他們普遍變得「乖」和溫順，找到了比較合適的策略得償所願。

結果，他們對於感情和贊同的需求顯現為一種深層需求，渴望一位「實現人生所有期待」的朋友、戀人、丈夫或妻子。會出現這種強迫性需求，想要「牢牢掌握」他們選擇的伴侶，跟伴侶對於他們有什麼感覺無關。旁人看起來「像陌生而且帶來威脅的動物」，必須把他們爭取過來。透過順服、關懷、敏感和依賴（對方可能覺得是「消受不了的善意」），這類型的人找到有效方式產生連結，因此感覺安心。親朋好友的本質並不是真的那麼吸引他們，內心深處他們可能甚至不喜歡別人，重點是獲得接納、愛、指引和照顧。然而歸屬的需求最終導致對別人的錯誤判斷。

這類人不能表現的是果斷或好批判，於是產生自憐情緒，漸漸使得他們更加軟弱。反諷的是，當他們偶而冒險表現出攻擊性或疏離時，似乎就突然變得比較討人喜歡了。畢竟，他們的攻擊傾向沒有完全消失，只是一直壓抑著。

對抗他人

這些人的童年處在充滿敵意的家庭環境裡，並且選擇透過反叛來對抗。他們開始不信任周遭人的意圖和動機。

這一類成人假定這個世界基本上是充滿敵意，但是有可能培養出「表面客氣、公平以及好相處的態度」。只要別人順從他們的要求，他們就慈眉善目。跟柔順型的人一樣心懷恐懼和焦慮，但是不選擇「歸屬」來防衛無助感，他們選擇「人不為己天誅地滅」的路徑。他們不喜歡軟弱，尤其是自身的軟弱，他們一般都是追求成功、聲望或認可的鬥士。

「不要信任任何人，而且絕對不要放下你的防衛」可能是他們的座右銘。這種極端的自利心態可能會去剝削或掌控別人。

逃避他人

不想要歸屬也不想要戰鬥，童年時這一類型人覺得跟周遭的人太過親近，想要在自己跟家人之間拉開一段距離，躲避到玩具、書本或者想像未來的秘密世界裡。

成年後，他們有著疏離這個世界的神經質需求，那跟真心想要獨處的願望大不相同。或者他們不想要在情緒上跟任何人發生糾葛，無論是情愛或衝突。這群人可能跟別人在表面上相處融洽，只要他們的「結界」沒有被穿透，而且可能生活非常簡樸，因此不需要為別人辛苦工作，也不會因此喪失自己生活的主控權。能夠生活在「美好的孤獨」之中，那是因為有勝過別人的優越感，相信自己獨一無二，他們害怕被迫加入團體，必須變得合群，或是在宴會上和人閒聊。

除了上述特徵，他們還渴求隱私和獨立，而且痛恨涉及強制或義務的任何事，例如婚姻或債務。當有人完全愛他們，但是他們對那個人不必負什麼義務時，他們最快樂。他們疏離的本性包括了對於自己真正的感受麻木，往往導致嚴重的優柔寡斷。

健康的孩童或成人可能多少都會表現出上述所有傾向，但會在恰當的時候想要歸屬、戰鬥或獨處，內心沒有衝突。當這些表現不再是出於選擇而是強迫性行為時，當事人就變得神經質了。這是精神官能症的悲劇，剝奪了自由意志，讓人們不管情境是多麼不同仍然展現出相同傾向。

依賴的傾向

壓抑、把感受外化（迴避自我檢視）以及理想化某個自我形象，是高張力的工作，需要耗費大量精力，因此當事人實際上「失去對自我的觀照」。因為看不清楚自己，其他人弔詭的在他的評估中變得比較重要、比較強大；別人的意見獲得了「可怕的力量」。簡而言之，讓人感到諷刺的是，精神官能症患者的極端自我中心導致喪失自我和依賴他人。

現代文明的競爭精神是精神官能症的沃土，荷妮寫道，因為強調成功與成就讓自我形像薄弱的人有機會透過變得「傑出」獲得大大的補償。她指出：「盲目的反叛、盲目的渴望超越別人以及盲目的需要遠離他人，都是依賴的形式。」心理健康的人不會受到上述幾點的驅迫。更確切的說，他們的動機是想要更完整的表現自己的才華，在他們有濃厚興趣的領域做出紮實貢獻，或者愛得比較深刻。他們因為能夠整合生命而獲得激勵，不是因為絕望而火力全開。

總評

荷妮觀念中「全心全意的人」是與真正或真實自我保持充分連繫的人，與亞伯拉罕・馬斯洛的「自我實現」的個人，或卡爾・羅哲斯「成為一個人」的概念，沒有什麼太大區別。總結她的哲學，荷妮引用心理學家約翰・麥莫瑞（John Macmurray）的話：「我們的存在有什麼其他意義比得上充分而完整的做自己？」她相信我們都是有強大力量的人。我們的精神官能症傾向只不過是為了不要展現真實自我而戴上的面具，但是幾乎在所有個案中都不再必要了。我們可以改造順服、攻擊或疏離的自我，放棄強迫行為（我們相信這些強迫行為會保護自己免於想像的傷害）。

荷妮把我們內在衝突的源頭追溯到童年，然而她也讓人們接受自己的精神官能症傾向或情結有「當下」的面向，因此不能躲在「因為曾經發生在我身上的事我就是這樣」這種態度後面。透過直面真相，她帶領許多讀者找到自己問題的根本原因。

《我們的內在衝突》寫得出色，容易理解，並且包含了許多對人性的洞察。荷妮對改變的可能性抱持樂觀態度也默默激勵人心。

凱倫・荷妮

凱倫・丹尼爾森一八八五年生於德國漢堡。父親伯恩特（Berndt）是船長，也是嚴守教規的路德派信徒。父母於一九〇四年離婚，兩年後胸懷大志且聰明無比的凱倫進入柏林大學的醫學院。不久她就跟富裕的哲學博士奧斯卡・宏艾（Oscar Horney）結婚，兩人育有三名女兒。

一九一四到一九一八年，她攻讀精神醫學，同時接受精神分析，包括由卡爾・亞伯拉罕（Karl Abraham）進行的分析。她開始在柏林精神分析學院授課。她是柏林精神分析學院的創始會員，參與了所有重要的精神分析會議和辯論。一九二三年，先生事業失敗，而且生病。同一年，她摯愛的哥哥因感染過世，接二連三的不幸讓她陷入憂鬱。

一九三二年，與先生分居，荷妮與女兒搬遷到美國，在芝加哥精神分析學院任職。兩年後她定居紐約，在紐約精神分析學院工作，樂於有其他歐洲知識分子作陪，包括心理學家艾瑞克・弗洛姆。她與弗洛姆曾經有一段情。她的著作《精神分析新方法》（*New Ways in Psychoanalysis*，1939）批評了佛洛伊德，迫使她從精神分析學院辭職，也促使她成立自己的「美國精神分析學院」。

荷妮在她的著作《我們這個時代的精神官能症人格》（*The Neurotic Personality of Our Time*，1937）中強調了心理學中的社會與文化因素。其他著作包括《自我分析》（*Self-Analysis*，1942）和《精神官能症和人的成長》（*Neurosis and Human Growth*，1950）。

荷妮持續教學，從事心理治療工作，直到一九五二年去世。在她死後出版的論文集《女性心理學》（*Feminine Psychology*，1967）重新引發世人對她著作的興趣。

1890

心理學原理

The Principles of Psychology

「意識，因此，不是切成碎碎片片顯現出來。『一連串』或『一系列』這樣的語詞並不能恰當形容意識最初呈現的狀態。意識並不是一節一節連起來，意識是流動的。『河流』或『溪流』才是形容意識最自然的隱喻。此後談論意識，讓我們稱之為思想流，或意識流，或者主觀生命流。」

「心理學唯一有權利一開始就假定的是：思考本身這件事實。」

「人們傾向於表現出來的最獨特社會我，是他心裡最愛的那個自我。這個自我的好運或壞運會帶來最強烈的欣喜和沮喪……在他自己的意識中，只要這個特定的社會我得不到認可，他什麼都不是，而當這個社會我獲得認可，他的滿足無邊無界。」

總結一句

心理學是精神生活的科學，意思就是自我的科學。

31

威廉・詹姆斯
William James

威廉・詹姆斯受到廣泛推崇為美國最偉大的哲學家。他也公認為現代心理學的開山祖師（另一位是威廉・馮特）。

心理學曾經包含在哲學的研究範圍內，而詹姆斯多年來是哲學教授。他對於這兩個領域的區分是：心理學是「精神生活的科學」，探討的是一特定身體裡面的心靈，這些心靈存在於時間和空間裡，對於身處的物理世界擁有思想和感受。另一方面，解釋比較深沉的力量例如靈魂或自我產生的思想，其實是屬於形上學或哲學的領域。

詹姆斯認為這門新的學科是自然科學，需要分析感受、慾望、認知、推理和決定，根據它們本身的特徵和動力，就如同檢視石頭和磚塊來解釋蓋房子。他選擇檢視心理現象，而不是背後的理論，大幅推進了這門學科的發展，同時達成了他的目標，讓心理學具有比較堅實的科學基礎。

詹姆斯經常陷入憂鬱或者身體虛弱，《心理學原理》花了他整整十二年寫完。在序言他評論道：「發展成這樣的篇幅沒有人比作者本人更後悔。這位老兄一定是不折不扣的樂觀派，在這個訊息充斥的時代，奢望有許多讀者來閱讀他筆下一千四百頁連綿不斷的篇幅。」這是著名的兩大冊「長征」，本書的完整版。不過詹姆斯也出了濃縮版，在大學生之間以「吉米」（Jimmy，詹姆斯的簡稱）聞名，他們很感激不必啃讀真正的版本。

由於這本書的篇幅，想要「總結」詹姆斯的傑作，那是不知天高地厚。不過我們會檢視一些觀念，希望能讓讀者對本書內容略知一二。

慣性動物

「當我們從外面的觀點來檢視生物時，首先讓我們印象深刻的其中一件事是，生物是習慣的組合。」究竟什麼是習慣？在他研究大腦和神經系統的生理學之後，詹姆斯的結論是：習慣歸根究底是「神經中樞的放電」，涉及到反射路徑的固定模式；這些反射路徑會相繼甦醒過來。一旦其中一條路徑建立起來，神經電流就比較容易再度通過相同路徑。

不過，詹姆斯指出動物跟人的慣性行為不同之處：大多數動物的行動是自動發生的，而且相當有限和簡單，然而因為我們有各式各樣的慾求和想望，如果我們想要取得特定結果，就必須刻意去養成新習慣。問題是要建立新的好習慣需要努力和應用。詹姆斯寫道，養成好習慣的關鍵是，根據你下的決心果決行動。行動會讓我們的神經系統產生運動效應，把願望轉變成習慣。大腦必須因應我們的願望「成長」，除非重複行動，路徑不會形成。

詹姆斯評論道，關鍵是讓神經系統成為我們的盟友而不是敵人：「如同數不清一次次的飲酒讓我們成為永遠的酒鬼，我們也是透過那麼多次個別行動和長時間工作，成為道德上的聖人，以及實用和科學領域的權威和專家。」儘管在發生的時刻我們不認為有那麼重要，我們的行動總合起來要不說明了強大的節操，不然就是無可挽回的失敗。

上述這一切對於現在的讀者來說似乎非常熟悉，不過今日的心理學和關於個人發展的著作，之所以都強調要塑造正向的慣性行為，大部分可以回溯到詹姆斯在這個主題上的思考。

我們和其他

詹姆斯對於心理學的瞭解都環繞著個人自我。意思是，把「思想」和「感受」當成抽象概念泛泛談論，跟「我想」和「我感覺」這種個人心得差不多，並沒有太多意義。他寫道，每個人藉由一道牆——也就是包圍大腦的頭骨——和別人區隔開來，而且他大膽主張，這個世界整整齊齊一分為二，我們占據了完整的一半，我們以外的世界（每個人都在裡面），占據另一半：

> 把整個宇宙大劈成兩半是每個人都在做的事，而且我們幾乎所有的興趣都只依附於其中一半……

我們全部都用同樣的名字稱呼這兩半，分別是「我」和「非我」，這麼說你馬上就能明白我說的是什麼意思了。

這是簡單的洞察，如同詹姆斯許許多多的評論，差不多就是老生常談而已。不過由此可知，人們對心理學發生興趣不是因為想要研究關於思想和情緒的廣泛原理，而是因為想要知道為什麼自己會這樣子想和這樣子感受。

把世界分隔成「我」和「其他」有一點挑釁，尤其是對於那些認為自己是為別人而活的人，然而正是人類的生理結構——一副身體裡面有一顆腦袋，永遠張望著自己以外的世界——造就了這樣的事實。

思考的流動

不只是每個人看到的世界不一樣，我們自己的個人意識也是一天一天都不相同，甚至時時刻刻在變化。如詹姆斯所說的：

> 睡著還是清醒、餓肚子還是吃飽了、精神好或是疲倦，根據不同狀態，我們對事物會有不一樣的

感受。晚上和早晨不一樣，夏天和冬天不一樣，尤其是童年、成年和老年會不一樣……在不同年紀，我們對事物有不一樣的情緒，由此最能顯現感受性的差異……曾經是明亮和令人興奮的事變成讓人厭倦、無趣和無利可圖。鳥的鳴唱乏味，微風哀戚，天空是憂傷的。

他評述道，我們永遠不可能第二次產生一模一樣的想法。我們或許可以保持「相同不變」的幻覺，然而事實上這是變動不居的世界，而且需要不斷更改自己對世界的反應，這意味著相同不變是不可能的：

往往我們自己會訝異，對於同一件事我們之前之後的看法會有這麼奇怪的差異。我們會疑惑，對於同一件事自己上個月怎麼可能會有那樣的想法。我們已經擺脫出現那種心態的可能性，所以不知道是怎麼回事。一年一年的流逝我們會用新的角度看事情。或許這是好事，因為就是這種不斷的變動，這種持續運行然後恢復均衡，造就我們成為人。

詹姆斯另外一項著名的評述是：思考是連續不斷的，像溪流。我們使用「一系列的思考」或「一連串的思考」這樣的語辭，但是思考的真實本質是流動的。他指出：「從一個念頭到另一個念頭的過渡並不是思考的斷裂，就像竹子的竹節不是木頭的斷裂。過渡是意識的一部分，如同竹節是竹子的一部分。」

詹姆斯之後，心理學解析過每一個念頭、感受和情緒，歸類出數千個範疇，這的確是科學研究。不過心理學界最好記住，並不是要去討論擁有意識的「感覺」是甚麼。意識跟電腦跑程式根本不能類比。確切的說，活著就是去體驗觀念、思想和感受不斷的流動。

成功的自我

詹姆斯承認他有時會幻想自己是百萬富翁、是探險家，或者是大眾情人，然而回到悲哀的現實，他必須選擇一個自我安身立命。擁有眾多身分將會產生太多矛盾。希望生活中有效能，我們必須從許多可能的角色中選擇，同時「把我們的救贖」賭注在那個自我上。不利的一面是，如果你把自我賭注在例如成為偉大的划槳手或是偉大的心理學家，沒有達成志向對於我們的自尊是沉重打擊。

如果我們的潛能和現狀之間沒什麼差距，我們就會看重自己。詹姆斯提供了一條自尊公式：

自尊＝成功／自負

他指出，當我們放棄追逐某些我們永遠達不到的潛能或幻想時，例如保持年輕、苗條，或者擅長音樂、成為出名運動員之類的，「心裡會輕鬆」。每一樣幻想，如果拋棄了，就少一件會讓我們失望的事，也少一件會阻礙我們達到真正成功的事。

總評

詹姆斯把焦點放在「自我」上現在看起來沒什麼了不起，因為我們生活在個人主義的時代。但是在他寫書的年代，社會結構嚴密多了，一個人在社會上的位置可以說是比腦袋裡想什麼重要得太多了。不過當我們考慮到他加在自己主題上的限制時，詹姆斯的思路其實不太可能走到別的路上去。他定義心理學是精神生活的科學，意味著是個人腦袋裡的生活，是關於個人的思考和感受，而不是整體的「人類心智」。

在他之後的二十世紀，心理學家研究心智與行為時陷入相當機械性的模式之中，但詹姆斯形容人類的意識就像是北極光，「隨著每一次脈衝的改變，整個內在的均衡就會轉移」。擁有這麼詩意的解釋天賦，並沒有讓詹姆斯獲得那些以「實驗室老鼠走迷宮」為招牌的當代心理學者愛戴。然而正是他的藝術感性、深厚的哲學知識，甚至是對神秘觀念保持開放的態度，讓他拓展了自己耕耘領域的邊界。其他人會接手辛苦的工作把心理學轉變成科學，但是需要擁有他這般才華的哲學家首先描繪出精神生活的風貌。

詹姆斯優雅而生動的散文成就了許多功業，而且正是因為他的好文筆，加上在那個時代罕見的私密、親切語調，讓《心理學原理》今日仍然值得一讀。詹姆斯經常被他的小說家弟弟（亨利・詹姆斯）蓋掉鋒芒，不過威廉・詹姆斯本人也很有可能成為作家而不是心理學家。有此一說，亨利・詹姆斯是寫小說的心理學家，而威廉是書寫心理學的小說家！

話是這麼說，不過《心理學原理》並不容易閱讀，精彩的片段藏身在許多長篇大論中。這些長篇大論如果不是充斥著專有名詞（涉及大腦和神經系統的生理學），就是在琢磨艱深的概念。詹姆斯本人提議讀者可以跳著讀，挑有興趣的讀而不必從頭讀到尾。以協助建立一門學科的人來說，這是頗為典型的謙遜提議。

威廉・詹姆斯

一八四二年生於紐約市，身為詹姆斯夫婦亨利與瑪麗的長子，威廉・詹姆斯在五個孩子的家庭中長大，享有舒適的生活和放眼天下的教養。他富裕的父親對神學和神秘主義興趣濃厚，尤其是伊曼紐・史威登堡（Emanuel Swedenborg）的著作。一八五五年全家搬往歐洲，詹姆斯在法國、德國和瑞典各地上學，學了好幾種語言，參觀了許多歐洲博物館。

一八六〇年回到美國，詹姆斯花了一年半拜在威廉・莫里斯・亨特（William Morris Hunt）門下，試圖當畫家，不過還是決定進入哈佛大學。他一開始攻讀化學，之後轉唸醫學。一八六五年，他獲得機會與知名的自然學家路易士・阿格西（Louis Agassiz）一起去進行科學探查，但是苦於接二連三的健康問題，再加上第一次離開家人，想家想得厲害，陷入憂鬱。一八六七年，他前往德國，跟隨赫爾曼・馮・赫姆霍茲（Hermann von Helmholtz）學習生理學，同時接觸了心理學這個新興領域內的思想家和各種觀念。兩年後詹姆斯回到哈佛，以二十七歲的年紀終於拿到他的醫學學位。

接下來的三年，他經歷了情緒崩潰，沒有辦法好好學習或工作。一八七二年詹姆斯三十歲時，他有了人生第一份工作，在哈佛教心理學。一八七五年，他開始教心理學方面的課程，並且建立了美國第一座心理學實驗室。他開始撰寫《心理學原理》的那一年，也就是一八七八年，他與來自波士頓的中學老師愛麗絲・豪威・吉本斯（Alice Howe Gibbons）結婚。他們育有五名子女。

佛洛伊德和榮格到美國訪問時，詹姆斯與他們見過面。他的著名學生包括教育學家約翰・杜威（John Dewey），以及心理學家愛德華・宋戴克（Edward Thorndike）。具有里程碑意義的著作包括《信仰的意志》（*The Will to Believe*，1897）、《宗教經驗之種種》（*The Varieties of Religious Experience*，1902），以及《實用主義》（*Pragmatism*，1907）。

一九一〇年，詹姆斯在他新罕布夏的夏屋過世。

1968

原型與集體潛意識

The Archetypes and the Collective Unconscious

「隨著阿尼瑪（anima）的原型，我們進入神的國度……阿尼瑪碰觸到的每一件事物都變得神秘——無限制、危險、禁忌、神奇。她是不會傷人的男性樂園裡的蛇，擁有良好的決心，以及更好的意圖。她提供最讓人信服的理由不要去窺探潛意識，這麼做會打破我們的道德禁忌，釋放出最好是不要去覺察、不要去擾動的力量。」

「無論是否瞭解，人們必須時時意識到原型的世界，因為在這個世界裡，他仍然是自然的一部分，與自己的根相連結。把人和原始生命意象切割開來的世界觀或是社會秩序，根本就不是文化，而且越來越成為牢籠，或者是馬廄。」

總結一句

我們的心靈與更深層的意識相連，這層意識是用意象和神話來表達自己。

同場加映

伊莎貝爾．布里格斯．邁爾斯《天生不同》（06章）
安娜．佛洛伊德《自我與防衛機制》（18章）
西格蒙德．佛洛伊德《夢的解析》（19章）

32

卡爾・榮格

Carl Jung

為什麼初民要花這麼大的心力去描述和詮釋自然界發生的事，例如太陽的升起和落下，月亮的盈虧，還有四季變化？卡爾・榮格相信，自然界的事件不是單純放進童話和神話之中，從物理上加以解釋。相反的，外在世界是用來理解內在世界的。

榮格指出，到了他的時代，數千年來幫助人們瞭解生命的奧祕，提供象徵的豐富源泉——藝術、宗教、神話體系——已經被心理學的科學堵住和取代了。心理學（psychology）所缺乏的，就是對「心靈」(psyche）——或者最寬廣意義的「自我」——的瞭解。反諷的是，心理學的命名借用了這個古希臘詞彙。

對榮格來說，人生的目標是這個自我完成「個體化」，也就是統一個人的意識和潛意識心靈，因此可以完成他初始獨一無二的允諾。這種比較擴大的自我概念也是建立在「人類是更深層宇宙意識的表達」這樣的觀念上。弔詭的是，要掌握每個人的獨特性，我們必須超越個人自我去瞭解深層集體智慧的運作。

集體潛意識

榮格承認，集體潛意識這一類觀念是「人們最初覺得奇怪，但是不久就據為己有，當成熟悉的概念來使用」。他必須要為自己辯護，抵擋神秘主義的指控。不過他也指出，人們認為潛意識這個觀念本身就是異想天開的，直到佛洛伊德指出它的確存在，之後才成為我們認知的一部分，用來瞭解為什麼人們會有這樣那樣的思考和行為。佛洛伊德假定潛意識是私人的事，包含在個人裡面。另一方面，榮格看待個人潛意識是位於集體潛意識之上。集體潛意識是人的心靈繼承的那一部分，不是從個人經驗發展出來的。

集體潛意識透過「原型」來表達。原型是普世的思想形式或心象，會影響個人的感受和行動。原型經驗往往不怎麼在意傳統或文化規則，顯示原型是內在的投射。新生兒不是白板，誕生時就設定好了，準備吸收特定的原型模式和象徵。這就是為什麼小孩經常在幻想，榮格相信兒童還沒有經驗過足夠的現實來抵銷掉他們的心靈沉浸於原型意象的樂趣。

原型以神話和童話的形式表達出來，在個人的層次則是夢和異象。在神話體系中，原型稱為「母題」；在人類學中則是「集體表徵」。德國民族學家阿道夫・巴斯蒂安（Adolf Bastian）以「基本」或「原始」的思想來指涉原型，他在各個部落和族群的文化中一再看見原型的展現。不過原型不只是人類學上的興趣，通常在不知不覺的狀況下，原型塑造了我們生命中重要的關係。

原型和情結

榮格強調了一些原型，包括阿尼瑪、母親、陰影、孩童、智慧老人、童話中的精靈，以及神話和歷史中都找得到的搗蛋鬼。

阿尼瑪

「阿尼瑪」的意思是，具有女性形象的靈魂。在神話中阿尼瑪呈現出來的形象是大海中的女妖、美人魚、森林裡的仙女，或「讓年輕男子迷戀，取走他們性命」的任何形象。在古代，阿尼瑪會以女神或女巫來代表，也就是說，脫離男性掌控的女性層面。

當男性把他心靈中的女性層面「投射」到真實的女性身上時，這名女性承擔了放大的重要性。阿尼瑪的原型透過痴戀、理想化或對女性的著迷出現在男性的生活裡。女性本人不一定擔得起上述反應，不過她成為男性的阿尼瑪轉移的目標。這就是為什麼失去一段關係可能帶給男人極為毀滅性的打擊，他失去了自己護在外層的那一面。

每一次出現極端的愛、幻想或糾纏時，阿尼瑪都在男女身上發揮了作用。她（阿尼瑪）不喜歡井然有序的生活，但是想要強烈的體驗——生活，不管是什麼樣的形式。阿尼瑪就像所有的原型，可能像命運一樣降臨我們身上。她可能是以美妙不然就是可怕的樣貌進入我們的生活，不管是哪種方式，她的目標是喚醒我們。認可阿尼瑪意味著拋開自認為應該如何過生活的理性想法，轉而承認「生活同時是瘋狂和有意義的」，以榮格的話來說。

母親

母親原型呈現的形式是個人的母親、祖母、繼母、岳母或保母，也可以顯現於母性的象徵人物中，例如聖母瑪莉亞、智慧女神蘇菲，或是在狄密特與蔻兒的神話中那位再度成為少女的母親。其他的母親象徵包括教廷、國家、地球、森林、海洋、花園、犁過的田、泉或井。這個原型的正向層面是藝術和詩歌中百般頌揚的母性的愛和溫暖，帶給我們在這世界上的最初認同。不過也可能有負面意義——可能是慈愛的母親，也可能是可怕的母親，或是命運女神。榮格認為母親是最重要的原型，因為它似乎包容了其他一切。

當一個人身上母親原型不平衡時，我們會看到母親「情結」。在男性身上，這個情節可能會導致「唐璜症候群」，使得男性執迷於取悅所有女性。不過有母親情結的男性也可能擁有革命精神：強悍、堅毅，極度野心勃勃。在女性身上，母親情節會導致母性本能的誇大，為孩子而活，犧牲自己的個體性，而丈夫淪為家具的一部分。男人或許一開始會受到有母親情節的女人吸引，因為她們是女性氣質和天真的代表。不過她們也是螢幕，男性可以把自己的阿尼瑪投射或外顯在上面，要到後來才會發現自己娶的女人真面目。

在這個原型的其他樣貌中，女性會竭盡全力讓自己不像她的親生母親。她可能開闢出自己的天地，例如成為知識分子，以彰顯她母親沒受過教育。婚姻對象的選擇可能是為了反抗和遠離母親。受這種原型掌控的其他女性可能潛意識裡與自己的親生父親有亂倫關係，而且嫉妒她的母親。她們可能變得對已婚男士或冒險的戀愛感興趣。

靈性原型

為什麼心理學成為科學歷史這麼短？榮格認為那是因為在人類的歷史長河中，大多數時間根本不需要心理學。宗教的精彩意象和神話能夠完美表達關於永恆的原型。人們覺得有需要思索跟再生和蛻變相關的理念和意象，而宗教為心靈的每個層面提供了豐富糧食。天主教關於處女受孕和三位一體的奇怪理念並不是異想天開的意象，而是充滿了意義，榮格寫道，保護和療癒的原型會關照信徒心靈中的任何裂縫。

宗教改革反對上述一切。豐富的天主教意象和信條變成只是「迷信」，在榮格眼裡，這種態度為當代生活的荒蕪開了路。他相信真正的靈性必須讓潛意識和意識心靈都能參與，既有高度也要有深度。

所有人都具備宗教本能，無論是信仰上帝，或是比較世俗的信仰，例如共產主義或無神論。「沒有人能夠逃過身而為人就有的成見。」榮格評述。

個體化

「個體化」是榮格的術語，用來指稱一個人終於能夠整合內在對立的意識和潛意識心靈的時刻。個體化就只是意味著成為你一直以來可以成為的那個人，完成你獨一無二的允諾。結果就是真正意義上的「個人」，是完整而無法摧毀的自我，再也不會受分裂的層面或情結劫持。

但是這樣的整合不是透過理性思考來達成。這是一趟有著意想不到的曲曲折折的旅程。許多神話闡示了為什麼我們需要走上超越理性的道路才能在人生中實現自我。

榮格花了一些篇幅來定義「自性」(self)。他瞭解「自性」和「自我」(ego)不同，事實上自性包容了自我，「就如同一個大圓圍繞著一個小圓」。自我跟意識心靈相關，而自性屬於個人潛意識和集體潛意識。

療癒的曼陀羅

榮格在《原型與集體潛意識》一書中翻印了許多曼陀羅。曼陀羅是抽象圖案形成的圖像，梵文的原意是「圓」。他相信一個人在畫曼陀羅的時候，潛意識的傾向或者想望會在曼陀羅的圖案、符號或形狀中表達出來。

根據他實際的治療經驗，榮格發現曼陀羅擁有「神奇」效果，可以減少心靈的混亂，復歸於秩序，而且曼陀羅對當事人的影響方式往往要日後才能明白。曼陀羅發揮作用，因為潛意識獲得完全自由，掃到地毯下遮掩起來的東西浮出表面。人們會畫出蛋形、蓮花、星星或太陽、蛇、城堡、城市、眼睛等等的母題，並沒有明顯理由，然而反映或者抓出了深藏在當事人意識思考之下進行的歷程。榮格評述，如果當事人能夠詮釋出圖像的意義，便通常是心理療癒的開端。個體化的歷程就此邁開了一步。

總評

我們擁有的科技和知識讓我們認為自己摩登且文明，但是榮格說，我們的內心依舊是「原始人」。在瑞士他曾經觀察過當地巫醫從馬廄移除一張符咒——在鐵軌的陰影下；這條鐵軌上有好幾列橫貫歐洲的快車呼嘯而過。

現代性並沒有清除我們關照潛意識心靈的需求。如果我們真的忽略了自我的這一面，原型就會尋求新的表達形式，而且在過程中阻撓我們精心制定的計畫。通常潛意識會支持我們意識的決定，但是當分歧出現時，原型就會以怪異而強力的方式來表達，我們可能因為缺少自知而遭到伏擊。

人類曾經使用古老的象徵符號解碼人生的變化和廣闊的意義，這個體系已經被一門科學——心理學——取代了，而心理學從來就不是設計來瞭解和照應靈魂的。關於一般的科學心態，榮格寫道：「對我們來說，天堂成為物理學者的宇宙空間……不過『心發光了』，隱秘的不安啃嚙我們存有的根基。」現代人精神空虛的活著，這樣的空虛曾經很容易由宗教或神話體系來填補。唯有確實認知到心靈深度的新型態心理學，才能平息隱秘的不安。

卡爾・榮格

卡爾・榮格於一八七五年生在瑞士的凱斯威爾（Kesswil），父親是新教牧師。一八九五年，他進入巴塞爾大學（University of Basel）攻讀醫學，第二年父親過世，他得借錢來繼續學業。他開始專攻精神醫學，從一九〇〇年開始，在蘇黎世的伯格赫茲利診所（Burghölzli clinic）工作，上司是精神醫學的開拓者尤金・布魯勒（Eugen Bleuler）。一九〇三年，他與瑞士富裕的女繼承人艾瑪・勞申巴赫（Emma Rauschenbach）結婚，他們為自己的小家庭在庫斯納赫特（Kusnacht）蓋了一棟大房子。

一九〇五年，榮格成為蘇黎世大學的精神醫學講師，接下來幾年，他成功的發展了私人執業。

一九一二年他與佛洛伊德決裂，兩年後離開了國際精神分析學會。佛洛伊德已經把榮格視為他精神分析理論的接班人，因此分裂成為重大事件。榮格因此得以另立門派，探索同時性、個體化等等的概念，以及心理類型理論（參見06章關於伊莎貝爾・布里格斯・邁爾斯的評論）。

榮格其他著作包括《潛意識心理學》（*The Psychology of the Unconscious*，1911-12）、《轉化的象徵》（*Symbols of Transformation*，1912）、《榮格論心理類型》（*Psychological Types*，1921）、《心理學與宗教》（*Psychology and Religion*，1937）、《心理學與鍊金術》（*Psychology and Alchemy*，1944），以及《未發現的自我》（*The Undiscovered Self*，1957）。《原型與集體潛意識》（*The Archetypes and the Collective Unconscious*）是《榮格全集》（*Collected Works*）第九冊第一部。

二次世界大戰後，榮格遭到指控是納粹同路人，不過並沒有確鑿的證據。他花時間與美國和非洲的原住民族相處，同時對民族學和人類學有強烈興趣。一九六一年榮格卒於瑞士。

2011

快思慢想

Thinking, Fast and Slow

「我們比較會去關注訊息的內容，而不是資訊的可靠程度，結果就是以比較簡單、比較一致而不是數據上可以核實的觀點來看周遭世界……世界上有許多事實都源於機運……用因果來解釋偶然事件必定會錯誤。」

「極端的預測，以及願意從薄弱的證據中預測罕見的事件，都是系統一的顯現……而且很自然的，系統一會產生過度自信的判斷，因為信心……取決於你根據手上的證據能夠說出來的最佳故事有多麼一致。留神：你的直覺會給出過於極端的預測，而你很容易就過度相信。」

「要避免後見之明的失誤，我個人的策略是：要決斷具有長期後果的事，要嘛徹底考慮周全，否則就是完全隨性。」

總結一句

覺察出人類思考時普遍的錯誤和偏見，就能解放我們，得以做出比較好的決定和比較精確的判斷。

同場加映

麥爾坎．葛拉威爾《決斷2秒間》（22章）

雷納．曼羅迪諾《潛意識正在控制你的行為》（39章）

33

丹尼爾·康納曼

Daniel Kahneman

丹尼爾·康納曼是心理學家，剛好也因為他關於「展望理論」（探討不確定之下的決策）的研究獲得諾貝爾經濟獎。他有重大貢獻的領域還包括知覺與注意力心理學、行為經濟學和快樂心理學（探討讓人們快樂的是什麼，以及什麼時候他們最快樂）。在兩門學科都獲得最高榮譽可看出康納曼是現代的文藝復興人，而且他著作的深刻意涵遠遠超過心理學。

《快思慢想》是康納曼身為研究心理學家的生涯高峰，總結了他與同事阿莫斯·特沃斯基（Amos Tversky）針對判斷與決策進行的那些著名實驗，特別是在特定情境下可以合理預測人們會出現的系統性錯誤或偏見。他們的基本發現是：我們的直覺往往是正確的，但是也有很多時候是錯誤的；我們往往對於自己的判斷過於自信，超過我們應該有的信心。以康納曼的話來說，我們的直覺是「跳到結論的機器」——關於處境，客觀的觀察者往往比我們有準確的圖像。我們不只是對於明顯可見的視而不見，「無知於自己的無知」，還是「不認識自己的陌生人」，不是永遠都能像我們想要的那樣控制自己的想法。

康納曼的著作也揭示了我們用來思考的兩種截然不同方式：「快」（系統一）和「慢」（系統二）。下面我們一一檢視。

思考實際上是怎麼發生的：兩種系統

我們相信我們的思考是從一個有意識的念頭導引到另一個，然而康納曼說，很多時候思考不是這樣發生的。念頭出現了而我們不知道它們是怎麼來的：「你無法回溯你是怎麼相信眼前有盞燈在桌子上，或者你是如何聽出電話上配偶的聲音透露著惱怒的意味，或是在意識覺察之前，你是如何避開了馬路上的威脅。產生印象、直覺以及許多決定的心智運作，是在你的心裡默默進行的。」

康納曼把即刻產生的印象描述為「快」或「系統一」的思考。我們運用快思的頻率遠遠超過緩慢、審慎的「系統二」思考。系統二的思考五花八門，包括填稅單、把車停進狹小空間、測試一個論證。系統二的思考要投入注意力和努力，或者以哲學術語來說，需要運用理性。

兩套系統可以合作無間。當系統一無法立刻解決問題，就會召喚系統二，運用系統二詳盡和審慎的處理，深思明辨獲得答案。系統一讓我們不去想開車的事自然而然在公路上開車；當我們突然需要思考我們要開車去哪裡時，系統二就會開始發揮作用。系統一讓我們可以唸故事給女兒聽而不必真的知道自己在唸什麼，當女兒問問題時系統二就活躍起來。

系統一的快速評估通常錯不了，如果你是某個領域的專家，大概總是根據自己的知識運用系統一進行評估。這樣做替我們省下了大量時間和精力。不過，系統一的思考絕非完美，會有系統性的偏見，而且無法關掉偏見。要做出精確判斷，就必須意識到系統一的運作。通常是系統二在掌控思考，因為系統二能夠放慢思考，做出比較合理的評估。但是系統二也會為系統一比較直覺的判斷辯護。

系統一的思考不會在意缺乏資訊，只會採用它「知道」的，然後跳到結論。舉個例子，當我們聽到下面這段話：「明迪是好的領導人嗎？她既聰明又堅定。」我們會自動假設「是的，她會是好的領導人」。但是如果話沒說完的部分是：「……但是腐敗和殘酷？」為什麼關於明迪的特質我們不要求更多資訊以做出正確評估？我們的大腦不是這樣運作的，康納曼表示。我們根據最初不完整的知識產生偏見，或者從有限的事實中編造出故事。這就是我們做判斷時的「眼見就是全部」法則。我們傾向於相信呈現在眼前的不管是什麼樣的陳述或事實，即使我們理智上知道故事有（或可能有）另一面。

思考的謬誤

《快思慢想》舉出一堆直覺思考的偏見和謬誤，許多都是康納曼和特沃斯基揭露的，我們簡要檢視一些。

康納曼向來有個最愛的理論，那就是政治人物比其他領域的人更容易通姦，因為權力是最好的春藥，而且他們長時間不在家。事實上，他後來領悟到，那只是因為政治人物的情事比較容易曝光。這種謬誤他稱之為「可得性偏誤」（availability bias）。這種偏見告訴我們，近期記憶中發生在我們身上的事或者新聞中出現的事，強烈影響了我們估算事情發生的可能性。舉個例子，人們認為死於閃電比死於肉毒桿菌中毒普遍，因為閃電打死人會成為新聞，然而事實是後者發生率是前者的五十二倍。

因為我們天生的設定比較是在大草原上而不是在都市生活中奮力求生，「我們不斷在確認當前需要逃跑或可以接近來評估處境是好是壞」。我們得找出威脅，意味著人對於失去的嫌惡很自然大過收穫對我們的吸引力（系統二的思考因素），於是我們有一優先考慮壞消息的內建機制。就大腦設定上，我們能瞬間偵測到掠食者，而且比確認自己被看見快上許多。這就是為什麼我們甚至可以在「知道」自己正在行動之前就行動了。「威脅的考慮優先性高於機會。」康納曼表示。這種自然傾向意味著我們「過分看重」不太可能發生的事件，例如遇上恐怖分子的攻擊。

康納曼也討論了「促發效應」（priming effect）。在實驗中，先看到紙鈔圖像的受試者比較不會合作或是投入團體活動，他們比較想要獨自做事。另外一項研究顯示，提醒老人的年紀讓他們走路變得比較緩慢。大學餐廳自行投錢的箱子上面有張瞪大眼睛凝視的圖像讓人們比較會誠實的把正確金額投入箱子裡。如果圖片是花朵，應該投錢的人就比較不誠實。與預示效應類似的是「定錨效應」，也就是在問問題之前提示或陳述一個數字會影響答案。例如，被告知「甘地死於一百四十四歲」的人，估測甘地實際去世的年齡時，給的數字幾乎總是遠遠高於他們平常的猜測。另外一則例子是告訴購物者有

「每人十二件」的限量，幾乎總是讓他們買的比沒有限量的情況下還多。

康納曼也解釋了「光環（或月暈）效應」。舉例來說，如果我們喜歡某位政治人物的政策，很容易就會認為他也長得好看。如果我們在宴會上跟某人眉來眼去，當別人請我們評估他捐錢給慈善團體的可能性時，就比較有可能形容他「慷慨」，即使我們對他一無所知。光環效應有時會增強第一印象的分量，而且往往之後的印象都無關緊要了。為試卷打分數時，康納曼承認他為學生考卷夾中第一篇文章打的分數會強烈影響他如何看待其他學生的文章。他改成根據主題順序而不是學生的文章順序來閱讀班上文章，打的分數就變得準確多了。

康納曼用「誤以為想要」（miswanting）來描述某些決定是根據會讓自己快樂的事物（例如一輛新車或一棟新房子，或者住到另一座城市），但是長期看，這些決定實際上並沒有讓我們快樂。此外是康納曼和他的同事大衛．史凱德（David Schkade）證明了氣候完全不會影響人們快不快樂。加州人喜歡他們的氣候，美國中西部人不喜歡他們的氣候，但是他們這種看法不會影響他們整體的幸福感。從寒冷地帶移居到加州的人頭幾年似乎會比較快樂，因為他們會提醒自己現在和之前兩地天氣的對比。然而長期來看這樣的事情不會影響快樂與否。

康納曼另一項洞見是：我們正在體驗的當下在大腦留下的印象遠遠比不上開頭、結尾和大事件。這就是為什麼當我們決定下一次假期要去哪裡或者做什麼時，我們比較關注的是回憶而不是實際經驗。記憶的自我比經驗的自我強大，形塑了我們的決定。「我們的心智善於編故事，」康納曼說，「但是顯然在處理時間這方面設計得不是很好。」

每一件事都要找出成因

我們的系統一偏向於相信和確認，而不是質疑。系統一的思考總是在尋求事件之間的連結和因果關係，即使沒有。我們看見一名籃球員連續進了幾球，或是連打了幾場好球，於是我們認為他「手感發燙」。我們看見一名投資顧問連續三年有好業績，於是假定她有這方面天賦。儘管這兩個人的好表現或許還只是真正的隨機性可以預測的結果。

要真正理解一件事是否具有統計學上的重要性，你需要非常大的樣本來排除隨機性。康納曼指出，我們「創造出一種觀點，把周遭世界看得比數據可以驗證的單純和一致」，然而「用因果來解釋偶然事件必定會錯誤」。要避免過度解讀任何事，我們必須懂得欣賞真正的隨機性是怎麼回事，那往往看起來不像是隨機的。

要求虛幻的確定性，這一點在商業界最明顯不過了，人人都假定那些執行長對於公司表現有巨大影響。這種影響通常是誇大的（正面負面都一樣），因為我們都想要相信某個人擁有神奇的成功配方，或者是某個壞蛋摧毀了公司。事實上，康納曼寫道：「比較公司行號哪家成功哪家失敗，在很大程度上是比較哪家運氣好哪家運氣不好。」在商業書籍《追求卓越》（*In Search of Excellence*，作者湯姆・畢德士（Tom Peters）和《基業長青》（*Built to Last*，作者吉姆・柯林斯〔Jim Collins〕）中介紹的「偉大」商業典範和當時公認差勁或平庸的企業，今日已經沒有或幾乎沒有差別了。這一類書籍保存了自以為瞭解的幻象，而這種瞭解是建立在我們熱愛成功或失敗的故事。

「專家」判斷的幻象

康納曼在以色列軍方擔任心理學家的工作時，有項職責是判斷士兵成為軍官的潛力。根據他們的觀察，他和同事對於自己的評估相當有信心，然而當這些士兵實際進入軍官學校之後，先前的所有潛力判斷都證明錯得離譜。教訓是：「高度自信（的聲明）主要是告訴你，這個人在他心裡建構了一則前後一致的故事，雖然不一定是真實的。」

康納曼樂於拆解「基金管理專家」的神話。他說，在選擇股票時他們能發揮的作用和擲骰子差不多。一項又一項的研究顯示（就一門建立在「技術」形象上的行業著實奇怪），選擇股票的專家事實上表現沒有比碰運氣好，他們每年的業績表現找不出任何相關性。他也討論了菲力普・泰洛克（Philip Tetlock）的《專家的政治判斷：有多準確？我們怎麼知道？》（*Expert Political Judgement: How good is it? How can we know?*）。這本著作闡釋了為什麼政治學者在預測政局時表現不比「扔飛鏢的猴子」好，而且事實上比起純粹碰運氣來預測還糟糕。不只他們解讀局勢的能力跟一般報紙讀者差不多，而且越著名的專家，普遍來說預測越失靈，因為他們過度自信。

康納曼相信，在大多數情境下，簡單的公式贏過人的直覺。在許多領域，例如評估信用風險、嬰兒猝死率、新企業成功的前景或是養父母是否合適，演算法做出的預測比「專家」準確。人類在評價方面不一致得嚇人，演算法沒有這個問題。專家想要把整個範圍的複雜資訊納入考慮，但是通常只要兩、三個參數就足以做出好的判斷。舉例來說，有一種演算法可以預測波爾多葡萄酒未來的價值，只採用了天氣的三個變數，比專業品酒員的評估準確多了。直覺或整體判斷可能有用，但是只有在取得事實之後，而不是替代事實。只有在局勢是穩定和規則的（例如下棋比賽），不是開放結局和複雜的，專家的直覺才可以信任。

總評

每個時代都有它們的思考偏見，康納曼指出。在一九七〇年代，大多數社會科學家都假定人們一般而言是理性的，而且會明智思考，只不過有時候情緒劫持了理性。事實上反過來才正確。只有在我們真正需要時我們才會仰賴理性的心智。我們的思想不是受到情緒「腐蝕」，而是我們大部分的思考是情緒性的。

不過康納曼表示，他的焦點放在謬誤上「不是要詆毀人類的智能，就像醫學教科書把注意力放在疾病上不是否定健康。我們大多數人大多數時候都是健康的，而且大多數的判斷和行動大多數時候都是適切的」。的確，《快思慢想》把焦點放在一大堆人類思考上的偏見和失敗，並不意味這本書的調性是負面的。相反的，因為這些思考盲點很多都曾經是隱藏或不自覺的，所以我們受錯誤思考方式的支配。曝光這些盲點帶來了希望。在我們需要理性決策，或是想要發展任何理論時，可以把這些思考偏見納入思考。

康納曼其中一項迷人的結論是：從改變我們的思考方式來說，研讀心理學根本沒有任何效果。我們從現有實驗得知，當人們認為有其他人可以站出來時，便非常不樂意幫助別人，但是我們對於人性黑暗面的認識，不代表那會改變我們未來的行為。我們只是心裡想：「噢，我們不是那樣的。」覺察到實驗呈現出來的統計可能性並不會改變我們，只有各種個案會改變我們，因為從個案中我們可以編織出有意義的故事。

我們極度渴望達到知識的確定性，康納曼在二〇一二年的演講指出，然而我們是透過自己的感官來覺知這個世界，因此每個人對於看見的和聽到的有不一樣的詮釋。由於這些不一樣的覺知，我們對於「真相」有不同的經驗。這是心理學上的洞見，也是哲學上的洞見，同時闡示了為什麼康納曼的研究對於好幾項領域都是如此重要。

丹尼爾・康納曼

康納曼於一九三四年生在台拉維夫，當時他母親正造訪以色列。父母來自立陶宛，康納曼小時候住在法國，當時全家人得努力躲避納粹迫害。一九四八年他們搬到英屬巴勒斯坦，後來康納曼就讀耶路撒冷希伯來大學（Hebrew University of Jerusalem），取得心理學學位。

畢業後，他以心理學家的身分服務於以色列陸軍，發展評量軍官的測驗。二十多歲時他前往美國，在加州大學柏克萊分校攻讀心理學博士學位，一九六一年回到以色列，取得講師職位。之後在密西根、哈佛、史丹佛等大學擔任過研究或教書工作。目前他是普林斯頓伍德羅・威爾遜國際事務學院（Woodrow Wilson School of International Affairs）心理系資深學者和榮休教授。他與心理學教授安妮・崔斯曼（Anne Treisman）是夫妻。

麥可・路易士（Michael Lewis）的《橡皮擦計畫：兩位天才心理學家，一段改變世界的情誼》（*The Undoing Project: A Friendship that Changed Our Minds*，2016），平易近人的重述了康納曼和特沃斯基合作研究的故事。

1953

人類女性的性行為

Sexual Behavior in the Human Female

「一個人開始意識到他自己或性伴侶身體表面溫度升高，部分是由於這種末梢血液循環，或許還有部分是因為神經肌肉緊繃；任何性反應都會逐漸形成這樣的緊繃。在性行為中甚至非常冰冷的腳也可能變得溫暖。一般人將性興奮比喻為發燒、發光、上火、生熱或是有溫暖，證實了一般廣泛的瞭解，即身體的表面溫度會升高。」

「樣本中的已婚婦女，大約有四分之一（百分之二十六）在四十歲之前，有過婚外性行為。在二十六歲到五十歲之間，大約在六分之一到十分之一之間，有過婚外性行為……因為掩飾社會不贊同的性行為或許會多過掩飾比較被接受的行為，有可能樣本婦女的婚外性行為發生率和頻率高過我們的訪談所揭露的。」

總結一句

我們性生活的多樣性和頻繁程度，跟社會或宗教所允許的，之間有鴻溝。

同場加映

露安・布哲婷《女人的大腦很那個……》（07章）
西格蒙德・佛洛伊德《夢的解析》（19章）
哈利・哈洛《愛的本質》（27章）
尚・皮亞傑《兒童的語言與思考》（42章）

34

阿爾弗雷德・金賽
Alfred Kinsey

阿爾弗雷德・金賽是著名的性研究者，然而事實上專業生涯超過一半的時間是名研究癭蜂的動物學家。他在印第安納大學布魯明頓校區的名聲是：相當高傲的中年教授，對於蟲子的認識多過人。一般公認他應該為引領性革命負起部分責任，那麼他又如何走向這條改革之路？

在一九三〇年代末期，印第安納大學的「女學生協會」請願，要求為已婚或考慮結婚的學生開課，這項工作落到金賽頭上。學生提出的問題如下：婚前性高潮或性愛對於之後的婚姻生活有什麼影響？性行為中什麼是正常或不正常的？她們擁有的少少知識是由宗教、哲學或社會習俗塑造的，金賽迅速發現，相比之下，科學資訊多是關於小昆蟲的行為，遠超過人類性行為。

英國醫師亨利・哈維洛克・藹理斯（Henry Havelock Ellis）寫作了第一本不帶感情處理這項主題的著作《性心理學研究》（*Studies in the Psychology of Sex*，總共七冊，出版於一八九七到一九二八年之間），然而遭英國政府查禁。當然，佛洛伊德已經讓性不再是那麼禁忌的主題，但是從來沒有進行過大規模的科學研究。因此在一九三八年，金賽開始收集自己的數據。

十年後，金賽和他的團隊出版了《人類男性的性行為》(*Sexual Behavior in the Human Male*)，這本書雖然是為大學的讀者寫作，成了令人意外的全美暢銷書（銷售超過五十萬本）。他成為全國知名人物，金賽性研究所也變得遠近馳名。這本書的後續是五年後八百頁的《人類女性的性行為》(與保羅・格布哈德〔Paul Gebhard〕、沃德爾・帕姆洛伊〔Wardell Pomeroy〕和克萊德・馬丁〔Clyde Martin〕合著)。或許是因為書名讓人不好意思在書店或圖書館開口詢問，這兩本書後來就只是以「金賽報告」為人所知。在第二本書上市的一九五三年，金賽出現在《時代雜誌》的封面上。

採集故事

成就金賽報告的研究是歷史上偉大的科學計畫之一。資金來自印第安納大學，以及由羅伯特・葉克斯（Robert Yerkes）主持、洛克菲勒基金會資助的「全國性問題研究委員會」(National Research Council's Committee for Research in Problems of Sex)。

這項調查適逢研究方法的進步，可以在大規模的人口中取得相當準確的樣本，而不必依賴少數的個案分析。然而由於性愛本質上是「房內事」，金賽要如何拿到可靠資訊？美國各州有不同法律，意味著說出故事的人有可能讓自己入罪。因此他的團隊必須發展出特殊的訪談方法，確保當事人匿名而且可以安全告白。他們詢問受訪者三百五十道問題，關於她們的性愛史。有些受訪者提供了日記或行事曆，記錄她們每天的性活動。根據年齡、婚姻狀態、教育程度、社經地位、宗教背景，以及居住在鄉間或城市，金賽和他的團隊調查了性行為的所有層面。

從一九三八到一九五六年，不可思議的有高達一萬七千人受訪，金賽親自進行了超過五千次的訪談。《人類女性的性行為》主要是根據五千九百四十名美國白人女性的個案寫成，加上落入其他範疇的一千八百四十九名女性的故事。這本書包含了一份長長的清單，列出受訪女性的職業，從軍隊護士到高中學生、舞者到工廠工人、經濟學者到健身教練、電影導演到辦公室職員。訪談範圍擴大後，還包括女性囚犯。

成果

伴隨龐大數量的原始數據，來自心理學、生物學、動物行為、精神醫學、生理學、人類學、統計學和法律等領域的洞見也紛紛呈現在《人類女性的性行為》一書裡，讓這本著作比第一份金賽報告更為全面，研究者也用了比較多的心力去檢視不同年齡的性史。儘管使用的是枯燥的科學語言，再加上無止無盡的圖表和表格，這本書還是有震撼到世人，因為女性的性愛包含了比較多的禁忌，而行文中讓人吃驚的坦白訊息，也敘說了深層的個人秘密。

這本書涵蓋了形形色色的受訪者，提供了上千種發現。下面舉其犖犖大者。

自慰、性高潮和春夢

*小孩兩歲就會自慰。

*要達到性高潮，比刺激外陰部重要的是規律的推送，男性女性都一樣。性交中產生的肌肉緊繃是整體生理反應中至關重要的部分。

*陰道壁的神經末梢非常少。女性自慰聚焦於陰蒂、小陰唇和大陰唇，多過實際的插入。

*整體來說，男性比較傾向於幻想達到自慰高潮，而大多數女性只是仰賴身體的感覺。不過，有百分之二的女性體驗過光是透過幻想就達到性高潮。

*百分之三十六的女性說結婚之前根本沒有過性高潮，而且有不少女性即使在婚姻當中也從來沒有達到性高潮。

*女性跟男性一樣，會在夢境中達到性高潮。百分之六十五的女性做過春夢，而百分之二十的女性經驗過夜間夢境的性高潮。

*普遍的見解是，從性反應的角度來說，女性比男性慢，需要比較多的時間達到性高潮，然而證據顯示，自慰時，女性回報達到性高潮的平均時間是三到四分鐘，沒有比男性通常花的時間多多少。

*儘管有數千年的歷史斷言自慰會損害你的健康，金賽沒有找到證據。唯一的損害是心理方面的，那就是罪惡感引發的焦慮。

沒有性交的性關係和愛撫

*男性很容易透過愛撫進入情慾高張的狀態，但是數量驚人的女性不會因為愛撫的動作而性「亢奮」。整體來說，如果給予正確的身體刺激，男性會情不自禁的亢奮起來，而女性情慾高張的感受比較仰賴對於情境的感受。

*男性的性感受是在青春期突然開啟的，在十幾歲的階段迅速攀升，直到二十幾歲趨於穩定。女性的性感受比較是緩慢攀升，而且她們的反應比較是心理層面的。

*在百分之六十四婚前曾體驗過性高潮的女性當中，性高潮經驗只有百分之十七是來自實際的插入性愛。其他的是在愛撫、自慰、夢境或同性間性接觸發生的。

*女性胸部受到刺激時，她們被撩動的性慾低於施加刺激的男性。只有百分之五十的女性說，她們曾經刺激自己的胸部來獲得性歡愉。

婚前性行為

＊直到一九四〇年代，大部分的書寫都聲稱婚前性行為會導致永遠的悔恨和心理傷害，尤其是女性。金賽的研究發現，百分之七十七曾經有過婚前性行為的女性，事實上並不後悔。

＊那些婚前性愛對象超過一名男性的女性甚至更不會後悔有此經驗。金賽的結論是：某種程度的婚前經驗──「與多名對象的性經驗」──實際上在結婚後能夠帶來比較健康的關係，因為她對於性愛比較少有一般常見的焦慮。有意思的是，百分之八十三因為婚前性行為而懷孕的女性也不後悔自己做的事。

婚外性行為

＊在金賽的調查裡，四十歲之前，有四分之一的已婚女性有過婚外性行為。在三十幾歲和四十出頭的階段，婚外性行為達到高峰。

＊年輕女性對於婚外性愛比較沒興趣，因為她們對於伴侶有比較強烈的性趣，而她們的年輕丈夫會要求妻子在性愛上專一。

＊儘管普遍認知是，男性喜歡跟年輕的女性搞婚外情，許多男性事實上寧可選擇年長或同齡女性，部分原因是她們的性經驗比較豐富。

＊在沒有婚外性行為的女性當中，百分之十七表示她們會積極考慮或者至少不排除這個想法。但

是在已經「出軌」的女性中，有百分之五十六表示，她們很可能再度嘗試。

其他有趣的要點

*「傳教士體位」不過是一種歐洲和美國的文化規範（為什麼？金賽不知道）。其他文化並沒有如此偏愛這個體位，其他哺乳類也鮮少使用。西方世界持續偏愛這個體位，即使女性在上位能經驗性高潮的概率大多了，因為她可以自由的隨心所欲移動。

*男性和女性陷入深層的性交狀態時，面部表情和接受酷刑的人一模一樣。

*性行為達到高潮時，男性和女性的觸覺和痛覺都會減弱，同時視線窄化。

*受過教育的女性整體來說有比較多的性經驗，可能是因為她們認為自己比較「開明」，比較不會受制於女性性行為的禁忌。

總評

既然金賽是生物學家，為什麼《人類女性的性行為》以及姐妹作會被公認為心理學經典？因為在一九五〇年代的美國，與心理學畫上等號的主題比較是關於行為，而不是心裡在想什麼，而金賽的著作是關於人類性行為。他的團隊想要闡示，人類無法逃脫他們身為哺乳類（也就是「動物」）的遺傳，因此關於性，我們受制於生理條件，對於各種刺激會有特定回應。儘管我們喜歡把性行為想成是關於愛，金賽的目標是要闡明，性行為沒有像我們想要相信的那屬於高層心靈的運作。

不過就科學家來說，金賽犯了根本錯誤，模糊了他的研究對象——他訪談的人——和他私人生活之間的界線。他身邊的人，包括他的妻子和同事，最終都在「研究」的名義下陷入色情曖昧和不合規範的處境。金賽風潮比較不受人讚許的這一面有力呈現在連恩·尼遜主演的《金賽性學教室》（Kinsey, 2004）這部電影中。

除了一整章探討同性戀，還有一章關於青春期之前的性遊戲，金賽也處理了下述主題，例如色情刊物（在《花花公子》之前的時代）、色情塗鴉、性施虐與受虐（性愉虐）、動物引發的情慾刺激、集體性行為和窺淫癖。有好幾個篇章提供了人類性器官的解剖構造，描述了性交與高潮期間的生理反應，細節清清楚楚，教育美國人認識自己的身體，這些是過去所有研究都比不上的。即使在今日，沒有從這些章節中學習到什麼的讀者也是罕見的。

對於保守派來說，金賽的著作是文明崩塌的開始，而且他們拿他的研究中包含了性罪犯（一千三百名受訪者）大作文章。不過金賽把自己看成是哥白尼和伽利略這樣的人物，如實報告他在現實世界中的所見所聞，而不考慮神學或道德教條。由於他仔細檢視的主題是性，聲名大噪也是可想而知的必然結果。

阿爾弗雷德・金賽

一八九四年生於紐澤西的霍博肯（Hoboken），金賽是三名孩子中的長子。父親在當地學院教授工程學，是虔誠而霸道的衛理公會教徒。金賽成長的環境禁止一切關於性愛的言論或經驗。他是活躍的童子軍，熱愛露營和戶外活動。

中學畢業後，金賽服從父親的意願去學習工程知識，然而他渴望攻讀生物學。兩年後他違背父親的願望，進入緬因州的鮑登學院（Bowdoin College），以優異成績畢業，獲得生物學和心理學學位。一九一九年他在哈佛取得生物學博士學位，第二年拿到印第安納大學動物學助理教授職位。

在生命最後幾年，金賽必須戰鬥以持續他的研究。他的目標是訪問十萬人，然而在一九五四年，宗教團體施壓洛克菲勒基金會，取消了每年的經費贊助。

金賽的其他著作包括一本廣泛使用的學校教科書《生物學入門》（*An Introduction to Biology*，

1926）、《癭峰：關於物種起源的研究》（*The Gall Wasp Genus Cynips: A Study in the Origin of the Species*，1930），以及《癭峰高等種類的起源》（*The Origin of Higher Categories in Cynips*）。金賽卒於一九五六年。

1960

分裂的自我

The Divided Self

「妄想症患者感覺到有明確的迫害者。有人反對他。有陰謀在醞釀要竊取他的大腦。臥室的牆壁裡面藏了機器，它會放送心靈射線軟化他的大腦，或者在他睡覺時電擊他全身。到了這個階段，我所描述的人會覺得是現實本身在迫害他。現實的世界，以及現實的他人，都很危險。」

「每個人都曾經在某種程度上陷入徒勞、沒有意義、找不到目標的心情中，然而在精神分裂的人身上這些心情特別固著。這些心情源自下述事實：感知的門戶以及行動的大門不是由自我把守，而是由虛假的自我支持和操控。」

總結一句

我們把強大的自我意識視為理所當然，然而如果人沒有自我意識，生活可能就是折磨。

同場加映

凱倫·荷妮《我們的內在衝突》（30章）
拉馬錢德蘭《尋找腦中幻影》（44章）
卡爾·羅哲斯《成為一個人》（45章）
威廉·史泰隆《看得見的黑暗》（50章）

35

朗納・連恩

R. D. Laing

在一九五〇年代末期蘇格蘭精神科醫師朗納・連恩坐下來撰寫《分裂的自我：清醒與瘋狂的研究》時，精神醫學的傳統見解是，不平衡的人他的心靈就像是一碗湯，充斥著無意義的幻想或執念。病人得接受官方制定的精神疾病症狀檢查，根據檢查結果來治療。

不過，朗恩用他寫於二十八歲的第一本著作，協助社會去改變了檢視精神疾病的方式。他的目標是「讓瘋狂，以及陷入瘋狂的過程，可以理解」，也成功說明了精神疾病（尤其是與精神分裂相關的）為何實際上對患者來說是合情合理。因此精神科醫師的角色應該是進入患者的心靈。

連恩煞費苦心的指出，《分裂的自我》不是精神分裂的醫學研究理論，而是關於精神分裂和精神分裂患者的一系列觀察，帶有存在主義哲學的色彩。從他的時代開始，研究精神分裂病症的科學已經大幅向生物學與神經學的解釋移動，不過對於與分裂的自我共同生活、變得「瘋狂」或者精神崩潰是什麼感覺，他的描述仍然稱得上是最出色的書寫。

小心精神醫學

在開頭幾頁，連恩表達了在一九六〇和七〇年代普遍的見解，真正瘋狂的不是關在療養院裡的人，而是準備按下按鈕毀滅人類的政客和將軍。他覺得精神醫學把某些人歸類為「精神病」，彷彿他們不再是人類的一分子，多少有些傲慢。對連恩來說，精神科醫師給的標籤比較是說明了精神醫學這門專業以及它創造的文化，而不是任何人真正的心智狀態。

主流精神醫學在對付精神分裂患者上面走錯了路。連恩指出，關於精神分裂的個人顯著的特點是：他們對於心裡發生的事高度敏感，並且極度保護隱藏在層層虛偽人格後面的自我。若醫生只是想尋找「精神分裂症狀」，彷彿把對方當成物體，勢必處處會遭遇抗拒。這樣的病人想要的不是檢查，而是傾聽，真正的問題是，究竟是什麼導致他們以這樣的方式來體驗這個世界。

精神分裂者獨特的焦慮

「在某方面來說，我多少算是死了。我切斷跟別人的關係，把自己封閉起來……你必須跟別人一起活在這個世界上。如果你做不到，內心就有什麼東西死了。」

——彼得，連恩的病人

連恩界定「精神分裂」的人生活在分裂之中，要嘛是內在分裂，或者是自己與世界的分裂。他們經驗到的自己不是「整合」的，而且感受到孤立於其他人之外的痛苦。他對於精神分裂的人和精神分裂患者的區分是：精神分裂的人可以一直是混亂困惑但仍保持神智清醒，而精神分裂患者分裂的心智已經越線進入精神病態。

大多數人習以為常對自己有某種程度的確定。對於自己是誰以及自己跟世界的關係，他們本質上是自在的。相反的，精神分裂的人有著連恩所稱的「本體不安全感」，對於自己的身分認定以及自己在大局中的位置有著基本、存在性而且根深蒂固的質疑。

精神分裂的人獨特的焦慮包括：

* 與他人互動本質上讓他們害怕。他們甚至可能畏懼別人愛他們，因為有人這麼清楚認識他們，意味著自己暴露了。為了避免透過愛融入另一個人裡面，精神分裂的人可能走到另一個極端，選擇孤立，或者甚至寧可別人痛恨他們，因為這樣比較沒有機會「被吞沒」。因為自我意識是如此脆弱，他們經常有的感受是自己要溺斃了，或者是燃燒殆盡。
* 「遭受侵犯」，是無時無刻覺得這個世界會碾壓他們的心靈，摧毀他們的自我認定。這樣的擔憂只可能來自最初就有的巨大空虛感，如果一個人一開始就沒有什麼自我意識，這個世界就可能像是迫害的力量。

＊「石化」和「人格解體」，這種感覺像是變成石頭，相應的結果是，想要否認別人的現實感受，因此他人就會變成「它」，這樣就不需要應對了。

連恩指出，「歇斯底里的人」會盡他們所能忘記或壓抑自己，而精神分裂的人會執念於自己。不過這樣的執念和自戀相反，因為裡頭沒有自愛，只有冷漠而客觀無情的檢視，想要把自我戳開來看看，如果有的話，裡面是什麼東西。

自我的問題

連恩評論道，許多人採取精神分裂的方式來應付身體或精神上都無法逃開的可怕處境（例如，身處集中營）。若要面對無法接受發生的事，他們可能退縮到自己的內心世界，或者幻想自己在別處。這種「暫時的解離」不是對應生活的健康方式。

不過分裂的人格會覺得這種解離是永久的。他們覺得有在生活，「但沒有感覺自己活著」。援引文學典故，連恩指出，莎士比亞的人物往往有缺陷，還得面對嚴重的個人衝突，但是他們仍然處於生命的大流之中，而且能掌握自己。另一方面，卡夫卡的小說和貝克特（Samuel Beckett）劇本中的人物，缺少這種基本的存在安全感，因此讓人聯想到典型的精神分裂。他們無法只是「質疑自己的動機」，因為他們甚至沒有堅固、凝聚的自我來提出質疑。生活變成每天都是戰鬥，要保護自己免於外面世界的威脅。

因為精神分裂的人沒有確定的自我，於是往往會試圖扮演他們認為世人期待他們成為的那種人，融入對方的環境到病態程度。連恩有位病人，十二歲的女孩，必須每天晚上走過一座公園，而她害怕受到攻擊。為了應付這樣的處境，她發展出一種想法，相信她能夠隱身，因此安全。他寫道，只有內在真空（通常我們會在這裡找到自我）的人才可能左思右想發展出這樣的幻想來防禦自己。

分裂的心智

連恩區分了「具身的人」和「不具身的人」。具身的人有「血肉意識」，感覺到正常的慾望，而且尋求滿足慾望。而不具身的人體驗到身心之間的分隔。

精神分裂的人過的那種內在、精神的生活，使得他們的身體並不代表自己的真我。他們建立了「假我系統」，透過假我與這個世界相遇，但是這麼做他們的真我就隱藏得更深了。他們非常恐懼被「揭露」，因此努力控制跟別人的每一次互動。這樣精心思慮的內在世界讓他們感覺獲得保護，但是因為沒有東西取代真實世界的關係，他們的內在生活變得荒蕪。反諷的是，他們最終垮掉或是崩潰不是來自他們恐懼的他人，「而是因為內在防禦自行運作造成的破壞」。

對精神分裂的人來說，經驗的每一件事都極其個人，然而內心卻感覺那裡彷彿是真空。他們經驗到的唯一關係是跟自我的關係，然而那是混亂的關係，因此他們極度痛苦和絕望。

推向瘋狂

是什麼讓有精神分裂傾向的人終究越過界線，成了精神病患者？

依靠假我系統來生活，以假我面對世界，精神分裂的人可以擁有想像的內在生活。對於事物、連串思考、記憶和幻想的依戀取代了正常具有創造力的關係。任何事都變得有可能。精神分裂的人感覺自由和無所不能，然而這麼一來，他們把自己旋轉得更遠，遠離客觀事實的中心。如果他們的幻想是破壞性的，很容易就會導致破壞性行為，而接觸不到真我，可能就不會內疚，也不會補償。

這就是為什麼精神分裂患者可能這個星期明顯看起來正常，而下星期就成了神經病，宣稱父母或丈夫、妻子想要殺害他們，或者有人想要偷走他們的心智或靈魂。讓他們看起來相當正常的假我（或者數個假我）的面紗突然掀開了，揭露了秘密，那個一直躲藏起來不讓世人看到的飽受折磨的自我。

總評

《分裂的自我》也呈現了連恩引起爭議的信念：如果孩子有精神分裂的遺傳傾向，母親（或親人）的某些作為可能激發或者防止病症的出現。毫不意外，這個論點激怒了精神分裂患者的父母。

這本書比較持續的影響是有助於社會移除環繞著精神疾病的禁忌，同時讓讀者比較瞭解分裂的心智。還有一項重要理念是，心理學應該是關於如何獲得個人的成長與自由，而不是模仿傳統醫學的「疾病／症狀／治療」範型。連恩認為，探索你是誰是至關重要的，即使這場探索是冒險的歷程。另一條路徑是努力讓自己符合社會的嚴密控制模式，但這樣的妥協會伴隨所有相關焦慮。因為上述理念連恩在一九六〇年代變得知名，吸引了覺得自己被家庭或文化邊緣化的人，也吸引了想要加入人類潛能運動追求「自我實現」的人。

使用藥物、酒精成癮、憂鬱，以及對非正統主題例如薩滿和輪迴的興趣，都導致連恩的專業聲望下降，他在一九八七年被迫放棄英國合格醫生的登錄資格。

儘管批評家企圖貶低他的著作，他實現了自己的雙重目標：改變對精神疾病的態度；協助重新制定心理學的終極目標。連恩依舊是二十世紀心理學的重要人物。

朗納・連恩

一九二七年生於格拉斯哥（Glasgow），獨子，父母是屬於中產階級的長老會教徒。朗納・大衛・連恩日後寫出了孤寂而且經常處於恐懼狀態的童年。他在學校表現優異，十五歲就已經閱讀了伏爾泰、馬克思、尼采和佛洛伊德，之後進入格拉斯哥大學攻讀醫學。

他以精神醫師的身分效力英國陸軍，一九五三年進入格拉斯哥的哥納維爾精神醫院（Gartnavel Psychiatric Hospital）工作。一九五〇年代末期，他在倫敦的塔維斯托克診所（Tavistock Clinic）啟動精神分析培訓計畫。

在一九六〇年代的倫敦，連恩交往的朋友包括作家朵麗絲・萊辛（Doris Lessing）和搖滾樂團「平克・佛洛伊德」（Pink Floyd）的團員羅傑・華特斯（Roger Waters）。一九六五年，他創建了一個社區精神復健機構「金斯利會所」（Kingsley Hall），在這裡不會強制病患接受特定的行為模式或藥物治療，獲得與工作人員一視同仁的待遇。

連恩的《經驗的政治》（*The Politics of Experience*，1967）批評了家庭和西方的政治體制，銷售達數百萬本。其他著作包括《清醒、瘋狂與家庭》（*Sanity, Madness and the Family*，1964），以及自傳《智慧、瘋狂與愚蠢》（*Wisdom, Madness and Folly*，1985）。他對於精神醫學標準醫療方式的批判觀點在湯瑪斯・薩斯（Thomas Szasz）的著作《精神疾病的迷思》（*The Myth of Mental Illness*）和威廉・葛拉瑟（William

Glasser）的《現實療法》（*Reality Therapy*）中獲得了迴響。

連恩是至少五本傳記的主角。一九八九年他在聖托佩（St Tropez）打網球時，心臟病發去世。

1971

人性能達到的境界

The Farther Reaches of Human Nature

「整體上我認為可以公平的說，人類歷史就是人性如何被輕賤的紀錄。人性最高的可能性實際上總是被低估。」

「獲選為自我實現主體的人；符合這個標準的人，從這些小處開始著手：他們傾聽自己的聲音；他們負起責任；他們誠實；他們努力。他們找到自己是誰，不只是從人生使命的角度，也從下面各種角度：他們穿某樣的鞋子覺得腳痛；他們喜歡或不喜歡茄子；他們如果喝太多啤酒會不會整晚睡不著。這一切就是真實自我的意義。他們找到自己的生物本質、自己的先天本質，這些是不能翻轉的或者難以改變。」

總結一句

我們對於人性的看法必須拓展，融入我們之中最進步和最圓滿的人具有的特質。

同場加映

米哈里·奇克森特米海伊《創造力》(11章)
維克多·法蘭可《追求意義的意志》(36章)
卡爾·羅哲斯《成為一個人》(45章)
馬汀·塞利格曼《真實的快樂》(46章)

36

亞伯拉罕・馬斯洛
Abraham Maslow

儘管「自我實現」（self-actualized）這個語詞是由另一位心理學家庫特・哥德斯坦（Kurt Goldstein）率先使用，卻是馬斯洛讓這個概念舉世聞名。「自我實現」是用來描述那些似乎很罕見的個人，他們達到「完滿的人性」，融合了心理健康和對工作的投入，讓他們擁有高效能。馬斯洛推斷，如果有更多這樣的人，我們的世界就會改觀了。不要把我們所有精力投入夢想更快更好的事物，而是應該努力去創造能夠產生比較多自我實現者的社會。

在馬斯洛之前，心理學分成兩個陣營：「科學的」行為主義和實證主義，以及佛洛伊德派的精神分析。行為主義者和實證主義者認為除非經過驗證，沒有任何心理學論點站得住腳。馬斯洛開啟了「第三勢力」：人本主義心理學。這一派拒絕把人類看成是「回應環境」而運作的機器，或是任由潛意識擺布的棋子。在馬斯洛的研究路徑上，人類再度成為「人」，具有創造力和自由意志，而且想要實現他們的潛能。此外，馬斯洛關於「高峰經驗」的研究，也有助於學界奠定超個人心理學的基石，據此，一切都有了意義，我們經驗到自己的統一，也經驗到跟世界融為一體的超凡時刻。這個「第四勢力」讓宗教或神秘經驗的研究多了科學架構，並且使得馬斯洛在一九六〇年代美國西岸的氛圍中成為響叮噹的人物。

《人性能達到的境界》在他死後才出版，事實上是文章合集，而不是整合的著作。前半部比較具有啟發性，而且提供了出色的導論，讓我們認識這位心理學冒險家的想法。

自我實現的人

馬斯洛會去研究自我實現的人始於他對自己老師的仰慕。這兩位老師是人類學家露絲・潘乃德和心理學家馬克思・魏泰默（Max Wertheimer），令他印象深刻的是，他們雖然不完美，但每個面向都充分發展；他也想起，當年發現有可能從這些人身上歸納出通則時，自己有多麼興奮。

是什麼讓這些人與眾不同？首先，他們會獻身於超越個人的志業。他們將自己的人生奉獻於馬斯洛所說的「存在」價值，例如真、善、美，以及簡樸。然而這些「存在價值」不只是自我實現者嚮往的美好屬性，也是必須圓滿的需求。「以某些可以界定和經驗的方式，」馬斯洛評論道，「人活在美之中而不是醜裡面是必要的，就如同人肚子餓痛了需要有食物，身體疲累了需要休息。」我們都知道我們必須吃、喝和睡覺，但是馬斯洛主張，一旦這些基本需求滿足了，就會發展出與高層存在價值相關的「形而上需求」，這些需求也是必須圓滿的。這就是他著名的「需求層次理論」，始於氧氣和水，終於靈性和心理圓滿的需求。

馬斯洛相信，幾乎所有的心理問題都根源於「靈魂生病」，這涉及到缺乏意義，或者因為需求沒有滿足而焦慮。大多數人說不出來他們還有這些需求，然而要成為圓滿的人，這些追求是極為重要的。

獲得完滿的人性

為了讓自我實現這個概念不那麼深奧，馬斯洛急切的闡示在日常基礎上，每一時每一刻，自我實現意味著什麼。對他來說，自我實現不是像宗教經驗那樣，是「某個偉大時刻」這樣的事。相反的，自我實現包含了：

* 全心全意去經驗。投入某件事讓我們忘掉自己的防衛、姿態和羞怯。在這些時刻我們重新獲得童年的「天真無邪」。
* 意識到人生是一連串選擇——一條路讓我們朝個人成長前進，另一條路涉及退化。
* 覺察到你有個自我，同時傾聽自我的聲音，而不是聽父母或社會的聲音。
* 決定要誠實，因此會對自己所思所感負責。願意說「不，我不喜歡這樣和那樣」，即使會讓你不受歡迎。

＊願意工作和全力以赴，充分發揮自己的能力。不管你在哪個領域，都是頂尖的。
＊真心渴望揭露自己的防衛，而且卸下來。
＊願意看到別人最好的一面，「從永恆的觀點」。

只研究健康、具有創造力、完全實現自我的人帶給我們什麼啟示？不意外的，馬斯洛的結論是：「你獲得不同視野來看人類。」

現在我們很難明白，馬斯洛決定以此為研究焦點掀起多大的革命，但是記住，那是發生在只用心理疾病來架構醫學範型的時期。馬斯洛覺得心理學應該反其道聚焦於「完滿的人性」。在這樣的脈絡下，精神官能症患者變成只是「尚未完全自我實現」的人。這或許看起來像是語義上的差異，但實際上代表了心理學上移山倒海的變化。

約拿情節

我們每個人生下來都擁有無限潛能，為甚麼只有少數人實現了他們的可能性？馬斯洛提出來的其中一項理由是他稱呼的「約拿情節」。聖經人物約拿是名膽小商人，試圖抗拒上帝召喚他去完成的重要使命。馬斯洛所指的情結是「害怕自身的偉大」，或者逃避自己真正的命運或召喚。

馬斯洛評述，我們恐懼自己最好的一面，就像我們恐懼自己最差的一面。或許有個人生使命似乎是太可怕了，因此我們轉變成從事各種職業只為了糊口。我們都擁有完美的時刻，瞥見自己真正有能力做到什麼、知道自己可以偉大的時刻。「然而，」馬斯洛指出，「我們同時會因為軟弱而顫慄，面對這些相同的可能性，感到敬畏和恐懼。」

他喜歡問學生類似問題：「你們有誰立志要當總統？」或者：「你們有誰會成為激勵人心的道德楷模，像史懷哲那樣？」當學生扭捏不安或臉紅時，他會接著拋出這道題：「如果不是你，那麼還有誰？」這些學生都是受訓要成為心理學家，但是馬斯洛問他們學習當個平庸的心理學家有什麼意義。他告訴他們，只是盡到必要努力讓自己勝任，是保證人生極度不快樂的處方。他們是在規避自己的才能和可能性。馬斯洛聯想到尼采永劫回歸的概念，意思是，我們過的生活必然會一而再再而三經歷直到永遠，就像電影《今天暫時停止》（*Groundhog Day*）中男主角的境遇。如果我們記住這個法則過日子，就只會去做真正重要的事情。

有些人逃避追求偉大，因為他們害怕被看成是浮誇，想要的太多。然而這有可能只是不願去嘗試的藉口。於是我們假裝謙卑，為自己設定低目標。有可能變得非凡的恐懼如雷電般擊中許多平凡人。他們突然領悟自己會吸引人注目。約拿情結部分是害怕失去控制，害怕我們有可能經歷完全的蛻變，不再是過去的自己了。

馬斯洛的提議是：我們需要腳踏實地來平衡偉大目標。大部分人有一邊太多，另一邊又不足。如果你研究成功和自我實現的人，會發現他們融合了兩者，意思是，仰望藍天，立足現實。

工作與創造力

身為學院派心理學家，在一九六〇年代有大企業來敲他的門時，馬斯洛頗感意外。在競爭越來越激烈產品必須精益求精的時代，許多公司意識到能夠讓員工比較有創造力和成就感的工作環境也比較有生產力。

馬斯洛論述過「優心態」（Eupsychia），指的是「一千名自我實現的人住在受庇護的小島，不受任何干擾創造出來的文化」。雖然這是個烏托邦，他給與真實世界的解答是「優心態管理」，目標在於讓工作場所的每個人都能獲得心理健康和圓滿。

《人性能達到的境界》超過四分之一都是在談創造力的問題，因為這是馬斯洛自我實現者這個觀念的核心。他區分了原始創造力和續發創造力。原始創造力是靈光一閃就「看見」還沒有創造出來的最終產品；續發創造力是琢磨和發展這個靈感，進行到底。

馬斯洛指出，因為我們生活的世界改變比過去快很多，遵循一直以來的老方法做事是不夠的。最優秀的人願意放棄過去，取代的是根據實際狀況研究問題，沒有任何包袱。這項特徵他稱為「天真」，在自我實現的人身上普遍可見。關於這項特質馬斯洛寫道：「最成熟的人是那些可以最開心的人……

這些人可以隨心所欲退化，可以變得孩子氣，跟小孩玩耍，親近小孩。」

馬斯洛敏銳覺察到這樣的人往往是組織中不守成規的人或是麻煩人物，而且坦白告訴企業主他們必須想辦法包容和重視這些有個性的人。組織在本質上就是保守的，但是為了生存和繁榮、組織需要放縱創造力天馬行空，或許就可以預見組織的需求或是創造出偉大的新產品或概念。理想的工作場所要能夠反映出自我實現者的創造力本質，那是能創造出真正新穎事物的孩子般天真靈感，以及穿透現實看到願景的成熟。

總評

和許多開拓者一樣，馬斯洛沒有完全肯定自己在研究方法上是否站得住腳（他寫道：「可靠性低的知識還是知識的一部分。」），不過他的見解為心理學注入新生命。如亨利・蓋格（Henry Geiger）在《人性能達到的境界》的導言中指出的，馬斯洛的著作既在學術界備受推崇，也在一般大眾之間大大暢銷。這是讀者對下述事實的回應。自我實現的確是大多數人可以企及的目標，而不是瘋狂的觀念。自我實現不只是保留給「聖人和賢者」以及歷史上的偉大人物，而是每個人的天生權利。

因此不讓人意外，馬斯洛的觀念已經過轉化應用在職場上了。一方面自我實現的概念激勵我們永遠去追尋有意義的工作，其他報酬成為次要考慮，另一方面，時時記得約拿情結，也能激勵我們不要辜負自己的潛能，眼光放遠立下真正的大志。

亞伯拉罕・馬斯洛

一九〇八年生在紐約布魯克林的貧民區，馬斯洛是七名孩子中的長子。儘管他的父母是沒有受過教育的俄國猶太人移民，但父親生意做得風生水起，一心渴望他害羞而聰明絕頂的兒子成為律師。亞伯拉罕的確一開始在紐約市立學院（City College of New York）攻讀法律，不過在一九二八年轉學到威斯康辛大學，在那裡喚醒了他對心理學的興趣，他也在那裡跟研究靈長類的哈利・哈洛共事（參見27章）。同一年，馬斯洛與表妹伯莎・古德曼（Bertha Goodman）結婚。

一九三四年，馬斯洛拿到心理學博士學位，然而返回紐約進行引發爭議的研究，在哥倫比亞大學跟愛德華・宋戴克一起調查大學女生的性生活。他也在那裡找到了一位導師，阿爾弗雷德・阿德勒。他開始在布魯克林學院教書，維持了十四年。在那裡遇見其他導師，包括歐洲來的流亡者，心理學家艾瑞克・佛洛姆、凱倫・荷妮（參見30章），以及人類學家瑪格麗特・米德。馬斯洛的《變態心理學原理》

（*Principles of Abnormal Psychology*）於一九四一年出版，一九四三年在《心理學評論》（*Psychology Review*）上發表了他著名的期刊論文〈動機理論〉（A Theory of Motivation），介紹了需求有高低不同層次的概念。

從一九五一到一九六九年，馬斯洛擔任布蘭戴斯大學（Brandeis University）心理系系主任，他在那裡完成了《動機與人格》（*Motivation and Personality*，1954。參見《一次讀懂自我成長經典》的評論），以及《邁向存有的心理學》（*Towards a Psychology of Being*，1968）。一九六二年，他成為加州一家高科技公司的客座研究員，讓他可以把自我實現的概念連結到企業環境裡。

一九六八年，他獲選為美國心理協會會長。在一九七〇年去世時，他是拉福林基金會（Laughlin Foundation）的研究員。

1974

服從權威

Obedience to Authority

「煤氣室建造好了，死亡營地有人守衛，每日定額的屍體以製造家用電器相同的效率生產出來。這些違反人性的政策或許發源自一個人的腦袋，但是只有在非常多數人服從命令的情況下，政策才有可能大規模執行。」

「人們的確會變得憤怒；他們的確會心懷憎恨的行動，對別人爆發怒氣。但是這裡不是如此。我們還發現更危險的事情：人有能力放棄他的善良人性，事實上他注定會這麼做，當他把自己獨特的人格融入較大的體制結構時。」

總結一句

覺察我們有服從權威的自然傾向，或許會減少機會盲目遵從違反自己良知的命令。

同場加映

羅伯特・席爾迪尼《影響力》（10章）
艾里克・賀佛爾《群眾運動聖經》（29章）

37

史丹利・米爾格蘭

Stanley Milgram

在一九六一和一九六二年，有一系列的實驗在耶魯大學進行。志願者獲得少少報酬參與就他們瞭解是「記憶和學習的研究」。在大多數的情況下，一名身著白袍的實驗者負責兩名志願者，其中一人被賦予「老師」的角色，另一人是「學習者」。學習者綁在椅子上，被告知他必須記憶一長串配對的字詞。如果他想不起來，老師就會被要求對他施予小小的電擊。隨著每一次錯誤的答案，電壓會提高，而且老師被迫看著學習者從不舒服的小聲呻吟到痛苦的尖叫。

老師不知道的是，實際上沒有電流從他的控制盒流到學習者的椅子上，擔任「學習者」的志願者事實上是演員，他只是假裝受到痛苦的電擊。這項實驗的真正焦點不是「受害者」，而是老師按下電擊鈕的反應。對於沒有防衛的人施予越來越大的痛苦，他會如何面對和處理？

《服從權威：有多少罪惡，假服從之名而行？》中描述的實驗是心理學上最著名的實驗之一。現在，我們來看看實際上發生的事，以及為什麼結果這麼重要。

預期和事實

大多數人會預期，受電擊的人第一次出現確實疼痛的跡象時，實驗就會停止。畢竟，這只是實驗。這是米爾格蘭接收到的回應——在真正的實驗之外，他調查了一批人的意見，詢問他們認為在這樣的情境下受試者會有什麼反應。大多數人預測，在學習者要求放他自由之後，老師就不會再給予電擊。這些預期完全符合米爾格蘭的想法。但是實際上發生的狀況？

大多數分配到老師角色的受試者在實驗中感受到非常大的壓力，而且向實驗人員抗議坐在椅子上的人不應該再忍受任何痛苦了。那麼合乎邏輯的下一步將會是要求實驗終止。實際上不是這麼回事。儘管持保留態度，大多數人繼續遵從實驗人員的命令，執行越來越強的電擊。事實上，如米爾格蘭指出的：「相當比例的受試者持續操作發電器，直到最大強度的最後一次電擊。」那是在他們可以聽到學習者哭喊的時候，甚至在對方懇求放過他讓他離開實驗的時候。

我們如何面對和處理良心不安

米爾格蘭的實驗引發爭議，持續多年。許多人純粹是不願意接受正常人會有這樣的行為。許多科學家想要找出方法學上的漏洞，但是這項實驗在全世界複製過了，結果類似。正如米爾格蘭指出的，這個結果讓人震驚。人們想要相信參與實驗的志願者是虐待狂、是怪物。不過，米爾格蘭確保這些志願者來自不同的社會階層和職業，他們是被置於不尋常情境下的正常人。

為什麼那些執行「電擊」的受試者不會產生罪惡感，不乾脆選擇離開實驗？米爾格蘭審慎的指出，大多數受試者知道他們正在做的事情不對。他們痛恨施予電擊，尤其在受害者反對他們的時候。然而即使他們認為實驗殘忍或沒道理，大多數人都沒辦法讓自己抽身離開。取代的是，他們發展出應對機制來合理化自己的作為，包括：

* 全神貫注於實驗的技術面。人們強烈渴望自己在工作上是勝任的。實驗本身以及成功執行變得比參與者的福祉重要。
* 把實驗的道德責任轉移到主其事者身上。這是在任何戰犯審判上常見的辯護：「我只是遵守命令。」受試者的道德意識或者良知並沒有喪失，但是轉變成取悅老闆或領導人的願望。
* 選擇相信他們的作為是必要的，那是更大更有價值的目標一部分。過去的戰爭是由宗教或政治的意識形態發動的，在這場實驗中，大纛是科學。
* 貶低接受電擊的人：「如果他們笨得記不住字詞配對，就應該接受懲罰。」像這樣抨擊智力或品格是專制者慣用的伎倆，用來鼓勵跟隨者消滅一整個族群。思路是這麼走的：他們沒什麼價值，所以如果滅絕了誰會真的在乎？這個世界會變成更好的地方。

或許最令人意外的結果是米爾格蘭的綜合觀察，他認為受試者的道德意識並沒有消失，而是重新定位，因此他們覺得有義務效忠的不是當前正在傷害的人，而是下達命令的人。受試者無法讓自己抽身離開現場，因為（令人驚訝的）反抗實驗人員的願望是不禮貌的行為。受試者覺得自己已經同意進行實驗，因此退出會讓他們看起來像是不守承諾的人。

想要取悅權威的渴望似乎比另一位志願者哭泣引發的道德力量強大。受試者的確會出聲反對正在進行的事，卻總是以最恭敬的話語來表達。米爾格蘭描述一名受試者的表現：「他認為自己正在殺人，然而卻使用了喝茶聊天的語言。」

從個人到「代理人」

為什麼我們會這樣子？米爾格蘭評述道，人類服從權威的傾向是從單純的求生目的演化出來的。要讓事情完成必定要有領導者和跟隨者，以及階層制度。人是群居動物，而且不想要惹是生非傷了和氣。比起傷害沒有防禦的人引發的良心不安，更糟糕的似乎是被孤立的恐懼。

我們大多數人在小小年紀就被灌輸了下述觀念：沒有必要的傷害別人是錯誤的，然而我們生命的前二十年一直是別人告訴我們去做什麼，因此我們習慣服從權威。米爾格蘭的實驗正中核心把受試者丟進這道難題裡面。他們應該在不要傷害人的意義上「乖乖的」，還是在聽話做事的意義上「乖乖的」？

大多數受試者選擇後者，顯示我們的腦袋已經設定好了，接受權威高於一切。

一個人被放入階層結構時，不要傷害別人的自然衝動會大幅改變。獨立行動時我們對自己所做所為負完全責任，而且認為自己是自主的，但是一旦處於體制或階層內，我們非常樂意把這份責任交給別人。我們不再是自己了，而是成為其他人或其他事物的「代理人」。

殺戮是如何變成簡單的事

米爾格蘭受到阿道夫・艾希曼（Adolf Eichmann）的故事影響。艾希曼的工作是在希特勒手下精心策劃六百萬猶太人的死亡。漢娜・鄂蘭在著作《平凡的邪惡：艾希曼・耶路撒冷大審紀實》（*Eichmann in Jerusalem*）提出討論，她認為艾希曼其實不是冷血的精神病態者，而是服從的官僚，他與死亡集中營的現場保持距離，讓他能夠以更高目標為名下令屠殺暴行。米爾格蘭的實驗確認了鄂蘭的觀點，「平庸的邪惡」此言不虛。也就是說，人不是天生殘酷，而是當權威要求殘酷時才變成如此。這是他的研究主要的教訓：

> 平常人，不過是在做分內工作，本身也沒有任何特別敵意，卻可能在可怕的毀滅過程中成為代理人。

《服從權威》閱讀起來可能不好受，尤其是一名參與越南梅萊村屠殺的美國士兵訪談紀錄。米爾格蘭的結論是：的確有天生的精神病態或「邪惡」這種事，但是在統計上並不常見。他的警告比較是關於一般人（實驗對象包括女性，他們在服從方面的表現跟男性幾乎沒有差別）如果置身適合情境，為什麼會對別人做出可怕的事，而且對此不會感覺太糟糕。

米爾格蘭指出，這就是軍事訓練的目的。受訓士兵身處與正常社會隔離的環境裡，也遠離了心照不宣的社會道德，取代的是讓他們處處從「敵人」的角度來思考。他們被灌輸熱愛「義務」，相信自己是為大義而戰，而且極度恐懼不服從命令。「儘管表面目的是提供新兵軍事技巧，根本目標是粉碎任何殘留的個體性和自我。」受訓士兵被打造成獻身目標的代理人，而不是會思考的個體，因此他們沒有拒絕醜惡行動的防禦力。在他們眼裡，其他人不再是人了，而成為「附帶損失」。

不服從的能力

在其他人做不到的時候，是什麼讓一個人有能力不服從權威？不服從是困難的。米爾格蘭的受試者整體來說覺得自己忠誠的對象是實驗和實驗人員，只有少數人能打破這種感覺，把在椅子上受苦的人置於權威系統之上。米爾格蘭指出，在抗議造成傷害（幾乎所有受試者都抗議了）與真的拒絕繼續實驗之間有一鴻溝。然而少數站在倫理或道德立場不服從權威的人，就是躍過了這道鴻溝。他們不論處境堅持了個人信念，而我們大多數人屈服於處境。這就是願意冒著自己生命危險拯救他人的一名英雄，和一名艾希曼的差別。

米爾格蘭評論道，文化教導我們如何服從權威，卻沒有教我們如何不服從權威，這在道德上是應該受到譴責的。

總評

《服從權威》似乎對於人性不看好。因為我們在明確的社會階層體系中演化了數千年，大腦有部分神經通路設定讓我們想要服從在我們「之上」的人。然而唯有認識了這股強大傾向，我們才能避免自己涉入可能做惡的情境。

每一種意識形態都需要一群服從的人打著它的旗幟行動，在米爾格蘭的實驗這個例子裡，震懾受試者的意識形態不是宗教或共產主義，也不是具有領袖魅力的統治者。顯然，人們會打著科學的名義做事，就像西班牙宗教法庭的審判官以上帝之名對人施予酷刑。只要有夠大的「目標」，我們很容易見識到，為什麼帶給另一個有生命的個體痛苦不需要太費事就可以合理化了。

我們想服從的心理需求經常會凌駕原先接受的關於同情、倫理或道德戒律的教育或制約，顯示我們珍視的「人有自由意志」這種想法是迷思。另一方面，米爾格蘭描述道，有些人的確做到拒絕給予進一步電擊，他們應該會帶給我們所有人希望，在類似處境下可以如何行動。或許不用大腦服從權威是我們繼承的前人遺產一部分，然而在我們的天性中也有一部分是：如果意識形態是帶來痛苦的源頭，那我們會願意拋開意識形態，把人置於體系之上。

如果不是因為《服從權威》是本扣人心弦的科普著作，米爾格蘭的實驗或許就不會這麼出名了。對心智如何運作感興趣的人，都應該把這本書列為藏書。盧安達的種族滅絕屠殺、波士尼亞戰爭期間發生在斯雷布雷尼查（Srebrenica）的殘酷殺戮，以及在伊拉克的阿布格萊布監獄（Abu Ghraib prison）上演的美軍辱囚事件，都能透過本書的洞見照亮其幽微之處，並且獲得部分解釋。

史丹利・米爾格蘭

一九三三年生於紐約市，米爾格蘭一九五〇年高中畢業，一九五四年取得皇后學院（Queens College）的學士學位。他主修政治學，不過確定自己對心理學興趣更大，修了夏季課程，好讓哈佛接受他去讀心理學博士班。他的博士學位在葛登・奧爾波特（參見02章）的指導下取得，主題是為什麼人們會從眾。米爾格蘭在普林斯頓大學與所羅門・阿希（Solomon Asch）共事，後者發展了著名的「社會附從」實驗。

米爾格蘭深入研究的其他領域包括：為什麼人們願意在公共交通工具上讓座、「六度分隔」理論，以及攻擊性和非口語溝通。他也製作紀錄片，包括根據耶魯實驗拍攝而成的《服從》（Obedience），還有《城市與自我》（The City and the Self），探討城市生活對行為的影響。更多資訊參見湯馬斯・布拉斯（Thomas Blass）的《電擊世界的人：史丹利・米爾格蘭的生平和貢獻》（*The Man Who Shocked the World: The Life and Legacy of Stanley Milgram*，2004）。

一九八四年，米爾格蘭卒於紐約。

2014

忍耐力

The Marshmallow Test

「傳統上相信意志力是天生特質，你要不是有很多，否則就是沒有……這是錯誤的。相反的，自我控制的技巧，無論是認知上或情緒上的，都可以學習、提升和駕馭，因此當你需要時就可以自動啟動。有些人比較容易做到，因為讓人情緒熾熱起來的獎賞和誘惑，對他們來說沒那麼熾熱，而且他們也比較容易冷卻下來。然而不管『天性上』我們的自我控制有多好或是多差，都可以改善自己的自我控制技巧，同時協助我們的孩子做同樣的事。」

「要成功追求我們的目標，自我控制技巧是不可或缺的，不過是目標本身帶給我們方向和動力……推動我們生命故事的目標和想要達到目標需要的執行功能同樣重要……執行功能可以讓我們擁有能力，但沒有強大不可抗拒的目標和驅力，我們就會漫無目的。」

總結一句

自我控制與「成功和情緒穩定」強烈相關。有些人天生比別人多一點自我控制，不過這是我們可以學習取得的能力。

同場加映

亞伯特・班杜拉，《自我效能》（30章）
卡蘿・杜維克《心態致勝》（12章）
丹尼爾・高曼《EQ2》（23章）
丹尼爾・康納曼《快思慢想》（33章）

38

沃爾特・米歇爾

Walter Mischel

從伊甸園的誘惑故事到希臘哲學家用「*akrasia*」來描述意志力薄弱，延遲滿足的能力一直是文明教養的人性這些概念的核心。然而出人意料的，幾乎沒有針對意志力和自我控制的科學研究，直到沃爾特・米歇爾。

在一九六〇年代初期，米歇爾在史丹佛大學的附屬幼兒園進行實驗，他自己三名女兒也參與了實驗。實驗人員給孩童一道兩難的選擇題：當場吃一顆棉花糖，或是放棄，一個人坐在房間裡等待二十分鐘，這樣就可以拿到兩顆棉花糖。任何時候小孩都可以搖鈴召喚研究人員，拿到他的棉花糖，不過如果他們等滿二十分鐘，就可以得到那顆棉花糖和另外一顆。許多學齡前幼兒經歷心理折磨，努力忍住不吃眼前的東西，那個景象既迷人又好笑。

米歇爾設計這項實驗只是想要研究短時間內的延遲滿足。因此當傳聞證據開始累積，將四歲小孩的行為與五年、十年和十五年後的進展連結時，米歇爾頗為震驚。一九八二年，他和他的團隊展開史丹佛延遲滿足的縱向長期研究，追蹤參與棉花糖實驗的五百多名孩童日後的發展與進步。他們追蹤了較少的一組人一直到二十歲、三十歲和四十歲。米歇爾在孩童等待時間的長短，與一堆關於成功和幸福的指標之間，發現了讓人意外的相關性。這些指標包括婚姻、職業、心理和身體健康，以及經濟狀況。等待得越久，這名孩童就越有可能達到某些指標：智力測驗分數比較高；注意力比較持久；自我價值比較高；展現出有效追求目標和應付壓力的能力；對於自己的判斷比較有信心；顯現出有能力建立比較堅固的關係，甚至會有較高的大學入學學術能力評估測驗（SAT）分數，以及較低的身體質量指數（BMI）。長久以來，童年初期的心理測驗都不能準確預測後來的人生，這項數據因此就更令人吃驚了。

「人人都急於知道意志力是如何運作的，」米歇爾說，「而且人人都想要多一點意志力。」但是究竟為什麼意志力對於人生的成功如此重要？《忍耐力：其實你比自己想的更有耐力！棉花糖實驗之父寫給每個人的意志增強計畫》不只是敘述了他的研究，還包括探索這項課題的其他研究。《增強你的意志力》（*Willpower*，作者羅伊・鮑梅斯特〔Roy Baumeister〕）這一類的暢銷書已經讓自我控制成為時髦的話題，但是他們都得大大感謝米歇爾的先鋒之作，而這本書能進入大眾視野又歸功於二〇〇六年《紐約時報》的專欄文章：〈棉花糖和公共政策〉（Marshmallows and Public Policy），執筆人是大衛・布魯克斯（David Brooks）。此後米歇爾的研究就以「棉花糖測驗」之名為人所知。

執行功能

棉花糖測驗似乎是要告訴我們，自我控制是內建在我們身上的，因此，由於自我控制對於人生的成功如此重要，所以人生多多少少是預先決定好的。然而這不是他的論證，米歇爾寫道。他說了喬治・拉姆瑞茲（George Ramirez）的故事，這名男孩來自紐約市窮困地區，他是五歲時隨家人移居美國。九歲時他中籤得以進入辦學成績優異的特許學校。喬治說，這所學校把他從沒有成就感的生活中拯救出來，讓他轉移焦點，聚焦在傑出、個人責任、自我控制和成就等目標。怎麼做到的？這所學校培養了他的認知技巧，這些對於自我控制非常關鍵的認知技巧稱為執行功能（executive function，EF）。執行功能使得我們能夠「刻意、自覺的控制思想、衝動、行動和情緒」。執行功能讓我們可以冷卻自己的慾望，有意識的將注意力放在我們的目標以及如何達成目標上。

有些人似乎在年幼時就擁有這些執行功能的技巧。在米歇爾的實驗中，成功控制自己的孩童展現了執行功能的三項元素：

* 回想起選定的目標，並且提醒自己可能發生的事（「如果我現在吃，等下我就拿不到兩顆。」）。
* 監控自己朝目標前進，同時透過重新聚焦於目標或是運用減少誘惑的技巧來自我修正。
* 抑制會阻止他們達成目標的衝動反應。

擁有上述元素的孩童能夠記住指示，控制他們的衝動，並且把注意力聚焦在選定的目標上。少了這樣的執行功能，他們會發現自己很難跟從指令，而且比較容易惹出麻煩，因為他們無法運用「冷靜」的思考提醒自己後果來控制攻擊性的衝動。不過，關鍵點是，這樣的策略很容易教導。

自我控制的科學

米歇爾的研究引導他去欣賞大腦工作時的兩種系統，一個是「熱」系統——情緒性、反射性和不自覺的；另一個是「冷」系統——認知的、反思的和理性的。這兩套系統如何互相影響是瞭解意志力或缺乏意志力的鑰匙。

我們的「熱」思考是由邊緣系統驅動的，尤其是杏仁核。杏仁核是大腦裡一小塊杏仁形狀的部位，在人類發展早期就演化出來了，是神經系統的黑箱，會產生恐懼反應、性衝動，以及對食物的渴望。關鍵是，杏仁核「不會停下來思考和反省，或者擔憂長期後果」，米歇爾說。從強烈渴望複製自己的角度來說，邊緣系統讓我們成為現在的樣子，但是我們也可能被邊緣系統綁架，因為似乎邊緣系統往往比大腦慎思理性的部位（前額葉皮質，在人類演化上比較後發展出來）強大。節食的人、抽菸的人，還有性上癮的人，都知道失去控制是怎麼回事：偷偷狼吞虎嚥一包餅乾，深夜出門尋找賣香菸的地方，或者打電話給喜歡的妓女。

「熱」系統的一項特點是，受到壓力時最容易啟動，因為它是跟生存相關，這時涉及理性、策略分析還有選擇的「冷」系統，通常會落入背景裡。「在互惠的關係裡，熱系統和冷系統不斷而且無縫的互相作用。」米歇爾寫道，「於是一個系統變得比較活躍，另一個系統就變得比較不活躍。」米歇爾指出，正是在我們最需要發揮創意解決問題的時刻，往往失去這樣做的能力。持續的壓力和悲痛會導致糟糕的決定，導因就是非理性思考、強烈情緒和無能記住什麼是重要的。

抗拒誘惑不容易，原因很簡單，人類天生偏向立即的獎賞，超過延遲的獎勵。這種「未來才能獲得的折扣」就是為什麼很難早起去跑步或者上健身房的原因了。米歇爾引用了哈佛經濟學教授大衛・萊布森（David Laibson）的研究，認為我們對於延遲獎賞的重視大約是眼前獎賞的一半。對許多人來說遠遠不及一半。在米歇爾看來，這項發現的意涵很清楚：在我們心裡，我們必須「加熱」（意思是增加吸引力）未來，並且「冷卻」當下（意思是，對於眼前獎賞的價值要比較客觀評估）。

米歇爾總結，唯一抵抗熾熱誘惑的方法是：對於刺激產生的熾熱回應「上吧！」，要幾乎是立刻以「不！」的回應取代，就像是反射動作。擬出一份「如果—那麼」的執行計畫，我們就能夠預先想好，在面對特定誘惑時可以怎麼做。例如：如果電話響了，我會繼續工作；如果別人給我甜點，我會拒絕；如果迷人的年輕助理約我下班後出去我會拒絕，因為我是幸福的已婚人士；鐘敲五下時，我會開始讀教科書。這樣的計畫也可以從心理狀態的角度來陳述。例如，如果我焦慮，就會打電話給朋友；如果我生氣，就會去快走。過一陣子，這些提示就會成為自動反應，凌駕我們的熱系統，否則熱系統很容易壓倒理性的意圖。

「冷」系統會隨著年齡增長而發展。大多數三歲小孩無法持續抗拒棉花糖很久，但是到了十二歲，大部分孩童能夠等待十 十五或二十五分鐘，因為他們可以採用各種心理策略來合理化這樣的等待。其中也有性別差異：女孩整體來說比較善於延遲滿足。

延緩滿足的能力取決於我們是如何去想著慾望對象。請孩童想一想棉花糖甜甜、有嚼勁的滋味時（「熱」思考），他們會變得迫不及待。但是如果請他們把棉花糖想成是圓圓、蓬鬆的雲朵，這種「冷」思考可以讓孩子等待兩倍長的時間。

至於成人想要戒斷上癮，這種認知上的重新架構涉及到用冷靜分析的想法取代對慾望對象的感官念頭。例如，如果想像餐廳提供你的巧克力慕斯剛剛在廚房被蟑螂咬過，就不會那麼誘人了。當然，在我們內心最深處，巨大歡愉與獎賞連結在一起的事物很難斷絕，想要改變對它們的看法並不容易。「認知上的再評估」——改變我們對刺激的看法——不會每次都有效，但是可以協助我們免於淪為自己大腦的受害者。光有動機和最好的意圖從來就不夠。正是因為很難讓自己的意志力變得比較強大，在思考策略這方面，我們得要比較聰明，或是比較有創意。

米歇爾另一項重大發現是，對於延遲滿足，情緒狀態有強烈影響。在開始棉花糖實驗之前，請他想一件悲傷事（例如哭泣而沒有人來幫他們）的孩童比較早就屈服於誘惑。在實驗前請他想趣事的孩童等待的時間是平均的三倍。「適用於小孩的也可以應用在大人身上。」米歇爾寫道，「當我們感覺悲傷或難過時，比較不可能延遲滿足。跟比較快樂的人相比，長期偏向負面情緒和憂鬱的人也傾向於比較喜歡即時但沒那麼值得擁有的獎賞，超過延遲但比較有價值的獎賞。」

聰明人做蠢事

人們可能在某些領域擁有非常高的自我控制，而在其他領域表現得脆弱。米歇爾指出，比爾・柯林頓自律得足以贏得羅德獎學金，而且成為總統，但是沒有辦法抗拒和女人逢場作戲。「真實的」柯林頓既是認真負責的總統，也是甘冒風險的好色之徒。事實是，人們往往不是非常一致。他們可能在生活的某些領域值得信任且正直，其他領域則不然。米歇爾的著作《人格與評量》（*Personality and Assessment*，1968）質疑了單一自我這個概念，主張自我意識取決於情境。例如，在工作上一絲不苟且井井有條的同事有可能家庭生活混亂不堪。易怒、嚴苛的老闆可能在家裡沉著、招人愛。在牙醫診療椅上緊張得半死的人，在爬山的半路上鎮定如常。行為是要看脈絡的。只因為保母照顧你的孩子一個晚上表現好，不表示你應該請她照顧你的孩子兩星期，到時她會遇到許多不同的情境。一個人可能其他時候能保持自我控制，但是在觸發憤怒的特定情境中有引爆的「熱點」。

包括羅伊・鮑梅斯特在內的心理學家已經發現，如果必須一整天在工作或社交情境中保持自我控制，我們會苦於「意志疲憊」。只要有機會擺脫約束、放鬆控制，我們就會掌握機會。有時候我們似乎需要使用大腦的「熱」系統，把「冷靜」理性的一面甩開一下。我們的意志力有限，可能很容易短時間就耗盡了。如果你在一件事情上運用了高度自我控制，當誘惑從另一個領域過來時，可能就沒有意志力去抗拒了。克服誘惑的關鍵是，有足夠動機持續行使自我控制。事實上，堅持進行棘手的大工作，可以帶給人活力。米歇爾也提到卡蘿・杜維克的研究。杜維克發現，相信意志力和自我控制不會耗掉精力的人，可以持續進行他們的計畫比較久，而不會感覺氣力放盡。米歇爾說這告訴我們，相信自己有多少控制力是非常重要的，比任何天生的生理或心理限制都重要。接受訓練成為美國海軍三棲作戰部隊（海豹部隊）、在卡內基音樂廳演奏巴哈，或是競爭奧運金牌——這樣的追求全部都需要不斷推展意志力的極限，而動力來自熱烈追求的目標。能成就這些事情的人和其他人唯一的分別是，關於什麼是可能做到的，他們有不同的自我理論。只有透過極致的自我控制，他們才會找到行動的力氣和毅力。

總評

在最後一章，米歇爾強調，儘管棉花糖測驗有許多讓人吃驚的發現，更重要的科學發現是：「不是由DNA和子宮內的發育預先注定的，大腦的構造比過去想像的可塑性大，而且透過不同的生活方式，我們可以積極塑造自己的命運。」雖然在這項測驗中表現優異的學齡前幼兒大多數在往後的人生中持續擁有良好的自我控制，但也看到有些人隨著時間自制力衰退。同樣的，有些人四歲時表現不佳，然而在人生的道路上漸漸加強了他們的自我控制。事實是，會有這樣的改變意味著給予目標明確的心理訓練和環境支持，小時候自我控制薄弱絕對不是判決定讞。事實上，自我控制的技巧雖然在追求目標時非常重要，並不等同於發現自己的目標或使命。找到目標或使命才會真正帶給我們人生意義，激發我們的熱情成就自己。畢竟，與人類相比，機器人體現了自我控制的精髓，但是機器人擁有激勵它的生活目標，推動它邁向偉大嗎？

米歇爾指出，大腦的可塑性意味著我們不只是「DNA彩票的贏家或輸家」，任由顯然固定的特質例如意志力和智力決定我們的命運。相反的，我們「與自己的社會和生物環境持續互動，在互動中持續發展」。笛卡爾都能說：「我思，故我在。」那米歇爾的格言是：「我思，因此我可以改變我是誰。」首先，我們必須想要改變，事實上意願是如此重要，我們便能得出一根本的原則：人生主要是自己建構出來的。

沃爾特・米歇爾

米歇爾於一九三〇年誕生在維也納。納粹併吞維也納之後，他的父母身為猶太人決定逃去美國，當時他八歲。

米歇爾在紐約大學主修心理學，拿到紐約市立學院的碩士學位，一九五六年在俄亥俄州立大學取得臨床心理學博士學位。他大半的學術生涯在哈佛、史丹佛和哥倫比亞大學度過，從一九八三年開始，擔任哥倫比亞大學心理學教授至今。

米歇爾列名於美國心理協會推舉的「二十世紀卓越心理學家」，並且獲頒「傑出科學貢獻獎」。他是《心理評論》的編輯，也曾擔任美國心理協會會長。

2012

潛意識正在控制你的行為

Subliminal

「一旦注意到它們，我們就很容易接受自己許多單純行為……是自動反應。真正的議題是，對我們人生產生重大影響的比較複雜和比較有分量的行為，有多大程度也是自動反應——即使我們可能很確定這些行為是仔細思考過的，而且完全合乎理性。」

「我們有個潛意識的心靈，疊加在上面的是有意識的大腦。我們的感受、判斷和行為有多少歸因於前者，多少歸因於後者，很難說，因為我們不斷在兩者之間來來回回轉移。」

總結一句

新的研究正在幫助我們理解佛洛伊德的夢想，也就是關於潛意識的科學。

同場加映

葛登・奧爾波特《偏見的本質》（02章）
西格蒙德・佛洛伊德《夢的解析》（19章）
麥爾坎・葛拉威爾《決斷2秒間》（22章）
卡爾・榮格《原型與集體潛意識》（32章）
丹尼爾・康納曼《快思慢想》（33章）

39

雷納・曼羅迪諾
Leonard Mlodinow

卡爾・榮格在《人及其象徵》（*Man and His Symbols*）中寫道：「有一些特定事件我們沒有刻意去關注；可以這麼說，它們留存在意識的門檻之下。它們發生過，但是融入潛意識裡面。」

榮格、佛洛伊德和其他人盡他們所能為西方世界引介了潛意識的奧秘，而今日的新科技為正常意識之下運作的大腦部位提供較為清楚的圖像。雷納・曼羅迪諾表示，這些科技「讓關於潛意識的真正科學成為可能，人類史上第一遭」。

對榮格來說，研究夢境、神話、藝術和象徵是通往人類「集體潛意識」的窗口。而《潛意識正在控制你的行為》（*Subliminal: How Your Unconscious Mind Rules Your Behavior*，「subliminal」這個字源自拉丁文，意思是「門檻之下」）詳細描繪了潛意識心靈如何再度浮現成為嚴肅的研究領域。曼羅迪諾身為物理學者，曾與史蒂芬・霍金（Stephen Hawking）合寫了《新時間簡史》（*A Briefer History of Time*），對他來說，潛意識心靈不是什麼靈性實相，而是具備了堅實的生理基礎，遠在文明出現之前為了生存在大腦裡發展出來的。下面我們檢視一些他提出來支持這個觀點的發現。

不由自主的反應

你是否好奇過你的潛意識心靈對於你應該買什麼房子、應該僱用什麼人當保母，或者某人是否能成為長期好伴侶之類的事，影響有多大？

曼羅迪諾談到他的母親，她對事情往往會產生極端反應。他念大學時，會在每星期四晚上八點打電話給母親，但是有一個星期他忘記打電話，跟別人約會去了。等到九點過後，沒有電話，他母親開始咒罵他的室友隱藏他進醫院的事實，隨著夜晚消逝，她咒罵室友掩蓋兒子的死訊。

為甚麼會有這種極端反應？曼羅迪諾的母親在波蘭相親相愛的中產階級家庭長大，直到出現悲劇性的轉折。首先，在一年的時間之內，她的母親由於腹部癌症痛苦的死去，之後有一天回家發現父親被納粹抓走了。她和妹妹被送上通往奴工營的火車，她妹妹沒有活下來。被釋放之後她移民到美國，重新開始在芝加哥建立起安全的中產階級生活。但是她早年的創傷不時會發作。曼羅迪諾偶爾會建議她去看心理醫生，因為研究顯示各種談話治療對創傷個案是有助益的。不過目前的證據表明，情緒創傷會實質改變大腦的生理結構。類似他母親這樣的經驗會改變大腦那些對壓力敏感的部位（參見Simona Spinelli等人合寫，Early-Life Stress Induces Long-Term Morphologic Changes in Primate Brain，收錄於*Archives of General Psychiatry*期刊，2009）。即使他母親的意識想要做到，也無法避免有這樣的反應，這已經成為她生理的一部分。

新的潛意識

一般的看法是，佛洛伊德「發明」了潛意識心靈，不過事實上早期的心理學實驗專家和思想家，包括查爾斯・桑德斯・皮爾斯（Charles Sanders Peirce）、威廉・詹姆斯、威廉・馮特和威廉・卡本特（William Carpenter）都已經開始發展科學的方法學，試圖闡明潛意識心靈如何運作。他們漸漸明白，大腦的運作有兩套系統。從演化的角度來看，潛意識首先發展出來，這有非常好的理由：讓我們活著。除了節制所有的身體基本功能，潛意識提供我們立即反應，協助我們面對刺激或威脅時生存下來。當然，所有脊椎動物都有這個層次的大腦功能，但是能夠有意識的進行推理是後來演化出來的，這種心智功能很像是可以選擇的附件。

佛洛伊德認為許多行動是某種嚴重壓抑的後果，不過今日的研究人員單純認為，這些行動的產生源自於心靈某些部分是有意識的大腦無法觸及的。是大腦本身的結構而不是遭到壓抑的意圖決定了結果。這意味著許多行動和選擇必須看成是大腦運作的正常結果，而大腦的運作是經過數千年發展出來的，為了協助社會功能的運作和肉體的存活。事實上，曼羅迪諾把潛意識心靈看成是演化的禮物。意識心靈或許讓我們能夠建立文明，然而「要躲開蛇咬或是突然衝向你的車子或者可能想要傷害你的人，只有潛意識的速度和效能可以拯救你」。我們想要有最佳和最有效能的表現，就需要把一大堆關於看見、記憶、學習和判斷的功能保持在意識的覺察之外。說真的，每秒鐘有那麼多資訊進入大腦，如果意識心靈必須處理所有資訊，「你的大腦會像超過負荷的電腦那樣當機了。」曼羅迪諾說。取代的是，我們只會覺察到大約百分之五的大腦活動。百分之九十五發生在我們的覺知之外。

誰或者什麼決定了我們的選擇？

為什麼我們會做出這樣的選擇？往往說出來的理由不是真正理由。我們告訴朋友因為挑戰性我們接受一項工作，而其實一直以來是聲名吸引我們。我們因為技術和經驗選擇一名專科醫師，而事實上我們喜歡的是她善於傾聽。曼羅迪諾提醒我們，約翰・瓊斯二〇〇四年做過研究，有相同姓氏的人傾向於彼此結婚，機率大於跟不同姓氏的人結婚三、四倍。我們很自然會偏向跟我們相似的特質，熟悉讓人安心。這甚至會擴展到顯然無意義的特質，例如姓氏。

長久以來，經濟學家假定人是理性的行動者，要如何分配和使用資源會根據自己的利益與深思熟慮後的決策。加州理工學院的安東尼奧・蘭赫爾（Antonio Rangel）提出相反結論的研究。蘭赫爾發現，如果可以看到垃圾食物在眼前，而不是在螢幕上的圖像，人們會多花百分之四十到六十的價錢來買垃圾食物。不過，如果食物放在玻璃櫃後面，就喪失溢價的部分了。這聽起來合乎理性嗎？顯然在我們的購買決策上有更多的什麼進行著，讓看起來無關的事變得極為重要。不只如此，曼羅迪諾指出：「詢問他們決策的理由時，受測者證實完全沒有意識到這些因素影響了他們。」在蘭赫爾的另一項研究中，受測者拿到三瓶不同的清潔劑回家使用，然後請他們回來報告哪一瓶最好用，以及為什麼。當他們回來時，說了每一瓶清潔劑不同的優點，而且給了排名。他們不知道的是三瓶清潔劑是相同的，只是包裝不同。這沒有阻止受測者把有黃色斑點的藍色塑膠瓶排在只是藍色或只是黃色的瓶子之上。

曼羅迪諾討論了其他研究：

＊研究發現人們購買法國酒或德國酒取決於背景放的是法國或德國音樂。但是只有七分之一的人承認音樂影響了他們的選擇。

＊在芝加哥一家餐廳裡，如果當天陽光燦爛，相較於沒有陽光的日子，顧客給女侍的小費大方多了。

＊公司的名稱是否容易發音會影響最初上市時的表現。公司或者它們的股票代碼容易發音的表現比較好，至少在股票上市的第一年。

＊兩項關於股票價格和華爾街天氣的研究發現，好天氣和股票看漲明確相關。「根據統計數字，」曼羅迪諾指出，「如果一年只包括晴天，紐約證券交易所的市場回報率是平均百分之二十四點八，然而如果一年完全是由陰天構成，市場回報率平均只有百分之八點七。」

我們認為重要的金融決策，特別是代替別人操作的決定是在深思熟慮的分析後達成的，而這一類的研究顯示，主觀因素至少是同樣重要，有時候到達令人震驚的程度。

還有一項蘭赫爾的實驗值得注意：他讓受測者品嚐不同價錢的酒，沒有例外人們總是偏愛比較貴的酒的味道，即使品嚐的酒事實上都是昂貴的那一支。品酒的時候，由功能性磁振造影機（FMRI）掃描受測者大腦，顯示酒的價錢會影響名稱為「眼窩前額皮質」（或稱眼眶額葉皮質）的大腦部位，這個部位往往跟愉悅相連。這項研究的意涵是，儘管兩支酒沒有差異，品嚐起來的差異是真實的。之所以如此，曼羅迪諾寫道，是因為「我們的大腦不只是記錄味道或其他經驗，也會創造味道或經驗」。他換一個方式說：「儘管你沒有意識到，當你讓冰涼的酒在舌頭上流動時，不只是品嚐酒的化學成分，也品嚐酒的價錢。」

認真看待預感

曼羅迪諾曾經去到以色列的戈蘭高地，他走在路上看見田野上有一隻長相有趣的小鳥。身為熱衷的賞鳥人，他想要靠近一點觀賞。田野周圍的籬笆上掛了個牌子，上面有文字，但是他的希伯來文不怎麼好。或許上面是說「禁止入內」？但是看起來似乎有點不同。儘管有種感覺自己不應該爬過籬笆，他還是這麼做了。他開始走近小鳥去瞧瞧。就在這時他看見當地一名農夫沿路走過來，瘋狂的揮舞手臂，曼羅迪諾走回籬笆邊，想知道究竟是怎麼回事。於是他發現牌子上寫的是：危險——地雷區。

從此之後，曼羅迪諾總是相信自己的直覺，或者比較精準的說，相信潛意識傳送給他然而他的意識心靈還沒有適當處理過的判斷。「那個忠告往往可以拯救我們，」他說，「如果我們願意開放自己接受輸入。」

低沉的聲音、漂亮的面孔

對潛意識心靈來說，一個人的聲音幾乎跟他的長相同樣重要。對於鳥，聲音在求偶和交配方面非常重要，而我們人類保留了部分石器時代聲音在繁衍下一代的重要性。我們仍然從人們的聲音中拾取許多線索，而女性依舊受到男性「呼喚」的聲音吸引。測試女性看不見只能聽見不同男性的聲音時，結果是一致的：女性強烈偏愛聲音比較低沉的男性。女性也會把低沉的聲音跟想像中的身體特質連在一起，包括比較高、肌肉發達，以及毛茸茸的胸部。女性聲音的高低和悅耳程度會隨著排卵週期改變。女性在排卵階段的聲音對男性最有吸引力，反過來在她最可能懷孕時會發現聲音低沉的男性比較迷人，因為聲音低沉跟比較高的睪固酮濃度連結在一起。比較高的睪固酮濃度意味著男性有比較高的性能力，因此可能生出比較多的小孩。「明顯的結論是，」曼羅迪諾指出，「經由潛意識，我們的聲音為我們的性能力發揮了廣告效果。」

透過廣播聽一九六〇年美國總統大選辯論的人，判斷尼克森是贏家，特別是他男中音的聲音對比甘迺迪較高的聲音。不過看電視的人認為甘迺迪毫無疑問是贏家。尼克森才剛剛因為膝蓋感染癒後出院，既疲累又憔悴，而且沒有化妝，因為他的電視顧問不認為他需要。甘迺迪曬成健康的棕褐色，身材適中，同時完完整整化了妝。曼羅迪諾引用候選人外表和選舉勝利相關性的研究時指出，決定性的因素並不是選民判定哪位候選人比較好看，而是他們是否看起來比較有能力。二〇〇六年，研究人員在選舉之前讓人們評比全美候選人的面孔。光憑這項評比，他們就能以驚人的準確率預測出誰會是贏家。受測者判斷為比較有能力的候選人贏了平均百分之七十的選戰。

事實上，曼羅迪諾指出，一個人長得如何跟他的工作或行政能力並沒有關聯。我們一直在根據表面的事情做判斷，而這些判斷可能大大影響了我們找到的工作，選擇的配偶、保母或醫生，以及我們推上位的政治人物。察覺潛意識如何扭曲判斷肯定能幫助我們做出比較正確的判斷。

歸類與偏見

人們會把事情歸類是為了比較容易處理資訊。透過心裡已有的分類，我們不必每次看到一個客體就重新評估一次。不過這種強大的歸類能力意味著我們可能犯錯，誤以為我們歸在同一類的東西彼此相似程度超過實際狀況。例如，只因為一群人戴著相同的彩色足球圍巾，就傾向於把他們想成是一個團體，而不是個人。曼羅迪諾指出，比較令人擔憂的是，我們傾向把相同種族、膚色或國籍的一群人一視同仁。

一九九八年，華盛頓大學的研究人員一錘定音闡示了刻板印象屬於潛意識。他們設計的「內隱聯想測驗」(Implicit Association Test，IAT）是用來測量，你說你相信的與你真正潛意識態度之間的落差。例如，這項測驗總是發現有百分之六十八的人偏向白人勝過黑人；百分之八十偏愛年輕人勝過老人，還有百分之七十六的人偏好身體健全的人勝過殘障的人——儘管他們嘴上說的是另一套。

這種偏好儘管是潛意識，不可避免會影響我們達成的結論和做出的決定。我們會這個樣子有演化上的理由，因為這麼一來在有可能是生死關頭的處境中大腦可以迅速判斷。如丹尼爾・康納曼所說，我們是「跳到結論的機器」，不過好消息是，透過覺察自己潛意識的假設，我們可以提前反制，只根據原則和理念而不是假設來行動。曼羅迪諾指出，「內隱聯想測驗」的重點是，人們的聯想反映出文化中存在的刻板印象。我們傾向於吸收這些簡單的分類成為預設，無論自己是否覺察到。如果被告比較好看，陪審員傾向於認為他們比較不會犯罪，不過只有在相當小的違法行為才會發生這種狀況。在嚴重的案件例如謀殺，需要比較審慎思考過濾證據時，潛意識的偏見往往會消失，被告會根據罪行受到裁判，而不是外表或其他特徵。

總評

《潛意識正在控制你的行為》書中表達的觀念——「我們內建的某些潛意識的社會行為，是過去身為動物的殘留」——大大背離了一九七〇和一九八〇年代的想法，當時正統心理學假設人們所有的選擇都是自覺的，是經過深思熟慮的。我們的存在主要是由我們沒有覺察到的心理力量所塑造，這樣的概念似乎違反了我們對自己的看法。我們認為自己是「自我靈魂的統帥」，是自由意志的存在。然而大腦掃描科技以及各種檢視潛意識的新研究，顯然只是確認了這項令人不舒服的真相。

不過曼羅迪諾主張，我們不應該害怕更深入研究潛意識心靈，事實上，如果想要對自己的行動多一點控制，對社會關係的理解好一點，這方面的研究絕對必要。他再度引用榮格：「直到你可以意識到潛意識，潛意識會主導你的人生，而你會稱之為命運。」

曼羅迪諾原先的專業是物理學，他把物理學的嚴謹帶入向來模糊不明的領域。確實，曼羅迪諾指出，「潛意識對我們的行為有重要影響，這個觀念直到最近都還被當成是大眾心理學避而不談。」曾經在這個領域指引我們的只有佛洛伊德和榮格，或者是受歡迎然而非科學的著作，例如約瑟夫．墨菲（Joseph Murphy）撰寫的《潛意識的力量》（*The Power of Your Subconscious Mind*），當前這些探入潛意識的適切研究照亮了前方道路。

雷納・曼羅迪諾

一九五四年生於芝加哥，曼羅迪諾擁有布蘭戴斯大學的物理學碩士學位，以及加州大學的理論物理博士學位，也曾經是加州理工學院的研究員。一九八五年曼羅迪諾轉換生涯，搬到洛杉磯成為編劇，為風靡一時的電視影集，例如《馬蓋先》（*MacGyver*）和《星際爭霸戰：銀河飛龍》（*Star Trek: the Next Generation*）寫劇本。一九九〇年代他成為幾款電腦遊戲的設計師和生產者，一九九七到二〇〇二年之間，他為紐約的出版社「學樂」（Scholastic）工作，為孩子製作教育及其他軟體。

二〇〇五年，曼羅迪諾協助史蒂芬・霍金撰寫《新時間簡史》，又在二〇一〇年和他合寫《大設計》（*The Grand Design*）。其他著作包括《歐幾里得之窗》（*Euclid's Window*，2001）、《費曼的彩虹：追尋物理學和生活中的美》（*Feynman's Rainbow: A Search for Beauty in Physics and in Life*，2003）、《醉漢走路：機率如何左右你的命運和機會》（*The Drunkard's Walk: How Randomness Rules Our Lives*，2003），以及講述演化故事的《科學大歷史》（*The Upright Thinkers*，2015）。

1927

制約反射

Conditioned Reflexes

「制約反射是尋常而且廣泛發生的現象；制約反射的建立是日常生活中不可或缺的功能。我們在自己和別人身上辨識出制約反射，頂著下述的名字：『教育』、『習慣』和『訓練』，而上述一切其實不過是生物出生後建立新的神經連結的結果。」

「如果動物沒有百分之百正確對應牠的環境，牠遲早會消失於世……舉個生物學的例子：如果動物沒有受到食物吸引，而是排斥食物；或者如果動物不是逃離火，而是把自己扔入火裡面，那麼牠很快就會滅亡。動物必須回應環境的改變，而且回應的行動是朝向維護自己的生存。」

總結一句

由於我們的心智受到制約，並沒有自己認為的那麼自主。

同場加映

威廉·詹姆斯《心理學原理》（31章）

拉馬錢德蘭《尋找腦中幻影》（44章）

伯爾赫斯·史金納《超越自由與尊嚴》（49章）

40

伊凡・帕夫洛夫

Ivan Pavlov

你大概聽過帕夫洛夫和他著名的狗，然而他是誰，他對心理學的貢獻是什麼？一八四九年生於俄國中部，家人期待他追隨父親的腳步成為東正教的神父（司鐸），不過閱讀達爾文受到啟發，他逃離當地的神學院，前往聖彼得堡攻讀化學與物理學。

大學期間，帕夫洛夫對生理學產生濃厚興趣，在幾位傑出教授的實驗室工作。最終他以研究出名，專長是消化和神經系統。身為生理學家，帕夫洛夫不怎麼看重心理學這門新興科學，然而是這門學問將來會引導他發展出關於「制約」的洞見。制約就是動物（包括人類）發展出新的反射以回應自身環境的方式。

《制約反射：大腦皮質生理活動的研究》（*Conditioned Reflexes: An Investigation of the Physiological Activity of the Cerebral Cortex*），從俄文翻譯成英文，是帕夫洛夫一九二四年首度在聖彼得堡「軍事醫學院」演講的合輯。充斥著枯燥乏味的細節，這本書總結了他的團隊二十五年來的研究，這些研究成果最終讓他獲得諾貝爾獎。現在我們來看看帕夫洛夫的發現，以及這些發現對於人類心理學的意涵。

動物是機器

在《制約反射》一開頭帕夫洛夫就指出，當時人們對於大腦缺乏認識。他很遺憾大腦成為心理學的領域，而它應該是生理學家的專利，生理學家能確定大腦的物理結構和化學作用等事實。

他向哲學家笛卡爾致敬，因為笛卡爾早在三百年前就以機器來形容動物。根據環境中的刺激，動物的反應是可以預測的。動物的反應是為了跟環境達成某種均衡。這些反應是神經系統的一部分，沿著設定的神經通路發生。這些反射反應其中一項是唾液的產生，這就是帕夫洛夫最初在狗身上研究的消化腺活動。他想要從化學角度分析，不同情境下狗回應食物所分泌的唾液有什麼不同。

不過在初期實驗中，帕夫洛夫注意到奇怪的事。在狗的唾液反射中存在著心理因素，意思是，只要牠們想到自己就要獲得食物了，狗就會開始流口水。笛卡爾所說的自動反應顯然不是那麼簡單。帕夫洛夫想要深入探究。

創造反射作用

他決定在狗身上試試各種刺激，如果不只是單純的自動反射，看看究竟是什麼會引發牠們分泌唾液。為了實時進行他的實驗，他必須幫狗動個小手術，讓狗的一些唾液通過一個洞口流到臉頰外面進入一個小袋子，這樣就可以測量產生的唾液有多少。

帕夫洛夫給予狗各種刺激，例如節拍器擺動的聲音、蜂鳴器的嗡嗡聲、鈴聲、冒泡和爆裂聲，加上展示黑色方塊、加熱、觸摸狗的不同部位，以及讓一盞燈一閃一閃。上述每一項都發生在給食物之前，因此下一次當狗聽見、看見或感覺一特定刺激時，就會開始流口水，即使食物還沒有出現。光是節拍器擺動的聲音就會讓狗產生唾液，即使沒有看見食物。生理上來說，狗聽到節拍器的反應和他實際看到食物時發生的事並沒有差別。對狗來說，節拍器——而不是一碗肉——「意味著」食物。

帕夫洛夫領悟到動物對於環境有兩種類型的反射或回應：

* 先天或者非制約反射（例如，狗開始吃東西時分泌唾液，幫助消化）。
* 後天或者制約反射，是透過潛意識的學習產生的（例如，聽到鈴聲時狗開始流口水，因為鈴聲「等於」食物）。

反射反應可以經由灌輸成為動物自然運作的一部分，這樣的事實讓帕夫洛夫意識到，如果動物真的是回應環境的機器，那麼必然是非常複雜的機器。他讓我們看到大腦皮層（大腦最先進的部位）可塑性非常高，與大腦皮層連結的神經通路也是如此。所謂的本能是可以學習得來的——和消除，因為他也能夠示範，藉由把食物跟狗不喜歡的事情連結在一起，可以抑制或消除反射動作。

不過帕夫洛夫也指出制約反射的建立有其限度，如果不是隨著時間逐漸消失，就是狗有時候會懶得回應，直接睡著了。他的結論是大腦皮層不能過度工作，或是改變太多。似乎狗的生存和適當的運作需要大腦的設定保持一定程度的穩定。

回應環境的高等機器

帕夫洛夫評述動物回應環境的方式有兩個層次。首先是「神經—分析」，大腦運用它的感官弄清楚是怎麼回事，其次是「神經—整合」，確立一件事情如何嵌入既有的反應和知識。例如為了生存，狗必須要能夠迅速決斷，眼前的事物對牠是不是威脅。

帕夫洛夫的部分實驗涉及到割除狗的整個大腦皮層。這會讓狗成為差不多就是具反射機器，保存了內建在大腦和神經系統的非制約反射，但是無法適當的回應環境——依舊可以走動，但是如果遇到即使是像桌腳這樣的小障礙，就不知道怎麼辦。對比之下，對於正常的狗來說，即使是環境刺激中細微的改變或者有什麼新事物，「探索反射」會促使狗豎起耳朵或是嗅聞刺激。狗可能花很多時間就只是在「探索」，為了讓牠們針對環境的反射能充分更新。

帕夫洛夫知道自己的實驗不只適用於狗。他說，生物越高等，就有越強的能力「讓自己與外界交流的複雜程度加倍，於是可以越來越多樣與精準的適應各種外在條件」。「文化」和「社會」可以理解成管理反射反應的複雜系統，人與狗的差異只在於制約反射凌駕先天反射的程度。狗能夠發展出比較進步的社會和領域知識，那是牠們對於環境的最佳回應，而人類的回應是創造出「文明」。

人與狗：相同之處

*《制約反射》的最後一章關注的是帕夫洛夫的研究如何應用在人身上。由於人的大腦皮層比狗的複雜多了，帕夫洛夫小心翼翼避免過度解讀自己的研究。不過，他指出下述的類比：

*人類接受訓練、紀律和文化的方式，跟狗如何接受教導去做事，沒有什麼太大差異。我們知道學習一件事最好的方式，就是分階段進行，如同狗的制約反射也是一步一步建立起來的。而且就像他在狗身上發現的，人類除了學習，也必須忘掉所學。

*帕夫洛夫為了他的實驗打造了特別的隔音建築，因為他發現外在刺激會影響制約反射的能力。同樣的，如果同時有電影放映，我們大多數人無法好好讀一本書。我們也發現在假期後或短暫脫離常軌後很難「回到日常工作」。跟狗的情況一樣，精神官能症和精神病的發生是極端刺激無法適當融入既有思考和反應的結果。

*狗的反應是無法預測的。帕夫洛夫回憶有一場彼得格勒著名的水災橫掃了實驗室，有些狗變得興奮，有些狗嚇到了，還有些狗則是退縮。同樣的，他指出，我們永遠無法預測，面對例如嚴

重的侮辱或失去所愛的人，當事人會有什麼樣的情緒反應。這些反應似乎映照出面對衝擊時兩種普遍的心理反應，在狗和人身上都看得到，那就是神經衰弱（疲憊、退縮、動彈不得）以及歇斯底里（神經質的激動）。

上述最後一點，帕夫洛夫的意涵是：演化確保我們無法對重大事件不做出反應——我們必須以某種方式思索這些事件。最終要回到穩定狀態，我們必須融合自己所經驗的。面對挑戰時「戰鬥或逃跑」的現象是神經系統短期自我保護的方式。長期來說，我們產生反應是為了確保最終能夠回復跟環境均衡的狀態。

總評

帕夫洛夫把大腦皮層看成是複雜的電話總機，在這裡一組一組的細胞負責不同的反射。永遠有空間建立更多的反射，但是也有容量更改既有的反射。帕夫洛夫的狗的確有「自動」的特徵，然而同時牠們的反射和反應是可以改變的。對於人類這有什麼意涵？儘管大部分時候我們根據習慣或從小接受的文化薰陶過日子，但有能力改變自己的行為模式。我們跟動物一樣容易受到制約，不過同時也有能力打破自己的模式，如果這些模式最終證明不符合自己的利益。透過環境給與的回饋，我們學習到面對生活什麼是有效的回應，什麼不是。

帕夫洛夫的研究對於心理學的行為學派有重大影響。行為學派主張，對於刺激我們有可以預測的反應，而且可以接受制約表現出特定的行為方式，在這方面我們與狗相差無幾。對於死硬派的行為主義者，自由意志的概念是神話。從態度和行為的角度來說，無論對一個人輸入什麼都會產生特定的輸出。不過帕夫洛夫自己的觀察似乎牴觸這樣的觀點。例如，帕夫洛夫指出，狗的許多反應是無法預測的。即使產生了制約，狗的個性依舊有表達空間。鑑於我們的大腦皮層大得多，我們必然享有的各種表達空間（或者對環境的回應）會多出多少？

《制約反射》有著非常單調乏味和科學的風格，反映出他對經驗性事實、秩序和紀律的熱愛，帕夫洛夫不允許過多個人色彩滲入他的行文。不過他是具有魅力的人。儘管對共產主義有所批評，在布爾什維克革命之後他事業發達，列寧下達命令頌揚帕夫洛夫的研究「對於全世界勞工階級具有重大意義」。

鑑於他不信任心理學的主張，帕夫洛夫的名字跟這門學科連結在一起，不無反諷意味。他的焦點只在於可以測量的生理反應，幾乎正好對立於佛洛伊德學派專攻「內在驅力與願望」的

伊凡・帕夫洛夫

伊凡・帕夫洛夫生於一八四九年，出生地是位於俄羅斯中部的梁贊（Ryazan）。他是十一名子女中的長子，父親是村莊裡的東正教神父。他在聖彼得堡大學的日子，以胰臟神經為主題，做出了成績斐然的研究。一八七五年拿到學位，進入帝國醫學院（Imperial Medical Academy）繼續深造。他在那裡獲得研究員的職位，之後成為生理學教授。他的博士論文是關於心臟的離心神經。

一八九〇年建立了聖彼得堡「實驗科學研究所」的生理學部門，他在那裡進行了一生大部分關於消化和制約反射的研究。他主管一龐大團隊，成員大多數是年輕科學家。

他贏得許多榮譽，包括「俄羅斯科學院」院士、一九〇四年的諾貝爾醫學獎、一九一五年獲頒法國榮譽軍團勳章。一八八一年，他與莎拉・卡契夫斯卡雅（Seraphima Sara Vasilievna Karchevskaya）結婚。莎拉是名教師，兩人育有四名活過襁褓期的孩子，其中一位後來成為物理學家。

帕夫洛夫於一九三六年過世時，依舊在他的實驗室工作。享年八十七歲。

1951

完形治療

Gestalt Therapy

「你以為要不斷努力保持自己的穩定，其實大部分的力氣是不必要的。如果你放掉自己刻意的退縮、費力的關注、不停的『思考』，也不積極干預自己自然傾向的行為，你不會因此崩潰、四分五裂或是『行為像個瘋子』。相反的，你的經驗開始凝聚，組織成比較有意義的整體。」

「我們有些人沒有心或沒有直覺，有些人沒有可以站立的雙腿、沒有生殖器、沒有信心、沒有眼睛或耳朵。」

總結一句

每一分鐘都要活得生龍活虎，活在你的實體世界。傾聽你的身體，不要活在抽象世界。

同場加映

米爾頓·艾瑞克森《催眠之聲伴隨你》（14章）
凱倫·荷妮《我們的內在衝突》（30章）
朗納·連恩《分裂的自我》（35章）
亞伯拉罕·馬斯洛《人性能達到的境界》（36章）
卡爾·羅哲斯《成為一個人》（45章）

41

弗利茲・波爾斯

Fritz Perls

依莎蘭學院（Esalen Institute）位於加州海岸上的大蘇爾（Big Sur），是一九六〇年代社會革命的震央。名符其實「在邊緣」，座落於陡峭的山崖上，高高俯瞰著太平洋，依莎蘭學院吸引了想要突破自我和掙脫社會束縛的人們。身為心理學家的弗利茲・波爾斯在一九六四年抵達依莎蘭。在前衛的柏林長大，逃離希特勒的德國來到美國，依莎蘭必定看起來像是精神家園，他大部分時間待在這裡直到一九七〇年過世。

擁有個人魅力，有時候愛跟人爭吵，波爾斯是早期西岸個人發展的上師之一。他的哲學是現代人想得太多，在他們應該去體驗、去感受和行動時，卻是在思考。他的口號是：「丟掉你的理智，訴諸你的感覺。」與反文化完全合拍。

《完形治療：人格的興奮與成長》（*Gestalt Therapy: Excitement and Growth in the Human Personality*）與才氣縱橫的激進分子保羅・古德曼（Paul Goodman）以及大學教授也是波爾斯的病人雷夫・賀弗林（Ralph Hefferline）合寫。這本著作成為新型態心理學的宣言。雖然接受過佛洛伊德學派的精神分析訓練，波爾斯早就拋棄診療室躺椅，他發現互相面質的團體課往往是最好的方式，能刺穿一個人心理上的「身體盔甲」，讓他真實、活潑的自我釋放出來。

對於一本關於興奮感受的書來說，《完形治療》可能讀起來沉悶，需要相當的專注力。無論如何，書的宗旨是闡述完形治療概念的理論基礎。甩掉正常社會角色的緊身衣活在「當下」——這樣的主題讓這本著作非常挑釁。我們很容易忘記在一九五〇年代的美國，這本書看起來會是多麼新穎。

完形＝整體

你曾經見過那些圖片嗎？當下從某個角度看見的是漂亮女子，然而之後同一張圖畫顯現的是老巫婆。如果你見識過，那你就有過完形或「啊哈！」的經驗。沒有精準的英文翻譯，不過德文的「Gestalt」意思約略是「形狀」或「形式」，或者某樣事物的整體。心理學的完形學派（相關人物是馬克思・魏泰默、沃夫岡・柯勒〔Wolfgang Köhler〕、科特・勒溫〔Kurt Lewin〕、科特・勾斯坦〔Kurt Goldstein〕、藍斯洛・勞・懷特〔Lancelot Law Whyte〕以及阿爾弗雷德・科日布斯基〔Alfred Korzybski〕）闡明了在關於視覺感知的實驗中，面對不完整的形與像，大腦總是試圖「完成整個圖像」。我們已經設定好在「底圖」或背景中找出「形象」來，意思是，注意力放在一件事而忽略另一件事，在顏色和形狀的渾沌中找出意義。

波爾斯擷取完形心理學的理念從中打造出自己的治療形式。他想要把「整體」的觀念應用在個人幸福上，同時借用了下述概念：人們永遠是由某個主導的需求（「輪廓」）來塑造，這個需求得到滿足時就會退回到背景（底圖）裡面，讓路給另外一項需求。所有的生物以這種方式管控自己，獲得他們生存之所需。

不過人類的議題是，我們的複雜性會打亂「需求—滿足」這道簡單的方程式。我們可能壓抑某些需求，又過度著重其他需求；我們對於生存的想法可能扭曲了，因此相信必須以特定方式維持自己的生存，即使從外人看來我們的作為是愚蠢的。我們的主導性需求與自我意識完全連結在一起，然而這個自我不再流動或是具有彈性，成為神經質的自我。這個自我停止覺察。

在傳統的佛洛伊德學派分析裡，「醫生」試圖透過深入探究案主的心靈，來「瞭解」這樣的人，把他們當成是客體。相反的，完形治療師體認到人是他們所處環境的一部分。心靈、身體、和環境都是整體考量的一部分。不像心理學傾向把事情分解成小片小片的細節，完形治療理解的是整體。以波爾斯的話來說：「完形的觀點就是以原初、沒有扭曲而且自然的取向對應生命，也就是對應人的思考、行動和感受。一般人是在充滿分裂的氛圍下養大的，已經喪失他的整體，他的完整。」

接觸和合流

嗅覺、觸覺、味覺、聽覺和視覺是我們跟這個世界「接觸的邊界」。一旦開始把自己想成是孤立的客體，就不再是會聽、會接觸、會興奮的存有了。波爾斯看出現代生活如何麻痺了我們，想想坐在有空調的辦公室裡有多沉悶。我們刻意降低自己覺察的敏銳度，以創造比較有秩序、卻沒有驚喜的生活。但是人們在臨死時會說什麼？不是「我但願自己曾追求比較多的保障，或是賺比較多的錢」，而是「我但願曾把握機會，做了比較多的事」——也就是，多多接觸生活。

波爾斯指出，真正與他們的環境有接觸的人，是處在興奮狀態的。他們時時刻刻都在感受，不管是用什麼方式。相反的，有精神官能症的人不去冒險真正接觸這個世界，而是退縮到他們熟識的內在世界，同時不會成長。健康的人投入生活：「吃喝並且覓食，愛人同時做愛，進取、衝突、溝通、感知、學習」，等等。

接觸的反面是「合流」(confluence)，展現出別人對你的教導，出於習慣或遵循你「應有的想法」來看事情。波爾斯舉了一則例子，某人在藝廊觀看當代藝術作品。他覺得自己是直接感知這些作品，然而事實上「他真正接觸的是他喜愛的雜誌藝評」。人們逐漸適應這個世界，而世界高度期待改變他們的基本天性，成為他們不是的那個人。我們的生物本質和社會要求的差距導致人格的坑坑洞洞。「我們有些人沒有心或沒有直覺，有些人沒有可以站立的雙腿、沒有生殖器、沒有信心、沒有眼睛或耳朵。」

波爾斯會以相當嚇人的方式告訴他的團體。在完形治療中，人們認領他們失落的部分，在過程中找回失去的攻擊性或者感性。

覺察身體和情緒

波爾斯在反省和覺察之間看到清楚的差異。覺察是「自發的意識到內心產生的東西——關於你正在做的事、你的感受、你的計畫」。另一方面，反省是以「評價、修正、控制和介入的方式」思索相同的活動。這樣的區別是重要的，因為傳統心理學包含的假設是，我們能夠分析自己，彷彿以某種方式我們與自己的大腦和身體分離了。然而這樣的分析只會讓我們變得神經質，若想把自己帶回神智清醒，並且與世界保持快樂的平衡做法是：跟自己的感官重新連結。

《完形治療》納入許多實驗，是波爾斯用來讓學員增強覺察的，例如告訴他們：「感覺你的身體！」透過躺著不動感覺身體，你會發現有些部位感覺是「死的」（也就是感覺不到），其他部位你可能體驗到疼痛或是不平衡。只是這樣簡單的行為，把注意力放在肌肉或關節的特定部位，就可以引導你找出結論，例如為什麼脖子僵硬，或者胃部有疼痛的地方。波爾斯指出：「精神官能症人格透過不自覺的操控肌肉創造出症狀。」往往，實驗的結果是有人恍然大悟，他們如果不是「嘮叨好批評的人，就是承受嘮叨批評的人」。

在另一項實驗裡，波爾斯要求學員時時刻刻對自己說看到了什麼，還有在做什麼。以此為例：「我現在坐在這張椅子上，這個下午，看著眼前的桌子。這個時候街上有車聲，而且現在我感覺到陽光透過窗戶照在我臉上。」之後他詢問學員進行這項活動時遇到哪些困難。他們總是回答：「什麼困難？」實驗的發現是：只要你全心全意在當下，注意和感受周圍環境，就沒有煩惱。只有在你「抽離」你的環境時，抽象的擔憂和焦慮才會重新入侵。有些人發現這樣的體驗會讓他不耐煩、無聊或焦慮，根據波爾斯的說法，這顯示了他們平日的意識多麼缺乏「真實性」。

隱藏的無法轉化

完形治療的目標是停止過著彷彿是自動而無意識的生活。許多人發現自己只有少少時間是真正的活在真實裡，當他們有意識的讓自己多點時間活在真實裡，就可能帶來突破。波爾斯教導的是：充分的覺察和關注會解決心理議題，而不是將它合理化。

熱切 vs 責任心

波爾斯相信健康的成人不應該完全拋棄小孩的方式。自發性、想像、好奇和驚嘆是我們應該保存的，如同所有偉大的藝術家和科學家，而且我們不應該因為「責任心」而意興闌珊，也不必總是要講究有意義有道理。

小孩比成人優越的地方是他們的熱切，即使是在玩遊戲。他們可能一時興起離開一項活動，但是投入活動時，其他的事情都不重要。天才會保留這種非常直接的覺察，但是一般成人通常對他們正在做的事情沒有足夠興趣。

波爾斯指出，我們所認為的「負責」多數時候只是把自己封閉起來，不去過著熱情的生活。用他的話來說：「習慣性的深思熟慮、務實、超然不投入，還有過度的責任心，大多數成人的這些特質是精神官能症，而自發性、想像力、熱切和好玩耍，以及直接表達感受，這些小孩的特質是健康的。」

總評

做你有感受的事，而不是你應該做的事，波爾斯這一套哲學保障了他在許多人心目中的地位。他著名的「完形禱文」總結了一九六〇年代的精神：

「我做我的事，你做你的事。

我活在這個世界上不是為了符合你的期待，
你活在這個世界上也不是為了符合我的期待。
你是你，我是我。
如果我們有緣找到彼此，那是多麼美好，
如果無緣，那也是無可奈何。」

有時候海報上會刪除最後一行，因為似乎跟「花的力量」這種倡導愛與和平的時代思潮不那麼契合。但是另一方面，波爾斯經常取笑那些追求「喜悅」、「狂喜」和「亢奮」的人，而且特別指出他治療時所涉及的工作非常辛苦，過程經常是不愉快和赤裸裸的，可能讓人傷心流淚。沒有人想要自己的隱私受到侵犯，聽別人告訴他們自己人格的坑洞。然而波爾斯指出，只有在我們承認自己卡住了之後，才能繼續前行。

如同米爾頓·艾瑞克森，波爾斯是解讀身體語言的大師。在團體課上，他往往比較感興趣的不是誰說了什麼，而是他們說話的語氣和坐姿。學員不准談論不在場的人，因此加強了完形治療「此時此地」的強度。他認為自己擅長在人們身上「嗅出鳥事」，這種技巧是生活中不可或缺的，與那個時代朦朧的真言「愛與和平」相去十萬八千里。

波爾斯也喜歡談論攻擊性。他相信，在憤怒中把控自己，就是否認人類本質上是動物。我們掐熄倦怠與無聊的根苗，但是應該像貓那樣，打個哈欠伸個懶腰，讓自己再度恢復行動。身體想要的我們應該給予，才能保持均衡。你是否切除了自己身上某個部分，因為那是反社會的，或者配不上一個好人？要讓自己重獲生機，把它拾回來吧。

弗利茲・波爾斯

一八九三年生於柏林，弗德烈克・所羅門・波爾斯（Frederick Salomon Perls）於一九二六年拿到他的醫學學位。畢業時他在法蘭克福的「腦受損軍人醫療研究所」（Institute for Brain Damaged Soldiers）工作，受到完形心理學家、存在主義哲學、以及新佛洛伊德學派凱倫・荷妮和威廉・賴希（Wilhelm Reich）等的影響。

一九三〇年代初期，由於德國逐漸變得不再是猶太人的安全之地，波爾斯與妻子蘿拉（Laura）前往荷蘭，之後又轉往南非。他們在南非自己開業，進行精神分析，並且建立了南非精神分析學院。不過他們開始批評佛洛伊德的概念，慢慢發展出完形療法，在《自我、飢餓與攻擊性：修訂佛洛伊德的理論與方法》(*Ego, Hunger and Aggression: A Revision of Freud's Theory and Method*，1947)一書中有清楚陳述。一九四六年這對夫妻搬遷到紐約，一九五二年設立了「完形治療學院」。兩人分居之後，弗利茲去到加州，蘿拉與孩子留在紐約。一九六四年弗利茲去了依莎蘭學院。

去世前一年，波爾斯出版了他在依莎蘭的課堂記錄《完形治療逐字稿》(*Gestalt Therapy Verbatim*，1969)，以及自傳《進出垃圾桶》(*In and Out of the Garbage Pail*)。

1923

兒童的語言與思考

The Language and Thought of the Child

「兒童的邏輯是無限複雜的主題，處處都是問題——功能和結構心理學的問題、邏輯的問題，甚至是認識論的問題。走在這座迷宮裡，要抓緊一致的主線，系統性排除所有跟心理學無關的問題，並不容易。」

「兒童……似乎話說得比成人多很多。幾乎他做的每一件都會伴隨著自己的評語：『我在畫一頂帽子』、『我做得比你好』等等。因此兒童的思考似乎比較偏向社會性，比較不能進行持續和單獨的研究。這只是表面上如此。兒童比較口無遮攔，單純是因為他不曉得不把事情說出來是怎麼回事。儘管他幾乎是不停跟旁邊的人說話，他鮮少置身於他們的觀點。」

總結一句

兒童不只是縮小版的大人或是思考比較沒有效能——他們的思考根本不一樣。

同場加映

阿爾弗雷德·金賽《人類女性的性行為》(34章)
史迪芬·平克《白板》(43章)

42

尚・皮亞傑
Jean Piaget

尚・皮亞傑跟阿爾弗雷德・金賽走了相同的學術路徑，金賽在投入人類性行為研究之前花了許多年時間收集標本，以癭蜂為寫作主題，而皮亞傑把他的心力轉向研究人類之前，是觀察自然界的大師。兒童和青春期階段，他漫遊於瑞士西部的丘陵、溪流和高山，收集鍋牛，後來的博士論文寫的是瓦萊（Valais）山區的軟體動物。

那些年他學習到的——首先觀察然後分類——幫他打下良好基礎來檢視兒童思考這個主題。兒童思考吸引來許多學者提出理論，但是沒有多少人面對真實兒童進行紮實的科學觀察。進入這項領域，皮亞傑的主要願望是：他的結論都是從事實歸納出來的，無論這些結論看起來是多麼費解或是自相矛盾。除了有條有理的技巧外，如虎添翼的是他對哲學的良好掌握，就科學家來說，這是罕見的。兒童心理學糾纏著一堆認識論的問題，不過他決定聚焦於非常實際的議題，例如：「小孩為什麼說話，以及她跟誰說話？」還有：「為什麼她問這麼多問題？」

他知道，如果找到答案，那對老師會有極大助益，因此他寫

《兒童的語言與思考》主要就是為了教育工作者。大多數探索兒童心智的人都聚焦於兒童心理學的量性研究——研究者認為，兒童如此表現是因為他們的心智能力比成人少，而且會犯比較多的錯誤。不過皮亞傑相信，重點不在於兒童某些特質比較多或比較少，而是思考方式根本不同。大人和小孩之間有溝通問題，不是因為資訊的差距，而是由於小孩有截然不同的方式看待自身世界中的自己。

小孩為什麼說話

在開頭的篇章，皮亞傑問了他承認很奇怪的問題：「小孩說話時想要滿足的是什麼需求？」任何頭腦清楚的人都會說，語言的目的是跟別人溝通，然而如果事實如此，皮亞傑好奇為什麼沒人在場時小孩也會說話。顯然語言不能歸結為只有溝通想法這一項功能。

皮亞傑在日內瓦的盧梭學院進行他的研究。盧梭學院於一九一二年開張，投入兒童和教師訓練的研究。在那裡他觀察四歲和六歲的小孩，記錄他們在工作和玩耍時說的每一句話。這本書收錄了孩子「對話」的逐字稿。

皮亞傑迅速發現（而且每位父母都可以證實），小孩講話時，很多時候都不是特別對誰講。他們是出聲思考。他鑑別出兩種類型的說話，自我中心型和社交型。自我中心類型有三種模式：

＊重複：說話時沒有針對誰，說出某些語詞純粹是因為好玩。

＊獨白：孩子一邊行動或遊戲，一邊全程評論。

＊集體獨白：孩子顯然在交談，然而並沒有真正理會別人在說什麼。（房間裡有十個小孩坐不同桌，講起話來可能很吵，不過事實上他們都是在自言自語。）

他指出，在特定年齡（他認為是七歲）之前，小孩是「口無遮攔」的，他們腦袋裡出現什麼就一定得說出來。幼兒園或托兒所，他寫道：「嚴格來說，是個人和社會生活尚未分化的社會。」因為小孩相信自己是宇宙中心，不需要隱私的概念或是顧忌別人保留看法。相反的，成人因為相較之下沒那麼自我中心，已經適應了完全社會化的語言模式，所以許多事情都不會說出口。唯有瘋子和小孩會想什麼就說什麼，因為真正要緊的只有他們自己。就是這項理由讓小孩能夠在朋友面前一直說個不停，但是從來無法從朋友的觀點看事情。

小孩的自我中心有部分原因是：他們的語言有個重要部分牽涉到手勢、動作和聲音。因為這些不是字詞，他們無法表達每一件事，因此小孩必然有部分依舊禁錮在自己的心裡。當我們領會到成人越能自如駕馭語言，就越有可能瞭解或者至少意識到別人的觀點，就能明白皮亞傑在說什麼了。語言事實上讓人們超越自己，這就是為什麼人類文化如此著重於教小孩語言。語言讓小孩終於可以擺脫自我中心的思考。

不同的思考，不同的世界

皮亞傑從精神分析借用了兩種類型思考的區別：

***定向或知性的思考**。這類型思考有個標的，思考是為了讓標的適應現實，而且可以用語言傳達思考過程。這種思考是以經驗和邏輯為基礎。

***無定向或自閉的思考**。涉及的標的是不自覺選擇的，而且不會去適應現實，是以滿足慾望為基礎，而不是想要確立真相。這類型思考的語言是意象、神話和象徵符號。

對於定向的心智來說，水具有特定性質，而且遵循特定法則，除了從物質上也可以從概念上來設想水。對於無定向的心智來說，水只有跟慾望或需求相關時才有意義——水是可以喝、看得見，或者可以用來享樂的東西。

這樣的區別幫助皮亞傑領會十一歲之前的兒童思考發展。從三到七歲，兒童大致是自我中心的，具備自閉思考的要素，不過從七歲到十一歲，自我中心的邏輯會讓位給知覺智能。

皮亞傑設計實驗，請小孩講述他們聽到的故事，或是解釋某件事情，例如水龍頭的運作（先展示給他們看）。在七歲之前，小孩並不真的在乎他們講話的對象是否瞭解故事或水龍頭的機制。他們能夠描述，但是不會分析。不過七、八歲之後，小孩就不會假設對方懂得他們的意思，所以會努力給予忠實的敘述，也就是保持客觀。在這個年齡之前，他們的自我中心不會讓他們保持客觀。他們無法解釋或不懂的就編造。不過七、八歲之後，小孩明白正確說出真相的意思，也就是說懂得虛構和現實的區別。

皮亞傑指出，兒童是依據「基模」來思考，這讓他們可以聚焦於訊息的整體，而不必理解每一個細節。當小孩聽到自己不理解的事，他們不會試著分析句子結構或字詞，而是企圖掌握或創造整體的意義。皮亞傑指出，心智發展的傾向永遠是從統合到分析——先看見整體，之後才獲得能力把事情分解成部分，或者分類。在七、八歲之前，孩子的心智主要是統合的，不過之後會發展分析能力，標誌了從青少年轉變為成人的心智。

兒童的邏輯

皮亞傑好奇為什麼小孩，尤其是七歲以下的小孩，總是在幻想、做白日夢，以及運用他們的想像力。他評述那是因為他們沒有進行演繹或分析的思考，就沒有理由嚴格劃分「真實」與「不真實」。因為他們的心智不是從因果關係和證據的角度運作，所有的事似乎都有可能。

小孩會問：「如果我是天使會發生什麼事？」對大人來說，這個問題不值得追究，因為我們知道這不可能是真的。但是對小孩來說，任何事不只是有可能，而且說得通，因為不需要客觀邏輯。要讓他們的心智滿意，只要有動機就好了。舉個例子，球想要滾下山坡，所以球就滾下來了。一名男孩在六歲時可能會覺得河從山丘上流下來，是因為河想要這麼做。一年以後，他會從「水永遠從山上流下來，這就是為什麼河從這座山流下來」的觀點來解釋。

為什麼許多小小孩不停的問「為什麼」，因為他們想要知道每個人跟每件事的意圖，即使是無生命的，他們還不明白只有一些事是有意圖的。之後，等小孩能夠領會大多數事情是有原因造成的，不是有意圖就可以，他們的問題會變成追究因果關係。在他們能夠瞭解前因跟後果之前的時期，剛好跟自我中心時期重疊。

「假裝的世界」（我們以優越的態度如此標籤），在小小孩的感覺是冰冷、確鑿的現實，因為這個世界裡的一切，根據它們的意圖和動機來判斷，都是合理的。事實上，如皮亞傑略帶挖苦的評述，從兒童的理解角度來看，世界似乎運作得如此之好，並不需要邏輯來支持。

成人往往發現很難瞭解小孩，因為他們忘記在小孩的心智裡，邏輯沒有角色。在小孩到達特定年齡之前，我們無法讓小孩用我們的方式思考。在每一個年齡，小孩與他們的環境取得獨特的均衡。也就是說，他們在五歲時的思考和感知方式完美解釋了他們的世界。不過相同的方式不適用於他們八歲時。

在後來的著作裡，皮亞傑探索心智發展的最後階段，始於十一、二歲。青少年推理、抽象思考、判斷，以及考慮未來的能力讓他們本質上與成人無異。從此之後就是能力增長的問題，而不是性質的改變了。

總評

儘管關於精確的年齡有些疑問，皮亞傑的兒童發展階段大體上通過了時間考驗，而且他對學齡前和學齡教育的影響是巨大的。

不過皮亞傑從來不認為自己是兒童心理學家，比較精準的說，他是專注於知識理論的科學家。他對兒童的觀察引導出比較廣泛的溝通理論和認知理論，因為他從兒童心智上面學到的，讓我們比較清楚照見成人的心智。例如，不只是兒童使用基模來理解世界，成人也必須讓新資訊符合自己的已知框架來容納和吸收新資訊。

皮亞傑創造出「發生認識論」(genetic epistemology）的領域，探討的是知識理論如何根據新資訊演化或改變。他把心智看成是相當任意的創造，以這樣的方式成形，因此當事人可以根據自己的世界模型來解釋現實。教育必須考慮這些模型，而不只是把事實硬塞給學生，否則資訊是無法吸收的。填鴨的教育方法會產生呆滯的順服者，他們對改變不自在。皮亞傑領先時代，主張我們應該把人教育成能夠創新和創造的思考者，他們能覺察自己心智的主觀性，又足夠成熟來容納新事實。可以說，他最初觀察兒童語言和思考的實驗，引導出偉大洞見，讓世人明白成人是如何處理知識，創造出新的理解。

尚・皮亞傑

一八九六年誕生在瑞士西部的納沙泰爾（Neuchâtel），皮亞傑是當地大學一名中世紀文學教授之子。他對生物學有強烈興趣，因此在離開學校之前就已經發表了好幾篇科學文章，而且在一九一七年出版了一本哲學小說《追索》（*Recherché*）。

拿到博士學位之後，皮亞傑開始研究兒童的語言發展，一九二一年他成為日內瓦盧梭學院的主任。一九二五至二九年，他是納沙泰爾大學心理學、社會學和科學哲學的教授，之後他返回日內瓦大學，成為科學思想教授，待了十年。他同時任職於瑞士教育當局。一九五二年皮亞傑成為巴黎索邦大學的發生心理學教授，他也一直主持日內瓦的「發生認識論國際中心」，直到一九八〇年他過世。

重要著作包括《兒童對世界的概念》（*The Child's Conception of the World*，1928）、《兒童的道德判斷》（*The Moral Judgment of the Child*，1932）、《兒童的智力起源》（*The Origins of Intelligence in*

Children，1953）、《生物學和知識》（*Biology and Knowledge*，1971），以及《意識的掌握》（*The Grasp of Consciousness*，1977）。

2002

白板

The Blank Slate

「許多人認為，承認人有天性形同支持種族主義、性別歧視、戰爭、貪婪、種族屠殺、虛無主義、反動政治，以及忽視孩童與弱勢。若聽到有人主張心智有先天組織，人們當下想到的不是這個假設可能為真，而是它是不道德的。」

「每個人對於人性都有自己的理論。每個人都必須預期別人會做出什麼行為，這意味著我們都需要有理論來解釋人們行事的動機。關於人性，我們都有個心照不宣的理論，也就是行為是由思想和感受引發的；這個理論深藏在我們對於人的想法裡。」

總結一句

遺傳科學和演化心理學顯示，人性不只是環境將我們社會化的結果。

同場加映

露安·布哲婷《女人的大腦很那個……》（07章）
漢斯·艾森克《人格的維度》（16章）
威廉·詹姆斯《心理學原理》（31章）
拉馬錢德蘭《尋找腦中幻影》（44章）

43

史迪芬・平克

Steven Pinker

關於「遺傳或教養」的知名辯論，關切的是我們來到這個世界是否已經設定好擁有某些特質或才華，或者我們完全是由身處的文化和環境所塑造。在一九六〇和七〇年代，父母接受行為主義心理學家、人類學家和社會學家的專家意見，相信環境就是一切。他們盡自己的本分，不讓男孩玩玩具槍，改給他們洋娃娃，想要以此創造出比較和平、比較沒有性別歧視的世界。然而，有小孩的人從第一天就知道，每個孩子天生就和他們的手足不一樣。首屈一指的實驗與認知心理學家史迪芬・平克寫了《白板：當代對人天性的否認》糾正許多沒有根據的主張——關於人的心智可塑性有多強，並且揭穿我們的行為是社會化結果這類迷思。

人們不願意承認，事實是生物學決定了人性，平克說這如同維多莉亞時期的人不願意討論性，更有甚者，這樣的觀點扭曲了公共政策、科學研究，甚至我們對彼此的看法。不過他不是單純站在「基因就是一切而文化無關緊要」的立場。相反的，他的用意是揭露下述事實：相比於我們受文化和環境塑造的程度，人性有多少是由已經存在大腦裡的模式所形塑。

「白板」理念的歷史

啟蒙時代哲學家約翰・斯圖爾特・彌爾（John Stuart Mill）指出了經驗的重要以及人類心智的可塑性，把人類心智描繪成一張等待書寫的白紙，這個理念後來以「白板」為人所知。平克界定這個概念意指「人的心智沒有先天結構，可以任由社會或我們自己來銘刻」。這種想法蘊含了合乎邏輯的假設，也就是每個人都是平等的，而今日我們理當接受，除了嚴重的身心障礙，任何人都可以有志者事竟成。

不過，接受這樣的概念也蘊含了下述觀點：在解釋人的樣貌時，生物學施展不了力量，無法扮演任何角色。《行為主義》（*Behaviorism*，1924）中有一段著名的話，約翰・華生（John B. Watson）吹噓，只要給他一打健康的嬰兒，他可以隨自己心意把他們塑造成各種成人，無論是醫生、藝術家、乞丐或小偷。

平克說，即使行為主義不再是心理學的正統，完美的空白金屬板這個觀念頑固的保存下來，成為「當代知識界的世俗宗教」。很容易理解，我們不希望回到只強調人與人之間生理差異的時代，因為那似乎也允許種族、性別或階級的歧視和偏見。不過反諷的是，白板理念創造出來的真空讓極權政權利用和濫用了，他們相信可以把群眾打造成想要的任何樣子。平克問：在白板理念終於消除之前我們還需要經歷多少「人類改造」計劃？

我們就是我們

平克指出，人類的心智永遠不可能是一塊白板，因為那是經過幾千年物競天擇鍛造出來的。有些人的大腦讓他們擁有敏銳感官能機靈解決問題，他們自然會勝過其他人，基因也自然被留傳下來。可塑性太強的心智在生存競爭中被「選出來淘汰掉了」。

演化生物學家和某些得到啟蒙的人類學家已經闡明，有各種「社會建構」的因素事實上主要是由生物學預先設定的，例如情緒、親屬關係，以及性別之間的差異。唐納・布朗（Donald Brown）繪製出他所謂的「人類通性」，也就是全世界各個社會中都找得到的特質或行為，無論社會發展程度。這些通性包括衝突、強暴、嫉妒和宰制，不過如我們預期的，也包括解決衝突、道德感、仁慈和愛。人類有可能既殘酷又聰明同時有愛心，因為我們繼承的神經構造是來自投身衝突和戰鬥而存活下來的人，不過他們也有能力生活在親密的社群裡，成為締造和平的人。「愛、意志和良心，」平克總結，「也是『生物學設定的』，意思是，經過演化上的適應植入我們的大腦迴路中。」

出生時的設定

神經科學家進行的各種研究已經發現，我們的大腦在出生時設定有多麼精細。例如：

＊男同志通常有個大腦部位（在下視丘前緣的第三間質核）比一般小。這個大腦部位公認在性別差異上有它的作用。

＊愛因斯坦的大腦有較大而且形狀不尋常的頂下葉，這個部位對於空間和計算智能很重要。相反的，科學研究已宣判殺人犯的大腦的確有問題，也就是發現他們的大腦的前額葉皮質有小於平均值，這個部位掌管決策和抑制我們的衝動。

＊研究發現，一出生就分開的同卵雙胞胎下述各項表現的水平差不多：整體智力、口語和數學技能，還有內向或外向、親和力之類的人格特質，以及整體的生活滿意度。他們甚至擁有相同的人格怪癖和行為，例如賭博和看電視。這不僅可以歸因擁有一模一樣的遺傳物質，而且大腦實際的生理構造（各個部位的溝壑和皺摺以及大小）也幾乎是相同的。

＊許多病症過去認為是單純由個人環境造成的，現在找到了遺傳根源。這些病症包括精神分裂（思覺失調）、憂鬱、自閉症、閱讀障礙、躁鬱、以及語言障礙。這一類病症會在家族之間流傳，而且不容易根據環境因素推測。

＊心理學家能夠把人格劃分為五個主要面向：內向或外向、神經質或穩定、對新事物不感興趣或持開放態度、親切或對抗，以及認真盡責或茫然無目標。這五個面向都可能是遺傳的，我們的人格有百分之四十到五十跟這些遺傳傾向有關。

平克明白我們的恐懼，如果基因影響了心智，那麼我們的思考和行為就完全由基因控制了。不過，基因只是賦予了特定的可能性，並沒有決定什麼事。

總評

平克把人們對白板的信念比擬為伽利略時代的宇宙觀，當時人們相信物理的宇宙建立在道德框架上。同樣的，今日的道德和政治敏感意味著科學事實——人性的生物學基礎——被掃到一邊以遷就意識形態。我們害怕這些事實會導致「價值崩塌」，而且會失去掌控力，不再能夠把社會控制成我們想要生活其中的那種社會。

平克的回應是引用了俄國小說家契訶夫的一句話：「當你對某人點出他的樣貌時，他會變得比較好。」關於我們是誰以及我們是什麼樣子，只有堅持事實，以生物學、遺傳科學和演化心理學為根基，我們才能夠向前邁步。人的天性或許有許多面向我們不樂意承認，但是否認並不會讓它們消失。

《白板》是本厚重的書，要花你不少時間來閱讀和理解。這是一本智識上的傑作，很可能會粉碎你珍視的意見，或是轉移成比較堅定的科學立場。我們很容易明白為什麼平克屬於今日最頂尖的科普作家，他的著作結合了科學的嚴肅莊重和樂趣無窮的文字風格。

史迪芬・平克

一九五四年生於加拿大的蒙特婁，史迪芬・平克擁有麥基爾大學和哈佛的學位。他在哈佛拿到實驗心理學的博士學位。他最聞名的是關於語言和認知的研究。

其他著作包括《語言本能》（*The Language Instinct*，1994）、《心智探奇》（*How the Mind Works*，1997）、《思想本質》（*The Stuff of Thought*，2007）、《人性中的良善天使》（*The Better Angels of Our Nature*，2011），以及《寫作風格的意識》（*The Sense of Style*，2014）。直到二〇〇三年，平克是麻省理工學院的心理學教授，同時是「認知神經科學中心」主任。目前他是哈佛大學「約翰斯通家族講座」（Johnstone Family）心理學教授。

1998

尋找腦中幻影

Phantoms in the Brain

「有一種保持幼態不長毛的靈長類，有著獨特的古怪之處，那就是他們演化成可以回顧並且詢問自己起源的物種。更古怪的是，他們的大腦不僅能夠發現其他大腦如何運作，還可以詢問關於自己的存在之類的問題：我是誰？死後會發生什麼事？我的心智純粹是由我大腦裡的神經元產生？如果是這樣的話，自由意志有什麼餘地可以發揮？是這些問題奇特的遞迴性質——大腦努力想要瞭解自己——讓神經學令人著迷。」

總結一句

弄清楚神經學上比較怪異的個案，能夠幫助人洞察我們是如何覺知自己的。

同場加映

維克多・法蘭可《追求意義的意志》（17章）
安娜・佛洛伊德《自我與防衛機制》（18章）
威廉・詹姆斯《心理學原理》（31章）
奧立佛・薩克斯《錯把太太當帽子的人》（46章）

44

拉馬錢德蘭

V. S. Ramachandran

什麼是意識？什麼是「自我」？幾千年來這一類大問題一直是保留給哲學家。現在，由於我們對大腦本身的認識越來越精進，科學便加入這場辯論。拉馬錢德蘭是全世界數一數二的神經科學家，他表示大腦研究時日尚短，不足以編織出什麼關於意識的偉大理論，像愛因斯坦發展出相對論那樣，不過或許我們正處於深入瞭解的早期階段。

與珊德拉・布萊克斯利（Sandra Blakeslee）合寫的《尋找腦中幻影》是拉馬錢德蘭初探「心智奧秘」的暢銷書，也是一本啟示錄。閱讀完這本書之後，你再也無法將舉起手臂或拿取茶杯的動作視為理所當然。科學家擅長的是發展理論然後找出證據來支持，然而拉馬錢德蘭做的是相反的事，他刻意採納目前科學無法輕易解釋的醫學異常案例。對於有興趣研讀精神醫學的讀者來說，或許這本書最突出的訊息是，許多先前診斷為「發瘋」的病例現在我們有比較清楚的瞭解，是腦迴路的運作不正常。看似瘋狂的行為或許不代表當事人精神失常。

除了讓我們跟上基本的大腦解剖學，這本書讀起來也很愉快。

熱愛福爾摩斯的拉馬錢德蘭承認，他不是一般人心目中的科學家，寫作時會援引莎士比亞和全人治療大師迪帕克・喬普拉（Deepak Chopra），同時也論及佛洛伊德和印度宗教。他沒有數算自己的學術成就，反而坦承自己在知識上受惠於科普著作。這樣的寬廣胸襟讓《尋找腦中幻影》成為有趣的讀本，即使你從來沒聽過視丘或額葉。雖然可能有點漫談的味道，拉馬錢德蘭信筆寫來的風格傳達出他的讚嘆和驚奇，想想看，為什麼一大團濕濕的灰色細胞能創造出自我覺察和意識？

大腦的位元

拉馬錢德蘭指出一項驚人事實：「跟一粒砂一樣大小的一小片你的大腦，包含了十萬個神經元、兩百萬根軸突和十億個突觸，彼此都會互相『講話』。」他詳細描述了各個部位，包括四個腦葉——額葉、顳葉、頂葉和枕葉；四個腦葉組成了「核桃的兩半」。每個半球控制身體另一邊的動作——左半腦控制我們右邊動作，右半控制左邊。左半球比較是一直在「說話」的大腦部位，無論是在腦袋裡思考或者用嘴巴說出來，負責理性的意識層面。右半球跟我們的情緒和生活中的整體覺察比較相關。額葉往往公認為大腦中最「人性」的部位，是智慧、計畫和判斷等功能的基地。

大腦其他特點包括：

＊胼胝體：神經纖維組成的帶狀體，連結兩個腦半球。
＊位於脊髓頂端的延腦（延髓）：調節血壓、心跳速率和呼吸。
＊視丘：位於大腦中央，除了嗅覺，其他感官都是透過視丘來傳達訊息，一般認為是大腦的原始部位。
＊視丘下面的下視丘：跟攻擊、性、恐懼等「驅力」相關，也跟荷爾蒙和新陳代謝的功能相關。

拉馬錢德蘭指出，儘管有了這些基礎知識，我們依舊無法真正確定記憶和知覺是如何產生的。舉個例子，記憶是收容在大腦的特定部位嗎？或者記憶是比較全面的，牽涉到整個腦袋？作者認為兩種解釋或許都正確，雖然大腦的各個部位有特定職責，但瞭解它們如何互動，我們才能開始接近真相，理解是什麼構成「人性」。

幻肢

書名「尋找腦中幻影」指的是什麼？拉馬錢德蘭最著名的是他針對有幻肢經驗的人進行的研究。在截肢或癱瘓之後，當事人仍擁有這部分肢體的全部感覺。最糟的是當事人會確實感覺到幻肢的許多疼痛。拉馬錢德蘭好奇，神經系統是如何以及從什麼地方產生這些幻覺的。為什麼在截肢之後擁有此肢體的感覺仍然「凍結」在大腦裡。透過針對患者的實驗和研究，他如此解釋幻肢的感覺：本質上，大腦有個身體意象，呈現出包括手和腿的身體。當有一肢喪失時，大腦可能需要一段時間來跟上這項事實。

傳統的見解是，失掉一手或一腿的打擊太大，當事人便一心幻想肢體還在，或是否認肢體的喪失。不過拉馬錢德蘭指出，他見過的大多數研究對象都沒有精神官能症。事實上，他治療的一名婦女米拉貝爾生下來就沒有雙手，卻仍然有使用雙手的逼真感覺。這顯示，大腦預先設定好了四肢的協調，而且想要享受使用四肢的樂趣，即使感官資訊告訴大腦並沒有東西可以移動。他提到另一則案例，有位女孩頻繁使用手指去做簡單的算術運算——只是她一生下來就沒有前臂。人們失去一肢時，大腦通常會持續送出訊息要使用它，不過總有一天肢體不存在的回饋累積得夠多，這種感覺就會停止了。然而跟截肢不一樣，生下來就沒有雙手的人從來沒有接收過來自殘肢的感覺回饋，告知他們已經改變了，因此大腦便繼續相信自己有手臂可以使用。

否認手腳癱瘓

病覺缺失是一種症候群，患者顯然在大多數層面神智正常，但是否認他們的手臂或腿癱瘓了，不過只有在癱瘓的是左手臂或左腿時，才會出現否認的狀況。什麼導致這樣的認知失調？只是一廂情願的想法嗎？還有為什麼只發生在左肢？

拉馬錢德蘭的解釋涉及兩個腦半球之間的分工。左半球負責創造信仰系統或現實模型。左半球的本質是順應，而且「總是想要墨守成規」。因此當新的資訊不符合模型時，左半球就會採用否認或壓抑的防衛機制來維持現狀。相反的，右半球的職責是挑戰現狀，尋找不一致的地方或任何改變的跡象。當右腦半球受損時，左腦半球就可以自由的追求「否認和虛構」。沒有右腦來檢核事實，心智就會在自我欺瞞的路徑上遊蕩。

不惜任何代價保存自我

拉馬錢德蘭關於「病覺缺失症候群」患者的研究似乎證實了佛洛伊德關於防衛機制的見解。防衛機制就是我們用來保護自我概念的思想和行為。神經學的任務是去找出來為什麼人們會合理化和迴避現實，只不過要考慮的是大腦的線路設定，而不是心理層面。採取否認模式的患者是最佳研究對象，因為他們的防衛機制是集中和放大的。

大腦會做任何事來保存自我意識。自我意識的演化或許是因為大腦和神經系統牽涉到這麼多不同的系統，需要一個大幻影把這些系統全部連結在一起。要生存、要社交、要交配，我們需要體驗到自己是自主的存有，有掌控能力。不過，我們可以掌控的部分事實上只是整個存有的一小部分，其餘的是自動進行，像殭屍一樣。

怪異而奇妙的個案

拉馬錢德蘭引用了湯瑪斯・孔恩（Thomas Kuhn）以及他劃時代的著作《科學革命的結構》（*The Structure of Scientific Revolutions*）。孔恩在書中指出，科學傾向於把不尋常的個案掃到地毯下掩蓋起來，直到這些個案可以嵌入已經確立的理論之中。不過拉馬錢德蘭的觀點翻轉這種說法，他認為解答了奇怪的個案我們可以更接近通則。只要想想他討論的三則例子：

*半側空間忽略症（Hemi-neglect）患者對於世界上位於左邊的物體或是發生在左邊的事件不感興趣，有時候甚至對自己左邊的身體也漠不關心。艾倫不會吃盤子左邊的食物，不會給左側的臉上妝，甚至不會刷左邊的牙齒。儘管會嚇著跟她住在一起的人，這種症狀不是那麼少見而且往往發生在右腦中風之後，尤其是右頂葉受到損傷。

*卡波格拉斯妄想症（Capgras'delusion）是罕見的神經病症，患者會把自己的父母、小孩、配偶或手足當成是冒充的騙子。患者認得出這些人，但是看著他們的臉時體驗不到任何情緒，於是大腦認定他們一定是冒充的騙子。以神經學的角度來說，是辨識臉部的區塊（位於顳葉皮質）

和杏仁核（邊緣系統的門戶）之間的連結斷裂了。杏仁核協助我們對特定的臉孔產生情緒反應。

*柯塔爾症候群（Cotard's syndrome，或稱行屍症候群）是種詭異的病症，患者相信自己已經死了。他們聲稱聞到自己的腐肉味道，看見蠕蟲在自己的屍體上爬進爬出。拉馬錢德蘭認為這種幻覺的產生是因為大腦的感覺區塊和處理情緒的邊緣系統連結失敗。患者確確實實再也感覺不到任何情緒，因此與生命脫離了。他們的大腦唯一能夠處理這種情境的方式是，假設他們不再活著。

意識是什麼

因為比較容易針對當事人進行實驗，這種詭異的個案便可以揭露正常的心智是如何運作的。我們把自己再現世界的能力視為理所當然，但是如果我們的大腦設定稍微出錯，對於什麼是真實、什麼不是的整體概念可能就會讓我們如墜五里霧之中。我們開始瞭解，人的現實感其實比較像是精巧的幻覺，設計來讓我們能夠行走於這個世界，並且存活下來。如果我們必須處理每一秒的純粹感知，就永遠完成不了任何事。我們需要把一定量的基本現實感知視為理所當然，不必再去處理，通常大腦會出色的完成這部分。只有當事情出錯了，我們才會明白意識是如何精巧的保持平衡。

對於意識的產生，杏仁核和顳葉發揮了極其重要的作用。沒有這兩個部位，我們事實上就成了機器人，無法意識到我們所作所為的意義，拉馬錢德蘭說。我們不只大腦裡有迴路告訴我們如何做事，也有路徑告訴我們為什麼自己會做這些事。拉馬錢德蘭用了一整章探討宗教感增強和顳葉癲癇之間的關聯；當大腦的顳葉發作癲癇時，當事人可能突然以極為靈性的方式看待眼前的一切。能夠賦予事物不同意義，包括有能力討論我們具有意識這項事實，區分了人跟其他動物，不過如果這項功能受損或者更改了，有可能人們會體驗到太多意義。

總評

拉馬錢德蘭說，人類歷史上最偉大的革命將會發生在我們真正開始瞭解自己的時候。他呼籲更多資金來贊助大腦研究，不只是為了滿足我們的好奇心，而是因為「所有卑劣的事」——戰爭、暴力、恐怖主義——都是源自於大腦。

神經學提供了大腦構造和迴路的知識，我們需要這些知識做為起步。然而比較大的任務是，瞭解一大團灰色細胞和意識到自己是擁有自由意志的個體之間的關係。即使如拉馬錢德蘭提出的，自我意識是大腦創造出來的精巧幻覺，為了確保我們的身體能夠存活。自我意識也是關於我們如何在哲學或靈性的層次上與宇宙互動。自我意識在動物界是獨一無二的，因此我們應該加以珍惜，而且值得進行更深入的研究。

拉馬錢德蘭

生於一九五一年，維萊亞努爾・拉馬錢德蘭（Vilayanur Ramachandran）在印度和泰國長大（他父親是外交官），在清奈的史丹利醫學院拿到碩士學位，博士學位是在劍橋大學取得的。他目前是加州大學聖地牙哥分校「大腦與認知中心」主任，也是沙克生物研究所（Salk Institute for Biological Studies）的兼任生物學教授。獲得的獎項包括荷蘭皇家藝術與科學院頒贈的「Ariens-Kappers」獎章和來自澳洲國立大學的金質獎章，同時獲選為牛津大學萬靈學院（All Souls College）院士。

拉馬錢德蘭出席世界各地的重要講座，包括主講二〇〇三年英國ＢＢＣ的「瑞思講座」（Reith lectures），以及美國國家心理衛生研究院的「大腦十年」講座。《尋找腦中幻影》製作成兩集紀錄片，在英國的第四頻道和美國的公共電視網播出。其他著作包括《人類大腦百科全書》（*Encyclopaedia of the Human Brain*，2002）、《浮現的心智》（*The Emerging Mind*，2003）、《淺入人類意識》（*A Brief Tour of Human Consciousness*，2005），以及《透露秘密的大腦：一名神經科學家追索人之所以為人》（*The Tell-Tale Brain: A Neuroscientist's Quest for What Makes Us Human*，2011）。

共同作者珊德拉・布萊克斯利是《紐約時報》的科學撰稿人，專長是認知神經科學。

1961

成為一個人

On Becoming a Person

「如果我能提供一種特定型態的關係，對方就會發現自己內在有能力運用這份關係來成長，於是產生改變，個人也會發展。」

「當個人漸漸的、痛苦的，探索他呈現給這個世界的面具背後是什麼，甚至是面具背後他一直在欺騙自己的……便越來越能成為自己——不是從眾的假象，不是犬儒的否認所有感受，也不是知性和理性的門面，而是活生生的、會呼吸、有感受、有波動的歷程——簡單來說，他成為一個人。」

總結一句

真正的關係或互動是，在其中你能自在做自己，而對方可以清楚看見你的潛能。

同場加映

米爾頓・艾瑞克森《催眠之聲伴隨你》（14章）
亞伯拉罕・馬斯洛《人性能達到的境界》（36章）
弗利茲・波爾斯《完形治療》（41章）

45

卡爾・羅哲斯
Carl Rogers

你是否曾經和某人長久對話後感覺「療癒了」？一份獨特的關係讓你再度感覺正常或對自己感覺良好？很可能這些互動是發生在信任、開放、坦誠的環境裡，你獲得百分之百的關注，而且對方真的傾聽你，不帶判斷。

卡爾・羅哲斯認為上述是良好關係的特徵，把它們應用在他身為心理學家和諮商師的工作上。結果是革命性的翻轉了心理師—病人的傳統模式，讓成功的人際互動具有了比較寬廣的意涵。

羅哲斯進入他這一行時有個假設，他會成為優秀的從業人員，不管誰來求助他都會「解決」他們的問題。但是他開始領悟到這個模式很少發生效果，進步比較仰賴的是坐在諮商室的兩人之間深刻的理解與開放。他受到存在主義哲學家馬丁・布伯（Martin Buber）以及他「堅信對方」的觀念強烈影響。這點意味著完全確認一個人的潛能，也就是有能力看見對方「生下來要成為」的那個人。重點轉移成人的可能性（相對於只是關注問題）讓羅哲斯與馬斯洛成為新興的人本主義心理學標竿人物，而他們對於個人成長和人類潛能的理念在今日我們習以為常。

《成為一個人：一個治療者對心理治療的觀點》不是單篇成書，而是羅哲斯寫作十年的合集，是跨越三十年的心理治療生涯累積下來的智慧，儘管不容易閱讀，一旦你掌握了其中的概念，可以獲得非常多啟示。

讓每個人做他自己

在受訓成為心理師的過程中，羅哲斯很自然吸收了下述觀念：他可以控制與案主的關係，而且他的職責是分析和治療病人，彷彿他們是物體。但是他最後得出的結論是，讓病人（案主）引導前進方向比較有效。這就是他著名的「案主中心」（或以人為中心）治療形式的開端。

不試圖「修理」案主，羅哲斯覺得更重要的是全心全意傾聽他們在說什麼，即使聽起來似乎是錯誤的、軟弱的、奇怪的、愚蠢的或惡劣的。這樣的態度讓人們可以接受自己所有的想法，經過幾次會談之後他們就會療癒自己。羅哲斯總結他的哲學：「就是做我自己，同時讓對方做他自己。」當時的心理學研究都環繞著實驗室老鼠的行為，但他相信讓「瘋狂」的病人決定方向就好，這個做法大大挑戰了心理學專業，許多人都駁斥他的想法。

如果以為這樣不夠顛覆，羅哲斯還粉碎傳統觀念，也就是治療師要冷靜自持地客觀傾聽案主的議題。他主張，治療師有權利擁有自己的人格，表達他們的情緒。例如，如果在會談過程中他感受到敵意或者被惹惱了，他不會假裝自己是和氣、超然的醫生。如果他沒有答案，也不會聲稱自己有。心理師和案主的關係若要建立在真實基礎上，他覺得必須包含心理師的心情和感受。

羅哲斯著作的核心見解是，他看待人生是流動的過程。他相信圓滿的人應該會接受自己「是持續流動在成形，而不是成品」。人們犯的錯誤是試圖控制自身經驗的所有面向，結果他們的人格不是以真實為根基。

成為真正的人

羅哲斯觀察到，人們第一次來見諮商師尋求治療時，通常會給個理由，例如跟另一半或是雇主相處有問題，或者是自己有無法控制的行為。不變的是，這些「理由」不是真正問題。事實上他見過的所有案主只有一個問題：他們絕望的想要成為真正的自己，讓自己能丟掉至今他們用來應付生活的虛假角色或面具。他們通常非常在意別人對他們的想法，掛慮在各種情境下自己應該如何行事。治療帶他們回到自己對於生活與各種處境的直接體驗。他們成為一個人，而不只是社會的反照。

這樣的蛻變有個層面是，人們開始「擁有」自我的所有面向，允許完全矛盾的感受（一名案主承認她同時愛和恨她的父母）。羅哲斯的格言是，要釐清自己的情緒和感受時，「事實永遠是友善的」；真正的危險是否認我們的感受。當我們覺得羞恥的感受一一浮出表面時，就能領悟到，允許這些感受存在不會殺死我們。

總評

羅哲斯帶來的衝擊溢出了他個人的心理諮商領域。他強調人們需要看待自己是流動的創造過程，而不是固定實體，此觀念引導了一九六〇年代反文化革命的思想氛圍。我們也很容易在今日自我成長書作者的身上看到他的影響。例如，史蒂芬·柯維（Stephen Covey）的「高效能人士七個習慣」之一就是「首先去理解別人，再尋求別人理解你」。這是帶有強烈羅哲斯色彩的概念，除非關係中的人覺得可以安全講出心裡的話，而且對方會傾聽，否則關係永遠不會有進展。而「活出你的熱情」這樣的吶喊也可以部分回溯到羅哲斯的關注焦點：過著可以表達你真正樣貌的生活。

羅哲斯認為心理學家有著世界上最重要的工作，因為到最後不是物理科學會拯救我們，而是人與人之間比較好的互動。在他的會談中創造出來的開放和透明氛圍，如果能在家庭、公司或政界複製出來，就能帶來比較少焦慮而且比較有建設性的結果。然而關鍵是，渴望真實感受他人或其他團體的想望和感受。這樣的意願，儘管從來不是簡單的事，能夠轉化牽涉在裡面的人。

卡爾・羅哲斯

一九〇二年生於芝加哥一個嚴格信奉宗教的家庭，羅哲斯在六名孩子中排行第四。他在威斯康辛大學先研習農業，接著攻讀歷史，不過他的目標是成為神職人員。一九二四年，他進入自由開放的紐約協和神學院（Union Theological Seminary，附屬於哥倫比亞大學），然而兩年後覺得奉行教義的信仰束縛了他，開始在哥倫比亞大學的師範學院修習心理學。他在那裡取得碩士（一九二八年）和博士（一九三一年）學位。

攻讀博士研究的是兒童心理學，羅哲斯在紐約州羅徹斯特（Rochester）「防止虐待兒童協會」找到工作，擔任協會的心理學家，協助有情緒困擾或非行問題的兒童。儘管沒有學術聲望，這份工作讓他能夠支撐自己的小家庭，他一待就是十二年。一九四〇年，因為著作《問題兒童的臨床處遇》（*Clinical Treatment of the Problem Child*）展現了實力，他獲得俄亥俄州立大學的教授職位。他影響深遠的作品《諮商與心理治療》(*Counselling and Psychotherapy*)於一九四二年出版，一九四五年他開始在芝加哥大學任職，維持十二年，他在那裡創立了諮商中心。

《案主中心治療》(*Client-Centered Therapy*，1951)更加推升了羅哲斯的名聲，一九五四年他獲頒美國心理協會第一個「傑出科學成就獎」。一九六四年他搬到加州的拉霍亞(La Jolla)，任職於「西部行為研究學院」(Western Behavioral Studies Institute)，此後就待在加州，直到一九八七年過世。使得他聞名於世的成就還包括：「會心團體」的研究、對「成人體驗式學習」理論的貢獻，以及在「解決衝突」領域的影響。

1970

錯把太太當帽子的人

The Man Who Mistook His Wife for a Hat

「神經學和心理學，很奇特的，儘管他們談論其他一切，幾乎不談『判斷』——然而正是失去判斷力……構成了那麼多神經心理失調的本質。」

「於是，這名超級妥瑞氏症患者被迫戰鬥（沒有其他人必須如此，只為了可以生存），成為獨特的個體，而且面對不斷的衝動生存著……奇蹟是，在大多數情況下，他成功了，因為生存的力量、生存的意志，同時生存得像個獨一無二不可剝奪的個體，絕對是我們身而為人最強大的精神；比任何衝動強大，比疾病強大。健康，健康鬥士，通常是勝利者。」

總結一句

人類大腦天才的地方是，它會不斷創造自我意識，即使是面對嚴重的神經疾病，自我意識仍然保存下來。

同場加映

維克多·法蘭可《追求意義的意志》(17章)
威廉·詹姆斯《心理學原理》(31章)
拉馬錢德蘭《尋找腦中幻影》(44章)

46

奧立佛・薩克斯

Oliver Sacks

身為神經學家，奧立佛・薩克斯在暢銷全世界同時讓他成名的著作《錯把太太當帽子的人》一開頭就指出，他一直對疾病和人具有同等興趣。一輩子的研究讓他相信，往往比較不是「這個人有什麼疾病」的問題，而是「什麼人有這個疾病」。你不能檢查病人好像他們是昆蟲，你談論的是一個「自我」。

在神經學上這點更加重要。大腦的實質功能障礙往往會影響當事人的自我認知。薩克斯的著作意旨在呈現，即使人們正常的機能遺棄了他們，當事人依舊保存著不會錯認的獨特性。對見識過許多奇怪個案的薩克斯來說，人們在面對心理或身體的挫敗時，如何努力調適或改造自己是令人讚嘆的。

全書二十四章詳細描述了各種光怪陸離而有趣的個案，讓書帶有小說令人不捨釋卷的性質。第一部標題為「不足」，是關於那些漸漸失去某種心智功能的人如何戰鬥著要恢復正常的自我意識。

吉米的過去數十年

沒有了記憶，有可能擁有自我嗎？薩克斯告訴我們吉米的故事。吉米四十九歲，住在老人之家。一九七五年薩克斯在那裡工作

吉米是位英俊、健康的男士，而且非常和善。他高中畢業時被徵召到美國海軍，成為潛艇上的無線電操作員。但是在講述自己個人生平和家庭生活時，薩克斯注意到吉米使用的是現在式。他問吉米現在是哪一年，得到的答覆是「當然是一九四五年！」對吉米來說，戰爭已經贏了，總統是杜魯門，他期待根據「美國軍人權利法案」進入大學。他相信自己十九歲。

薩克斯走出諮商室，兩分鐘後再回去時吉米似乎不認得他了。彷彿他們的會談從來沒有發生過。吉米顯然活在永恆的當下，他的長期記憶驟然停止在一九四五年。由於他的科學能力，他毫無困難在測驗中解決複雜問題，然而對於周遭世界看起來的重大變化感到困擾。他無法否認鏡子中的男士是將近五十歲的他，然而無法解釋為什麼會這樣。薩克斯在他的紀錄中寫著，他的病人「沒有過去（或未來），困在不斷改變、沒有意義的時刻裡」。他診斷這樣的病症是「高沙可夫症候群」（Korsakov's syndrome），由於酒精損傷了大腦乳頭狀體，會影響記憶，不過大腦其他部分不會改變。

薩克斯找到吉米的兄弟，他提到吉米在一九六五年離開海軍，少了結構的支持開始喝酒喝得很兇。不知什麼原因他發生逆行性失憶症，回到一九四五年。

薩克斯要求吉米寫日記，這樣他才知道自己前天做了什麼，但是這樣做並不能帶給他連續感，因為他彷彿是在閱讀發生在別人身上的事。吉米似乎「被奪走了靈魂」，從自我的角度來說有什麼不見了。

薩克斯問老人之家的修女，她們是否認為吉米實際上失去了他的「靈魂」。感覺有點被冒犯了，她們的回應是請他去看看吉米在教堂的樣子。當薩克斯去教堂觀察他的時候，那是一位不同的吉米。他似乎沉浸在敬拜的行為以及彌撒的儀式中，比之前「整合」一點。這種程度的靈性意義顯然足夠讓他克服平常的心智紊亂。薩克斯寫道：「光是記憶、心智活動和心靈，撐不住他，不過道德上的關注和行動可以完全撐住他。」如果吉米是在花園中或是觀賞藝術、聆聽音樂，也是如此。

因此，儘管吉米已經喪失正常的記憶經驗（我們覺得是記憶帶給我們自我意識），其他時刻他明顯是充分活著的人，從經驗中獲得意義。透過精心安排他喜歡的活動，他能夠保持平靜的意識。儘管有病，他仍然有一部分，不管是「靈魂」或「自我」，找到方法存留下來。

自我 vs 妥瑞氏症

《錯把太太當帽子的人》第二部是「過度」。檢視的個案涉及的不是特定功能的喪失，而是過多了：天馬行空的幻想、誇大的感知、非理性的熱情洋溢、狂躁。這些「過度狀態」事實上讓當事人高亢的意識到自己活著，那可是正常狀態不會有的生命感。儘管嚴格來說他們生病了，這些病症給了患者強烈的幸福感和對於生命的熱情（儘管他們內心深處有著這一切無法持久的感覺）。過度的功能融入了當事人的自我認定，所以有些人並不想要痊癒。

神經功能過度的一則範例是一八八五年首度描述的一種症候群。吉勒・德・拉・妥瑞（Gilles de la Tourette）是神經學先驅沙可的學生（佛洛伊德也是），他記錄的症狀是：突如其來不由自主的小動作（抽搐）、誇張的動作、咒罵、發出怪聲、魯莽的幽默，以及古怪的強迫行為。每位患者的病情程度不同，而且顯現出來的症狀各異，從無傷大雅到暴烈。由於令人費解的古怪而且相當罕見，醫學界差不多都遺忘了妥瑞氏症。

不過，這個病症從來沒有消失，到了一九七〇年代，有個妥瑞氏症協會已經成長到會員數千人。研究確認了吉勒・德・拉・妥瑞最初所相信的，這是大腦的失調，問題主要出在「舊腦」。「舊腦」是人腦中最原始的部分，包含了視丘、下視丘、邊緣系統和杏仁核，這些掌管本能的部位合在一起形成了我們的基本人格。研究人員發現妥瑞氏症患者的大腦裡有多於平常數量的興奮性神經傳導物質，尤其是多巴胺（巴金森患者缺乏多巴胺）。可以用藥物「好度」（Haldol）來治療，以抵銷分泌過量。

但是妥瑞氏症不只是大腦化學的問題，因為有時候——例如唱歌、跳舞或表演的時候——患者平常不由自主的小動作和行為就消失了。在這些例子中，薩克斯觀察到，「我」這個人似乎克服了病症的「它」。正常人假設「擁有」自己的感知、反應和動作，很容易就具備堅固的自我意識。妥瑞氏症患者總是受到無法控制的衝動襲擊，卻居然能夠維持自我意識，果真如此就太驚人了。薩克斯指出，有些人能夠「接納」自己的妥瑞氏症，不僅融入人格裡面，甚至善加利用以加快自己的思考速度。而有些人只是被妥瑞氏症附身。

雷，二十四歲，有著相當極端的妥瑞氏症，是薩克斯的病人。每幾秒鐘他就會不由自主抽搐，嚇壞每個人（除了熟識他的人）。擁有高智商、機智、幽默和良好的品格，雷順利唸完高中和大學，甚至結了婚。他找得到工作，然而總是因為他的行為遭到開除；這些行為有挑釁意味，包括爆粗口。他的妥瑞氏症是「不請自來的入侵者」，他盡力把它融入自己週末擔任爵士鼓手的角色裡，有時候來一段狂野的打鼓獨奏。他唯一能夠擺脫病症的時刻是性行為之後睡著了，或者完全沉浸在工作裡面。

雷願意試試服用「好度」，但是擔心一旦不由自主的小動作消失之後，他還剩下什麼。畢竟，從四歲之後他就一直是這個樣子。當藥物開始生效，雷必須面對自己是不一樣的人。週間他工作時，藥物讓他成為冷靜、不會抽搐，甚至有點無趣的人，但是他懷念過去激情、抽搐、妙語如珠的自我（他唯一認識的自我），因此他選擇週末時不要吃藥，這樣他就可以成為「風神的抽風雷」——他這麼稱呼自己。

在這個案例中，哪一個是雷真實的自我？薩克斯沒有提供答案，不過他指出這則故事是「心靈修復力」的範例。即使要面對內在可能掌控我們的極端的「它」，我們內在永遠有個尋求自我肯定的「我」。

施了魔法的紡織機

薩克斯指出，我們目前理解大腦的模式是以電腦為基礎。但是他問：演算法和程式能夠解釋我們從戲劇、從藝術、從音樂的角度體驗現實的豐富方式嗎？我們如何調和保存在大腦這具電腦裡的「記憶」，以及普魯斯特和其他偉大作家在文學作品裡表達出來的「追憶」？當然，人不只是「思考機器」，而是生活在充滿意義的經驗裡，擁有一個「代表性象徵」來展現我們的實相。這個象徵納入了關於事物的鮮活意識，是我們的整體。

英國生理學家查爾斯・謝靈頓（Charles Sherrington）想像大腦是「施了魔法的紡織機」，不斷編織出意義的圖案。薩克斯認為這樣的類比勝過電腦，比較能解釋經驗的個人特質，以及隨著時間流轉獲得意義的方式。他自己用來理解大腦的類比是從「腳本和樂譜」的角度。我們的人生類似一份腳本，或者也可能是一份樂譜，在行進的過程中才懂得其中意義。那麼歸根結底，我們理解自己人生意義所透過的稜鏡就不應該是科學或數學的稜鏡——或許就左腦的運作來說這樣就夠了——而是透過藝術的稜鏡。右腦深入參與創造出我們感覺的「自我」，對於這樣的右腦來說，意義的獲得必須來自「經驗和行動中蘊含的藝術風情和旋律」。

人類可能從某個角度看來像是先進的機器人，透過神經系統的電腦回應他們的環境，然而要形成「自我」還需要點什麼。薩克斯指出：「經驗科學……不考慮靈魂，不考慮是什麼構成和決定了個人的存有。」他的病人面對入侵者努力想要拿回來或保留的，就是形成自我的關鍵。

總評

只有在神經方面出了什麼差錯時，我們才會領悟到，自己是多麼習以為常的忽視了，要保持自主的感覺、永遠能掌控自己，要付出多少努力。薩克斯表示，我們是「整合的奇蹟」，而且往往低估了自我在面對裂解的力量、例如神經的損傷或疾病時，會有多麼強的意志要肯定自己。

如果大腦只是像電腦，就不可能把自己從混沌邊緣帶回來，重新建立意義感和獨立感。人的心智不只是講求有效率的操作，而是追求完整，尋求從隨機的感覺和經驗中創造出意義。一幅畫作或者一曲交響樂不只是油彩或樂音，而是意義。同樣的，用了一輩子光陰，人們成為大於部分總和的存有。當人們死去時我們哀悼，不是因為他們是「好的肉體」，而是因為他們代表了某種意義。這就是薩克斯寫作的核心主題：無可否認、充滿意義又寶貴的自我。

奧立佛・薩克斯

一九三三年生於倫敦，父母都是醫生，薩克斯在牛津大學拿到他的醫學學位。一九六〇年代搬遷到美國，在舊金山實習，在加州大學洛杉磯分校完成住院醫師訓練。

一九六五年他定居紐約。一九六〇年代他在布朗克斯（Bronx）的「貝絲・亞伯拉罕醫院」（Beth Abraham Hospital）研究「昏睡症」患者，聲名大噪。他以當時的實驗用藥「L-dopa」治療，讓許多病患得以回復正常生活。這項實驗成為他的著作《睡人》（*Awakenings*，1973）的主題。《睡人》給了哈洛・品特靈感，創作出劇本《另一種阿拉斯加》（*A Kind of Alaska*），也催生出一部好萊塢電影《睡人》，由勞勃・狄尼諾和羅賓・威廉斯擔綱演出。

除了私人執業，薩克斯是阿爾伯特・愛因斯坦醫學院的神經學臨床教授，以及紐約大學醫學院的神經學兼任教授。《看得見的盲人》（*The Mind's Eye*，2010）透露了薩克斯的「臉盲症」（無法辨識人的臉孔）。他也是「安貧小姊妹會」經營的療養院諮詢的神經學家。此外，他獲頒許多榮譽博士學位。

其他著作包括《看見聲音：走入失聰的寂靜世界》（*Seeing Voices:A Journey into the World of the Deaf*，1990）、《火星上的人類學家》（An Anthropologist on Mars，1995）、《色盲島》（*The Island of the Colorblind*，1996），以及《鎢絲舅舅：少年奧立佛・薩克斯的化學愛戀》（*Uncle Tungsten: Memories of a Chemical Boyhood*，2001）。

薩克斯卒於二〇一五年，二〇一六年他的自傳《薩克斯自傳》（*On the Move: A Life*）出版。

2004

只想買條牛仔褲

The Paradox of Choice

「不像其他負面情緒——憤怒、傷心、失望、甚至悲痛——懊悔讓人這麼難受的地方是，你覺得令人懊悔的事態是可以避免的，而且操之於你，只要你的選擇不一樣，就可以避免。」

「數百萬年來，人類的存活都是倚靠簡單的區別，或許事實就是，我們在生物學上還沒有準備好應付現代世界所要面對的這麼多選擇。」

總結一句

弔詭的是，快樂可能在於限制而不是增加我們的選擇。

同場加映

丹尼爾．吉伯特《快樂為什麼不幸福》（21章）

馬汀．塞利格曼《真實的快樂》（48章）

47

貝瑞・史瓦茲

Barry Schwartz

有選擇是好是壞？《只想買條牛仔褲：選擇的弔詭》以心理學家、經濟學家、市調人員和決策領域的專家研究成果為基礎寫成，一開頭心理學家貝瑞・史瓦茲一氣呵成攤開事實和數字，說明他在當地超市可以買多少種品牌的穀物脆片，以及他在服飾店遇到的難題。當他詢問店員有沒有「一般的」牛仔褲時，對方不知道是什麼意思，因為在今日樣式無窮的狀況下沒有所謂「一般的」這種東西。

史瓦茲引用了一項研究，要求兩組大學生評價盒裝巧克力。第一組只給一小盒六塊巧克力品嚐和打分，第二組給一盒三十塊。結果是：相較於比較多選擇的那一組，供應的巧克力比較少種的那一組比較滿意他們拿到的巧克力（他們的確說「比較好吃」），甚至選擇以巧克力而非現金做為他們付出時間的報酬。

這是令人意外的結果，因為我們會假設更多的選擇會讓我們對於可以有的選擇感覺比較好——這代表了權力。事實上，當提供的選擇比較少，我們似乎比較滿意自己所獲得的。史瓦茲說這顯示了在已開發的富裕國家中出現的特殊焦慮。也就是說，太多的選擇可能負向影響了我們的快樂，因為比較多的選擇不一定意味著比較好的生活品質或比較多的自由。

抉擇的代價升高

史瓦茲巧妙指出，現代人必須做越來越多抉擇，付出的代價也不斷升高。

科技的本意是要節省我們的時間。誰知，反而帶我們返回「覓食的行為」，因為現在我們必須篩選上千種選項，才能找到真正需要的。舉個例子，過去提供電信或公共服務的業主很少，人們幾乎沒有選擇。現在往往選項多到令人不知所措，結果我們固守舊的供應者，只為了免掉麻煩，不用傷腦筋和花時間去考慮林林總總的優惠條件。

在職場上，儘管我們父母可能一輩子都待在同一家公司，今日的世代例常每二到五年換個工作。我們總是在尋求更好的機會，即使在目前的職位上我們相當快樂。

在我們的愛情生活裡，再度選擇也是一籮筐。即使我們已經定於「一」，還是必須抉擇：應該住得靠近誰的家人？如果雙方都在工作，由誰的工作來決定住在哪裡？如果有小孩，誰要留在家照顧孩子？

還有宗教，史瓦茲觀察到，我們現在根據自己的選擇決定宗教信仰，而不是遵循父母給的。我們可以選擇自我認定，選擇做人的實質內涵。儘管我們一生下來就屬於特定的種族、家族和階級，這類事情現在只看成是「行囊」。我們曾經透過這些事實告訴別人一大堆關於我們是誰的訊息，不過現在就可以假定無關緊要了。

曾經有這麼多我們無法掌控的因素，而現在成為選擇，雪上加霜的還有另一個因素：人的心智是容易犯錯的。史瓦茲花了不少篇幅闡示這一點。由於容易犯錯，大多數時刻做出「正確」決定的機率相當低。有些錯誤的後果或許輕微，但是有的就嚴重了，例如選擇婚姻對象或是就讀哪個大學，都會形塑我們的人生。擁有的選項越多，一做出錯誤決定，就輸得越多。我們就忍不去要去推想：「有那麼多的選擇，但我們怎們會錯得這麼離譜？」

史瓦茲強調了在我們的選擇和選項中的三種「蘑菇效應」：

＊每個決定需要花比較多的力氣。

＊比較容易犯錯。

＊這些錯誤的心理後果比較嚴重。

為什麼「只要最好的」可能不是好策略

鑑於我們經常做出錯誤決定，以及需要做的決定那麼多，追求「足夠好」而不是總是追求「最好」，肯定是比較有道理的。史瓦茲把人分成「追求極致的人」和「滿意就好的人」。

追求極致的人除非獲得「最好」（不論是在什麼情況下）不會快樂。這使得他們在決定之前必須檢視每一個選項，無論是試穿十五件毛衣，或是嘗試交往十位可能的伴侶。

滿意就好的人只要夠好就願意定下來，毋須確定是否還有更好的選項。滿意就好的人有一定的準則或標準，只要符合就會下決定。他們沒有要「最好」的這種意識形態需求。

滿意就好這個概念是經濟學家賀伯特・西蒙（Herbert Simon，中文名司馬賀）在一九五〇年代提出的。司馬賀迷人的結論是，如果你把做決定需要的時間考慮進去，滿意就好實際上是最好的策略。

史瓦茲好奇：鑑於他們投入選擇的時間，追求極致的人真的做出比較好的決定嗎？他發現客觀來說答案是肯定的，但是主觀上並不是。他這麼說的意思是，追求極致的人可能取得了他們相信最好的可能選擇，但是這項選擇不一定會讓他們快樂。他們可能得到了稍微好一點的工作，稍微高一點的薪資，但不太可能滿意自己的處境。

追求極致可能讓我們的人生付出痛苦代價。如果我們做每一件事都必須百分之百正確，就會讓自己承受沉重的自我批判。我們因為做錯的決定折磨自己，不明白為什麼自己沒有去試探其他選項。「應該、本來可以、早知如此」總結了許多追求極致的人對於過往決定的糾結心態。而史瓦茲用一幅漫畫概括他們的命運：一名垂頭喪氣的大學新鮮人身上穿的大學衫印著：「布朗大學……可是我的第一選擇是耶魯。」

對比之下，滿意就好的人比較能原諒自己的錯誤，心想：「我根據眼前的選擇做了決定。」滿意就好的人不相信他們能夠為自己創造一個完美的世界，因此當世界不完美時（通常是如此），也就比較不會困擾。

調查顯示，跟滿意就好的表親比起來，追求極致的人普遍比較不快樂，比較悲觀，而且比較容易憂鬱。如果你想要擁有比較平靜的心靈和比較滿足的生活，做個滿意就好的人。

在限制中感到快樂

史瓦茲指出，過去四十年美國的個人平均所得（考慮了通貨膨脹）已經翻倍。擁有洗碗機的家庭從百分之九上升到百分之五十；擁有空調設備的家庭從百分之十五增加到百分之七十三。然而在同一時期，在相關調查下快樂並沒有的增加。

真正帶來快樂的是與家人和朋友的親密關係，而這裡有個悖論：親密的社會連結的確減少生活中的選擇和自主性。例如，婚姻減少了自由，不能有超過一個戀愛對象或性伴侶。如果上述悖論成立，結論就是與快樂相連的必然是較少而不是較多的自由和自主性。「那麼是否有可能，」史瓦茲問，「選擇的自由並不像人們說的那麼好？」畢竟，要應付數以萬計的選擇，我們必須花的時間正是可以用來經營寶貴關係的時間。選擇有可能不只是改善不了現況，還可能實際上降低了我們的生活品質。在這項等式中，某種程度的限制有可能是解放。

史瓦茲指出，在一項調查中，百分之六十五的訪談對象表示，如果他們得了癌症，會想要掌控自己所接受的治療。然而在真正罹患癌症的訪談對象中，整整百分之八十八的人不想要選擇。我們以為自己想要，但真的有選擇的時候，選擇就變得比較沒有吸引力了。太多的選擇的確會使得我們苦惱。

為什麼比較會讓所有的事變糟

史瓦茲指出，有調查顯示，人們面對選擇而需要考慮如何取捨時，既猶豫不決，又比較不快樂。例如，買東西時若面對兩個有吸引力的選項，事實上很可能一樣都不買。

為什麼比較多的選擇不會讓我們比較快樂？其中的關鍵原因或許是，選擇增加了我們的責任。在這樣的脈絡下，有一項重要研究顯示，當我們知道自己的決定是不可逆時，其實比較快樂。這是因為當我們做出自己知道無法改變的決定時，會在心裡努力驗證這個決定是對的，並且拋開所有的心理權衡。舉個例子，對婚姻保持彈性態度自然而然會削弱婚姻。

曾經，如果你在藍領地區居住和工作，所有朋友也都在這一帶，你可能對自己的生活狀況感到快樂。但是隨著電視、網路等等的出現，有了可以跟他們比較的龐大對象。即使我們已相當富裕，總是會有更有錢的人。這些是史瓦茲稱呼的「向上比較」。向上比較容易讓我們嫉妒、產生敵意、感覺壓力，並且降低我們的自尊。

相反的，「向下比較」讓我們注意到，跟那些擁有很少的人相比，我們是多麼幸運。這樣的比較會振奮心情，提升自尊，同時降低焦慮。只要每天早上和晚上對自己說「我有許多事情要感謝」，並且想想這些事，就能帶領我們接近現實，增加快樂。感恩的人比較健康、比較快樂，也比較樂觀，超過不感恩的人。

既然較多的選擇會帶來較多的比較機會，那快樂的處方很簡單，同時有兩部分：

*讓你的選擇不可逆。

*總是欣賞你擁有的生活。

總評

大量的選擇是心裡痛苦的主要來源，因為牽涉到錯失機會的焦慮，以及懊悔沒有選擇的路徑。然而這種獨特的傷痛，曾經只有相當少的人有此經驗，隨著財富和選擇的增加，已經幾乎成為流行病了。在地球村的現實裡，我們忍不住會想，為什麼我們不像瑪丹娜那麼有名，不像比爾·蓋茲那麼有錢，比較之下我們的生活看起來那麼平凡，那麼受限。

如果你是追求極致的人，《只想買條牛仔褲》可以是改變人生的書。如果你讓自己陷入「但願」的煎熬之中，這本書可以讓你看清，你對生活有多麼滿意不是取決於你的經驗究竟是好是壞，而在於你是否認知到實然與可然之間有道鴻溝。

史瓦茲納入了兩份七道題的檢測，因此你可以自行判斷你是追求極致還是滿意就好的人。他承認自己是滿意就好的人，這點也在他的書寫之中顯現出來。《只想買條牛仔褲》顯然不是為了成為選擇和決策的「最佳著作」而筆耕多年，讓每一句每一行都恰到好處。不過這本書成功了，因為史瓦茲花了幾十年思考這些議題以及它們對我們的快樂可能會有什麼影響。

貝瑞・史瓦茲

生於一九四六年，史瓦茲於一九六八年拿到紐約大學的學士學位，一九七一年取得賓州大學的博士學位。與自己的理論「限制生活中的選項」相符，史瓦茲過去四十五年一直在同一所大學教書和研究。一九七一年他成為賓州史瓦茲摩爾學院的助理教授，目前是心理系「多溫・卡特萊特講座」（Dorwin Cartwright）社會理論和社會行動教授。他也早婚，而且一直維持著婚姻。

史瓦茲在學習、動機、價值和抉擇等領域，發表過許多期刊文章。其他著作包括《人性的戰爭：科學、道德和現代生活》（*The Battle For Human Nature: Science, Morality and Modern Life*，1986）、《生活的代價：看市場自由如何腐蝕了人生中最美好的事物》（*The Cost of Living: How Market Freedom Erodes the Best Things in Life*，2001）、與瓦瑟曼（E. Wasserman）和羅賓斯（S. Robbins）合寫的《學習與記憶的心理學》（*Psychology of Learning and Memory*，第五版，2001），以及《我們為何工作》（*Why We Work*，2015）。

2002

真實的快樂

Authentic Happiness

「這是我頓悟的時刻。就我自己的人生來說，妮基擊中我的要害。我是個愛抱怨的人。我花了五十年的光陰忍受靈魂裡始終揮之不去的陰霾，最後十年在散發陽光的家庭裡宛如行走的烏雲。我擁有的任何好運大概都不是因為我性情乖戾，而是儘管我性情乖戾。在那一刻，我決心改變。」

「（非常）快樂的人跟一般快樂以及不快樂的人有顯著差別，在於他們全部都擁有豐富而滿足的社交生活。非常快樂的人獨處的時間最少，大部分時間都在社交，而且對自己的人際關係很滿意，朋友們也認為他是好朋友。」

總結一句

快樂跟享樂沒什麼關係，密切相關的是培養個人的長處和品格。

同場加映

大衛・柏恩斯《好心情》（08）
米哈里・奇克森特米海伊《創造力》（11章）
丹尼爾・吉伯特《快樂為什麼不幸福》（21章）
丹尼爾・高曼《EQ2》（23章）
貝瑞・史瓦茲《只想買條牛仔褲》（47章）

48

馬汀・塞利格曼

Martin Seligman

如果有一百篇科學期刊論文是關於悲傷的，就只會有一篇在談快樂。馬汀・塞利格曼指出，心理學向來是關於人什麼地方出錯了，而且過去五十年來在診斷和治療精神疾病方面相當成功。不過聚焦於此意味著很少去關注如何找出是什麼讓人們快樂或圓滿。

在工作生涯的前三十年，塞利格曼投身於變態心理學領域，不過他在無助感和悲觀方面的探討引導他去研究樂觀和正向情緒，以及如何在我們的生活中增加樂觀和正向情緒。這項研究讓他重新思考心理學更大的旨意，而現在他以「正向心理學」運動的創立者聞名。不只他一九九一年的著作《學習樂觀，樂觀學習》（*Learned Optimism*）是公認的經典，《真實的快樂》（*Authentic Happiness: Using the New Positive Psychology to Realize Your Potential for Lasting Fulfilment*）也帶來深遠影響，有點像是正向心理學的宣言，關於如何過著美好、有意義的生活，給了我們許多啟發。

什麼讓人快樂

核對數百份研究結果，針對傳統上認為可以帶來快樂的因素，塞利格曼提出下述論點。

金錢

在過去五十年，美國、日本、法國等富裕國家的消費力不只翻倍，但是整體的生活滿意度根本就沒有改變。非常貧窮的人快樂程度比較低，不過一旦達到「過得去」的基本收入和消費力，超過這個定點，財富增加不會增加快樂。塞利格曼指出：「金錢對你的重要性，比金錢本身更影響你的快樂。」物質傾向的人不快樂。

婚姻

在一項取樣過去三十年三萬五千名美國人的大規模調查中，「全國民意研究中心」發現，百分之四十的已婚人士說他們「非常快樂」。只有百分之二十四的離婚、分居和喪偶人士說他們「非常快樂」。這項統計也經過其他調查證實了。婚姻似乎能增加快樂程度，與收入和年齡無關，而且不分性別。在塞利格曼自己進行的研究中，他發現幾乎所有非常快樂的人都處於愛戀關係中。

社交性

幾乎所有認為自己非常快樂的人都擁有「豐富而滿足的社交生活」。在同輩之中他們獨處的時間最少。大量時間獨處的人通常回報的快樂程度少很多。

性別

女性的憂鬱經驗是男性的兩倍，而且傾向有比較多負面情緒。不過女性體驗到的正面情緒也比男性多很多。也就是說，女性既比男性悲傷，也比男性快樂。

宗教

有宗教信仰的人一貫顯示出比沒有宗教信仰的人來得快樂，比較滿意生活，憂鬱的比例比較少，遇到挫折和不幸的事比較容易復原。調查發現，越是基本教義派的宗教信徒就越樂觀。舉例來說，猶太教徒中正統派比改革派對未來有較多信心。基督教中福音派教會的布道要比在平常新教徒集會中聽到的證道美好有希望。這種強烈的「對未來懷抱希望」，以塞利格曼的話來說，讓人們對自己、對世界感覺良好。

疾病

疾病對生活滿意度或快樂的影響，不像我們所想的那樣大。人們認為健康是理所當然，只有嚴重或多重疾病才會真的降低人們正面感受的一般水平。

氣候

氣候不會影響快樂程度。塞利格曼評論：「苦於內布拉斯加冬天的州民相信加州人比較快樂，但是他們錯了，我們很快就對好天氣習而不察。」

最後，智力和高教育水準對於快樂沒有可見影響。種族也無關，儘管有些族群例如非裔和拉美裔美國人，在紀錄上憂鬱程度比較低。

品格與快樂

傳統上把上述所有因素看成是帶來快樂的主要因素，然而研究顯示，這些因素加在一起也只解釋了百分之八至十五你的快樂。考慮到這些因素都是關於你是誰以及你的生活處境這些非常基本的事，這個數據實在不高。正如塞利格曼提出的，對於那些相信自己的生活處境使得他們無法快樂的人來說，這是大好消息。

取代上述因素，塞利格曼的看法是：真正快樂和生活滿足的湧現，是透過慢慢發展出「品格」（或許最近一次講這兩個字的是你祖父母）。品格是由普世的德行組成的，這些德行在每一個文化和每一個年代的文獻中都能找到。其中包括了智慧和知識、勇氣、愛與仁慈、正義、節制，以及靈性等等。我們陶冶和培養個人長處，例如原創性、膽氣、正直、忠誠、良善和公平，來獲得這些德行。

品格的概念早已不受青睞，因為人們認為那是過時和不科學的。不過塞利格曼表示，品格特質和個人長處都是可以測量和努力取得的，因此適合心理學的研究。

長處和快樂

才華和長處是有區別的。才華是先天帶來的，因此自然就擅長；長處是我們選擇去發展的。塞利格曼指出，有人克服了巨大障礙而有成就，帶給我們的激勵遠勝過這個人只是因為天賦能力而有成就。如果用意志和決心來發揮自身才華，我們對於自己的成就會自豪，就如同別人讚美我們誠實會感覺光榮。才華本身說明的是我們的基因，但是德行和發展出來的才華（構成一個人大多數的長處）才能說明自己的獨特性。

透過精進我們的「專屬長處」（塞利格曼提供了問卷來確認），我們獲得生活中的滿足，以及真正的快樂。塞利格曼指出，把人生花在修正自己的弱點是錯誤的。相反的，生活中最大的成功和真正的開心——真實的快樂——是來自發展你的長處。

你的過去會決定未來的快樂嗎？

就心理學大半的歷史來說，上述問題的答案是響亮的「會」，從佛洛伊德到「內在小孩」的自我成長運動。不過實際的研究發現指向另一個答案。舉例來說，不到十一歲母親就過世，如果是女性的話，往後人生陷入憂鬱的風險稍微高一點，不過風險只是稍微高一點，即使如此也只有大約一半的研究顯示出這樣的結果。父母離婚只有在童年晚期和青春期造成輕微的不良影響，往後的人生影響會漸漸消失。

成人的憂鬱、焦慮、上癮、糟糕的婚姻、憤怒，沒有一項可以怪罪到童年時發生在我們身上的事。

塞利格曼的訊息力道很猛：如果我們認為童年造成現在的不幸，或是讓我們對未來消極，就是在浪費自己的生命。真正要緊的是培養個人長處，不受制於童年和當前處境的好壞。

快樂真的可以增加嗎？

在一定程度上，答案是不能。許多研究提出人們既定範圍的快樂或不快樂，都是遺傳得來的，就好像儘管限制飲食，人們傾向於回歸固定的體重。事實顯示，即使中了大樂透，一年之後得主還是會回到獲得意外之財之前的悲傷或快樂程度，那是他們天生的命運。塞利格曼直率斷言，我們的快樂程度不可能持續增加，不過有可能的是，活在我們自然範圍的最高極限。

情緒的表達

「情緒的水力學」這個概念說明了我們需要讓負面情緒流通，否則壓抑它們會造成心理問題。在西方，人們認為表達憤怒是健康的，封鎖起來不健康。但是塞利格曼表示反過來才正確。當我們老是想著別人對我們做了什麼事，以及我們要怎麼表達，感受會變得更壞。關於「A型人」（激烈、執著）的研究顯示，是表達敵意而不是感受到敵意，才是A型人與心臟病的連結。當人們決定封鎖憤怒或表達友善時，血壓的確會下降。東方人「感受憤怒，但是不要表達」的方式，是開啟快樂的鑰匙。

對比之下，你對生活中的人或事越感激，感受就越好。塞利格曼的學生會舉行「感謝之夜」，邀請他們想要當眾感謝的人來參加，感謝他們為自己所做的事。參與的人通常之後幾天或幾星期都心情高昂。

我們的大腦構造讓我們沒法只因為想要遺忘就能讓自己忘掉。但是我們能做到的是寬恕，如此可以「拔除甚至轉化心上的刺」。不寬恕其實沒有懲罰到作惡的人，而寬恕能夠轉化我們，帶回我們生活的滿足。

總評

我們如今生活的世界不斷提供快樂的捷徑。我們不需要多麼努力就能獲得正向感受。然而奇怪的是，唾手可得的享樂很容易在許多人的生命中留下一個大洞，因為享樂不要求人的成長。享樂的人生讓我們成為觀眾，而沒有投入生活之中。我們什麼都不精通，而且沒有發揮創造力。

真正的人生是我們努力追求挑戰，同時也要不斷回應。塞利格曼相信，我們需要的是「迎向挑戰」的心理學，或者他稱之為「杜魯門效應」。在羅斯福總統死於任內之後，杜魯門接位，結果打破了大家的眼鏡，他成為偉大的美國總統。這個職位讓他展現了品格，也讓他發揮了長期磨練出來的個人長處。

我們是否每時每刻都快樂大致上無關緊要。就像杜魯門，要緊的是我們是否選擇發展我們的內在——快樂不是「自動降臨」，而是包含了選擇。

《真實的快樂》最棒的特色之一是有幾項測驗，你可以用來判定你的樂觀程度、專屬長處等等。有些讀者不喜歡全書中不時插入塞利格曼私人生活的片段，例如他如何贏得美國心理協會會長的職位，不過這些小故事的確讓這本書生色不少，而且往往很有趣。令人驚訝的是，塞利格曼承認自己前五十年的人生性情乖戾，但是關於快樂的如山鐵證促使他思考，應該應用到自己身上！

我們無法再讓自己相信快樂是神秘的事，只有別人能享受。通往快樂的道路前所未有的清晰，就看我們要不要為自己的心情承擔責任了。

馬汀・塞利格曼

一九四二年生於紐約州的亞伯尼（Albany），父母都是公務員。塞利格曼就讀於紐約奧爾巴尼男子學院（Albany Academy for Boys），一九六四年以最優等的成績從普林斯頓大學畢業，一九六七年在賓州大學拿到心理學博士學位。一九七六年開始擔任賓州大學的心理學教授。

一九九八年，他獲選為美國心理協會會長，他也從協會手中拿到兩座傑出科學貢獻獎。協會歷任會長包括威廉・詹姆士、約翰・杜威、亞伯拉罕・馬斯洛，以及哈利・哈洛。

塞利格曼著述豐富，撰寫了兩百篇學術論文和二十本書籍，包括《無助感》（*Helplessness*，1975、1993）、與大衛・羅森漢（David Rosenhan）合寫的《變態心理學》（*Abnormal Psychology*，1982、1995）《學習樂觀・樂觀學習》（*Learned Optimism*，1991）、《改變》（*What You Can Change and What You Can't*，1993）、《一生受用的快樂技巧》（*The Optimistic Child*，1995），以及《邁向圓滿》（*Flourish: A Visionary New Understanding of Happiness and Well-Being*，2012）。

塞利格曼已婚，有七個孩子。

1971

超越自由與尊嚴

Beyond Freedom and Dignity

「兩千五百年前人們可能會說，人瞭解自己，就像瞭解他的世界裡其他任何部分。今日人們對自己的瞭解最少。物理學和生物學已經有長足進展，但是在類似人類行為科學這方面並沒有可以比擬的發展。」

「騎在牛背上的外蒙牧民和外太空的太空人，差異很大，然而就我們所知，如果他們在出生時交換過，就會取代對方的位置。」

「雖然文化的提升得依靠憑著智慧和同情心來做事的人們，終極的提升來自於讓人們變得有智慧和有同情心的環境。」

總結一句

就像所有動物，人類是由環境塑造的生物，不過我們也有能力調整或創造新環境。

同場加映

哈利．哈洛《愛的本質》(27章)
史丹利．米爾格蘭《服從權威》(37章)
伊凡．帕夫洛夫《制約反射》(40章)
史迪芬．平克《白板》(43章)

49

伯爾赫斯・史金納

B. F. Skinner

心理學史上最具爭議的人物之一，史金納以把人類看成與動物無異而聞名。還是年輕的心理系學生時，他就反抗他認為是浪漫的觀念——人們的行動是內在情緒、想法和驅力（「靈魂」）的結果。正好相反，誠如帕夫洛夫的研究指出的（參見40章），應該從動物跟環境相互作用的觀點來分析人類。

不過在他的「操作性行為」理論中，史金納走得比帕夫洛夫遠。人類不只是反射機器，他論證，同時也會根據行為的後果改變自己的行動。這點哲學上的區別，在堅守行為主義的方針——人類基本上是環境產物——的同時，容許了人類彼此有極大差異以及難以置信多樣性的空間。

史金納成為行為主義最著名的指標，部分原因在於他是非常出色的實驗專家（鴿子之於史金納，就像狗之於帕夫洛夫），不過也是因為他擅長寫作。他既有專業技巧，又渴望看見哲學意義的全貌，這兩者的結合非常罕見，成果是受到同儕推崇，以及一本又一本刺激人們思考的暢銷書。

行為科技？

《超越自由與尊嚴》寫在人口過剩和核子戰爭之類的議題似乎是嚴重威脅的年代。人類的生存看起來風雨飄搖。我們能夠做些什麼？

儘管史金納指出，想要透過科技或科學進步來解決這個世界的問題是自然想法，然而他斷言只有當人們的行為改變了，真正的解答才會浮現。有了避孕工具不能保證人們就會使用；能夠取得比較先進的農業技術也不確保有人會應用。製造問題的是人，不過只是創造出人跟科技之間比較好的關係，或是把科技個人化，並不足夠。確切的說，我們需要的是「行為科技」。

史金納指出，跟物理學和生物學相比，心理學的進展是多麼少。在古希臘，人們對於自己行事的動力，以及宇宙是如何運作的，有同樣多的瞭解。但是今日，儘管我們關於自然科學的知識突飛猛進，對於自己的瞭解沒有多多少。

創造新的心理學

史金納相信，心理學這門科學在錯誤的地方尋找行為的成因，因此根本上就弄錯了。他指出，我們不再相信人們被惡魔附身，然而心理學依舊建立在過去的見解，認為人的行為取決於「內心的代理人」。舉個例子，在佛洛伊德的心理學中，一個人的身體行動不是一個而是三個這樣的內在元素（本我、自我和超我）互相作用下驅動的。中世紀的煉金術士認為每個人都有一個神秘的「本質」塑造了他們的行為，而今日我們相信有所謂的「人類本性」，是它推動了我們的行為。結果就是我們被教導，世界上所有問題的解法都可歸結為改變內在態度：克制驕傲、降低對權力的渴望或者攻擊性、提升自尊、產生使命感等等。

不過對史金納來說，這一類關於人的概念都是屬於「科學出現之前」。物理學和生物學早就放棄了物體或動物是由「內在目的」驅動的觀念，然而我們依舊說無形的感受「造成」有形的攻擊行為。心態造成行為是假定的事實。這種「唯心論」（mentalism，史金納的稱呼）意味著不是根據行為本身來研究行為。

排除心靈的環境心理學

史金納指出，當我們詢問別人為什麼要去看戲，而他們回答「我想要去」時，我們都會接受這樣的解釋。不過，比較精準的是弄清楚以往是什麼讓他們上戲院，關於這部劇他們閱讀過或聽聞到什麼，以及引導他們決定要去看戲的其他環境因素。我們認為人是「產生行為的中心」，然而比較準確的是把人們看成是：世界對他們的影響加上他們對世界的反應的最終成果。我們不需要知道一個人的心態、感受、人格、計畫或目的才能研究行為。史金納主張，要知道人們為什麼會有這樣的行為，只需要知道是什麼樣的情境造成他們以特定方式行動。

環境不單純是我們憑意志自主行動的布景，反而是它塑造了我們，成就我們現在的樣子。我們會根據學習到的經驗，知道什麼對我們好或不好，是否有助於生存，並改變我們的行動方案。我們相信自己是自主行動，然而比較準確的描述是，我們是根據某些會「加強」行動的因素來行動。正如物種的興盛或凋零取決於和環境的互動與調適，我們是什麼樣的人也是我們與身處的世界互動和調適的結果。

比較好的環境，而不是比較好的人

史金納的著作《超越自由與尊嚴》旨意是什麼？他承認「關於自由的文獻」在過去成功的啟迪人們反抗壓迫與權威。這些著述很自然把對人的控制和利用看成邪惡手段，而逃離那樣的控制是美好的。

但是史金納發現這麼簡單的等式中丟失了某些東西，我們實際上在設計我們的社會時納入了許多不同形式的控制，而這些控制是奠基於對某些事物的厭惡或吸引力，不是完全靠外力。這些比較精微的控制形式大多數是人們願意順從的，因為它們最終是為社交或經濟目的服務。舉例來說，數百萬人痛恨他們的職業，但是因為不工作的後果讓他們不得不做；他們是受到厭惡的控制而不是外力，不過總歸是控制。幾乎我們每個人都生活在社群之中，為了維持運作社群需要某種程度的控制。為什麼我們不能大方承認，我們不像自己喜歡相信的那樣自由和自主，反而願意去選擇會順從的控制形式？為什麼不用科學來探討最有效的控制形式？這就是行為主義的本質。

根據史金納的看法，對付不瞭解而且不能正確回應社會偉大目標的人時，懲罰是笨拙的方式。比較好的方法是透過強化另一種行動方案來改變行為。你無法賦予人們目的或意圖，然而可以讓某些行為比較有吸引力，而其他行為比較沒有吸引力。史金納寫道，鑑於環境巨大的塑造力量，最好是運用文化資源來「設計比較好的環境而不是比較好的人」。我們無法改變心靈。只能改變或許能促使人表現出不同行為的環境。

鎖鏈中的環節

史金納的觀點是，我們花費了大量精力維護個人主義的倫理，但如果聚焦在催生出不凡成就的那種環境，身為物種我們就可以成就得更多。他沒有否認有些了不起的人成就了莫大貢獻，但是他相信，透過創造出比較有利的環境可以催生出比較多這樣的人物，而不是透過洋洋自得的個人主義倫理。

史金納的說法是：「雖然文化的提升得依靠憑著智慧和同情心來做事的人們，但終極的提升來自於讓人們變得有智慧和有同情心的環境。」我們認為所謂的「性格特徵」，其實是一次又一次環境強化集大成的結果。簡單來說，史金納相信我們把人類放上了神壇。儘管莎士比亞讓哈姆雷特說出：「人多麼像是神！」史金納也指出帕夫洛夫對我們的評述：「多麼像條狗！」史金納覺得我們不只是狗，而且驚嘆人類和他們的行動是多麼複雜，不過他也說，在做為科學分析的主題上，我們與狗無異。雖然詩人、寫手、哲學家和作家長久以來頌揚引導人類自我的內在動機，但史金納的臨床定義是：「自我是因時因地制宜的一套行為劇目。」

那麼良知和道德呢？史金納這麼說：「就擁有特殊的特質或德行的意義上來說，人不是道德動物，而是創造了誘使他以道德方式行事的那種社會環境。」

儘管史金納相信每個人都是獨特的，甚至小到身體的每一根纖維都不一樣，然而也覺得這並沒有抓到要領。每個個體是歷史進程中的一個階段，而這個進程在他們來到這世界之前已經開始很久了，在他們離去之後也還會持續長長久久。在這樣比較大的脈絡之下，大聲嚷嚷什麼個體性不是很愚蠢嗎？當然比較有成效的是把自己看成是長長鎖鏈中的一個環節，由我們的基因歷史和環境所塑造，但是也有能力反過來塑造那個環境。

總評

《超越自由與尊嚴》出版時引起了非常多的爭議，因為這本書似乎損害了個人自由的倫理。但是史金納的觀念真的那麼危險嗎？

自由是個美妙的概念，不過文化和社群究其本質需要密集的控制機制才能存活。史金納形容文化的演進是「一種自我控制的龐大演練」，跟個人組織自己的生活以確保持續生存和繁榮的方式沒什麼不同。因此控制是生活中的事實。史金納的重點是：少一點令人厭惡的控制例如懲罰的威脅，多一點人們在自由狀態下會同意的正面控制，要創造出這樣的文化是有可能的。這樣的情境是他在虛構的烏托邦經典《桃源二村》（*Walden II*）中勾勒出來的。表面上聽起來像是早期的共產主義，不過關鍵差別是，共產黨人的意識形態是環繞著對人性錯置的信仰建立的。相反的，行為主義的目標是以科學來分析人們究竟是如何行動，因此從行為主義的觀念衍生出來的任何文化都不是建立在虛幻的希望上，而是觀察得到的事實上。

史金納最迷人的觀點之一是：有些文化把自由與尊嚴置於一切之上，採取浪漫的心理學見解，只關切人的內在自由等等，但這類文化恐怕會被其他把生存當做第一要務的文化超越。這點或許對我們這個時代仍有意義。有些國家可能自豪於它們的「正當性」，但是像這樣缺乏彈性不一定能保障未來。

如果你對於個人責任、自由意志和個人至上，永遠堅定的抱持著像艾茵・蘭德（Ayn Rand）那樣的信仰，史金納或許會讓你的思想掀起革命。他真的相信應該廢除個人觀念嗎？不，只是要廢除傳統觀念，不要再仰賴有個「內在我」英勇操縱環境達到目的。史金納強調，我們不會因為以科學態度看待人就改變了人，就像牛頓分析彩虹不會減損彩虹的美麗。

今日史金納的觀點依舊不流行，但對於好幾個領域有重大影響。總有一天，大眾對他的普遍看法很有可能改變，不再把他當成實驗室裡的冷漠之人，而是還他清白：這個人知道，把賭注都放在意識形態以及對人性的浪漫觀點，風險太大。人類應該致力於找出科學根據來改善全體的命運，就這點來說，史金納是真正的人道主義者。

伯爾赫斯・史金納

伯爾赫斯・佛瑞德瑞克（暱稱「佛瑞德」）・史金納於一九〇四年誕生在美國賓州鐵路經過的小鎮薩斯奎漢納（Susquehanna）。父親是律師，母親是家庭主婦。

史金納唸的是紐約漢彌爾頓學院（Hamilton College），畢業時拿到英文學士學位，夢想成為作家。

有一陣子他在紐約格林威治村過著波希米亞式的生活，創作詩歌和短篇小說，但成果不怎麼成功，後來不經意接觸了帕夫洛夫以及行為主義創始人約翰・華生的著作，才申請進入哈佛大學攻讀心理學。

在哈佛拿到碩士與博士學位後，他展開研究工作，並且教書。讓史金納聞名於世的研究有許多是在明尼蘇達大學（一九三七至一九四五年），以及印第安納大學（一九四五至一九四八年）完成的。在印第安納大學時期，他是心理系系主任。一九四七年他回到哈佛，擔任「威廉・詹姆斯講座」的講師，之後成為艾德加・皮爾斯講座心理學教授。

史金納獲得許多榮譽，包括國家科學獎章，是在一九六八年由詹森總統頒發的。著作包括《有機體的行為》（*The Behavior of Organisms*，1938）、《桃源二村》（*Walden II*，1948）、《口語行為》（*Verbal Behavior*，1957，遭到諾姆・杭士基高調的批評）、《科學與人類行為》（*Science and Human Behavior*，1953），以及《關於行為主義》（*About Behaviorism*，1974）。他的自傳三部曲是《我這一輩子的點點滴滴》（*Particulars of My Life*，1976）、《一名行為主義者的塑造過程》（*The Shaping of a Behaviorist*，1979），以及《重要的事》（*Matter of Consequences*，1983）。

一九九〇年，史金納因白血病過世。

1990

看得見的黑暗

Darkness Visible

「多年來第一次重讀我小說中的片段——我的女主角在走向毀滅的道路上跌跌撞撞的段落，我震驚的覺察到，我在這些年輕女人心裡創造出多麼精準的憂鬱風景……因此，當憂鬱終於找上我時，事實上不是陌生人，甚至不是不速之客，它已經敲我的門幾十年了。」

「即使任何型態的治療對你都派不上用場，你還是可以期待風暴終於會過去。熬過了風暴本身，狂風驟雨幾乎總是會慢慢減弱，然後消失。來得神秘，去得也神秘，折磨走到盡頭，就能找到平靜。」

總結一句

憂鬱可能折磨任何人，它的成因有時是神秘的。

同場加映

大衛・柏恩斯《好心情》(08章)
朗納・連恩《分裂的自我》(35章)

50

威廉・史泰隆

William Styron

一九八五年十二月造訪巴黎時，美國小說家威廉・史泰隆終於明白他有憂鬱症。他在那個城市是為了領一個重要獎項，通常他會發現這種經驗能提升自我感覺，令人陶醉。但是當時他精神上籠罩在黑暗的迷霧裡，頒獎典禮和其後的晚宴成為痛苦的煎熬。必須假裝自己正常更是雪上加霜。到了晚上跟他的出版人共進晚餐時，甚至擠不出笑容，滿腦子只想著要回到美國去看精神科醫師。

《看得見的黑暗：走過憂鬱症的心路歷程》是史泰隆敘述他與憂鬱奮戰的經典著作。最初是他在約翰・霍普金斯大學醫學院的演講，之後寫成文章發表在《浮華世界》，廣受好評。這本書的文學性讓它在這個主題的數百本著作中鶴立雞群。

描述無法描述的

史泰隆指出，憂鬱與其他疾病不同的地方在於，如果你沒有經驗過，你無法想像那是怎麼回事，跟正常生活中會侵襲大多數人的「藍色憂傷」或定期的無精打采大不相同。無法跟其他人描述只是增加了環繞著憂鬱的謎團和禁忌，因為如果人人都能瞭解憂鬱是怎麼回事，就不會有羞恥的問題了。同情不等於瞭解。

關於這種感受，史泰隆最近似的描述是溺水或窒息，不過他承認其實不怎麼正確。當事人變得像是僵屍，依舊可以走動、說話，但是不再感覺自己是活人。

史泰隆指認了憂鬱的一些特徵：

*強烈的自我厭惡，感覺自己毫無價值。
*自殺的念頭和幻想。
*失眠。
*困惑、無法專心、失憶。
*慮病症——心靈無法面對自己的崩解，責怪身體。
*喪失性慾和胃口。

史泰隆同時指出「黑狗」（憂鬱的代稱）有著每個人的症狀是獨一無二的特質。舉例來說，大多數患者一天的開始很悲慘，往往沒辦法起床，只有隨著白天過去心情才會漸漸輕鬆。史泰隆似乎剛好相反，通常在早晨相當「沉穩」，但是到了下午烏雲會團攏過來，他會陷入幾乎無法忍受的感受和想法之中，挨到傍晚。只有在晚餐後的某些時刻他才會再度獲得一些喘息。原本睡得不錯，憂鬱發作時他必須服用醫師處方的鎮定劑勉強睡個兩三小時。他發現憂鬱會隨著白天的時間消退或變得猛烈，因為生理上憂鬱會破壞生理時鐘，而生理時鐘強烈影響白天的情緒周期。

史泰隆也報告了「無能為力的恍惚」，此時正常的思考和邏輯消失。發展到極端，憂鬱的確會讓人發瘋。神經傳導物質所承受的壓力導致大腦化學物質「去甲基腎上腺素」（舊稱正腎上腺素）和血清素的消耗，以及「腎上腺皮質醇」（壓力荷爾蒙，亦稱可體松）增加。這些化學物質和荷爾蒙的不平衡造成「器官痙攣」，使得當事人感覺受到打擊。他悲嘆英文已經使用「brainstorm」（字意為「腦風暴」）來指涉「腦力激盪」，因為風暴在大腦裡面肆虐的意象傳達了憂鬱的暴烈力量——兇猛、似乎毫不留情、遮蔽了一切。

最大的禁忌

史泰隆提到了在文學上啟發他的阿爾貝・卡繆（他相當晚才讀到他的小說）。他的確曾經安排要去見卡繆，卻正好傳來小說家的死訊。儘管史泰隆不曾認識卡繆，他感覺到巨大失落。卡繆經常在跟憂鬱戰鬥，他的許多作品都在探討自殺的主題。

在《看得見的黑暗》中，史泰隆用了相當篇幅去討論他認識的苦於憂鬱症的人。他想知道他的朋友羅曼・加里（Romain Gary）怎麼會成為把子彈射進自己腦袋的人？傑出的作家，擔任過外交官，喜歡美食享受生活，同時是獵豔高手，如果這樣的人都會決定生命不值得活下去，難道不會發生在任何人身上嗎？

死者的家人發現，很難接受親人居然會結束自己的生命。我們認為自殺是禁忌，理由是我們相信自殺顯示了怯懦——選擇簡單的出路——然而事實上自殺比較是沒有能力再忍受活著的痛苦了。我們原諒以自殺來結束身體疼痛的人，然而不能是出於精神上的苦惱。

近來，史泰隆指出，由於對憂鬱症有更多的關懷和覺察，因此大多數患者不會以自殺收場。不過如果他們自殺了，史泰隆建議：「加諸他們身上的非難，不應該多於末期癌症的受害者。」

史泰隆觀察到藝術家類型的人陷入憂鬱的可能性高很多，因此他們的自殺名單一長串，包括哈特・克萊恩（Hart Crane，美國詩人）、梵谷、維吉妮亞・吳爾芙、海明威、黛安・阿布斯（Diane Arbus，美國攝影家）和馬克・羅斯科（Mark Rothko，美國畫家）。俄國詩人弗拉基米爾・馬雅可夫斯基（Vladimir Mayakovsky）譴責同胞謝爾蓋・葉賽寧（Sergei Esenin）自殺，然而幾年後也終結了自己的生命。我們從中可以獲得什麼訊息？那就是我們絕對不應該妄加判斷，因為活下來的人感受不到甚至想像不出來那些自殺的人究竟有什麼感受。

神秘的成因

憂鬱可能很難治療，部分原因是往往沒有可以確認的單一成因。遺傳、化學不平衡，以及過往的經驗和行為或許都很重要，治療了一個面向，可能就忽略了另一層面。我們可以把一次重大的憂鬱發作歸因於一場特別的危機，但是如史泰隆指出的，多數人在經歷過不好的事情之後都能走出來，結果還是好好的，不會落入每下愈況的疾病當中。這顯示，事件本身並不是成因，可能只是觸發了蟄伏在底層的憂鬱潛質。

史泰隆相信發生在他身上的事情是：他因為健康理由放棄喝酒，這讓他心中的惡魔不再受到酒精弱化，從牠們的洞穴中飛出來。他用來防禦某種持久焦慮的盾牌不見了，他必須去感受過去被他麻醉而臣服的一切。他第一個憂鬱徵兆是對於通常會讓他開心的事——樹林中遛狗，或是到瑪莎葡萄園島避暑——都無感了。他封閉自己，無法逃脫不斷出現的負面念頭。

或許是顯而易見，不過史泰隆指出有一項元素為所有的憂鬱打了底：失去，無論是害怕被拋棄、害怕孤獨，或是害怕失去所愛的人。在史泰隆的個案中似乎是正確的，他的母親在他十三歲時去世，這個早年創傷帶給他過早和深切的失去經驗。在《看得見的黑暗》中他得出的結論是：他實際上發生的憂鬱事件只不過顯現了更深層、終其一生的焦慮。他領悟到跟卡繆一樣，憂鬱和自殺是他書中恆久的主題，而且反映了他的憂鬱，「當憂鬱終於找上我時，事實上它不是陌生人，甚至不是不速之客，它已經敲我的門幾十年了」。

他提到他身為造船廠工程師的父親也苦於憂鬱症。基因遺傳、母親早亡，再加上他的藝術敏感氣質，史泰隆大概是這個疾病的頭號候選人。

如果其他一切都失敗，時間會療癒

對於發病已久的憂鬱症患者，心理治療沒多大幫助，而且史泰隆發現，心理治療和藥物都沒有產生作用舒緩他的病情。儘管有許多醫生信誓旦旦，他清楚對於嚴重憂鬱沒有速效療方。抗憂鬱劑或認知治療，或者兩者結合，或許能發揮作用療癒飽受折磨的心靈，但是兩者都不能完全依賴。雖然治療上有許多進展，還沒有出現能用於標靶治療的神奇子彈，也沒有速效疫苗。憂鬱的成因仍然還有謎團待解。

史泰隆的憂鬱一直到他自行入院之後才迎來結局。他相信匿名治療這種醫療常規帶來的穩定性，救了他的命，他但願自己早點這麼做。「對我而言，」他寫道，「真正的療癒者是隱居和時間。」

他從經驗中得到的知識是，雖然對受苦者來說憂鬱似乎是永久的，實際上憂鬱像一場風暴，疾風驟雨總是會止息，只要你可以活著，就會擊敗憂鬱。他回想起卡繆《薛西弗斯的神話》的主題，那就是即使沒有希望，我們依舊有義務要努力活下來。說比做容易，不過幾乎所有苦於憂鬱的人最後總算是安然無恙的走出來了。對於那些通過黑暗隧道的人，等待他們的是獨特的光亮，或是喜悅的感受。

總評

史泰隆相信，大部分關於憂鬱的文獻都表現出「輕快的樂觀」。有些病人對某種藥物或某種形式的療法反應良好，但是我們的知識尚未進展到可以給明確的承諾。受憂鬱之苦的人自然渴望有快速的救贖法，不過一旦痛苦得不到迅速緩解，就必然只會讓他們失望。史泰隆的著作寫於四分之一世紀之前，但是情況並沒有改變。

如果你的想法是，憂鬱這種疾病扭曲或突出了跟自我意識相關的內在議題，那麼應該也會接受，憂鬱不能立刻治癒。憂鬱的確涉及大腦化學物質的不平衡，而且也可能是負面的內在對話造成的，不過除此之外也是關於靈魂或整體的自我意識。舉例來說，史泰隆唯有在全面反省自己的人生時才能理解他為何憂鬱發作。有些成因的確是身體方面的——停止喝酒、錯誤劑量的鎮定劑——但是還要更深入去探求他的自我認定和過往。

原文只有八十四頁，《看得見的黑暗》不會花你太長時間閱讀，但是可以教導你非常多。有那麼多具有創造力的人都抵抗不了憂鬱症，試圖「描述無法描述的」也是他們的責任，而史泰隆的努力是其中最出色的。奇特的是，他的文章非但不會讓讀者讀了憂鬱，反而振奮人心。

威廉・史泰隆

一九二五年生於維吉尼亞州的紐波特紐斯（Newport News），史泰隆年紀很小就會閱讀，曾在學校報紙上發表過許多短篇小說。

他從杜克大學拿到學士學位，第二年加入美國海軍陸戰隊，在第二次世界大戰的最後兩年以中尉軍階服役。退役後他定居紐約，在「麥格羅希爾出版公司」的銷售部工作，同時在「新社會研究學院」（New School for Social Research）上寫作課。一九五〇年代初期他住在巴黎，協助創辦了已成傳奇的文學刊物《巴黎評論》。

第一本小說《在黑暗中躺下》（*Lie Down in Darkness*，1951），追索一名年輕女子自我毀滅的墮落，轟動文壇，獲得羅馬美國學院頒發的羅馬大獎。其他作品包括贏得普利茲獎的《奈特・杜納的告白》（*The Confessions of Nat Turner*，1967）；暢銷同時獲得「美國圖書獎」的《蘇菲的抉擇》（*Sophie's Choice*，1979），還拍成電影由梅莉・史翠普主演。《看得見的黑暗》中提到的獎項是「奇諾・德爾杜卡世界獎」（Prix Mondial Cino del Duca），這個獎項每年頒發給一名對人文主義有重大貢獻的藝術家或科學家。

Pavlov, I.（2003）*Conditioned Reflexes*，Mineola, NY: Dover（帕夫洛夫，《制約反射》）
Perls, F., Hefferline, R., & Goodman, P.（1951）*Gestalt Therapy: Excitement and Growth in the Human Personality*，London: Souvenir（波爾斯，《完形治療：人格的興奮與成長》）
Piaget, J.（1959）*The Language and Thought of the Child*，London: Routledge & Kegan Paul（皮亞傑，《兒童的語言與思考》）
Pinker, S.（2003）*The Blank Slate: The Modern Denial of Human Nature*，London: Penguin（平克，《白板：當代對人天性的否認》）
Ramachandran, V. S., & Blakeslee, S.（1998）*Phantoms in the Brain: Probing the Mysteries of the Human Mind*，New York: HarperCollins（拉馬錢德蘭，《尋找腦中幻影》）
Rogers, C.（1961）*On Becoming a Person*，Boston: Houghton Mifflin（羅哲斯，《成為一個人》）
Rosen, S.（ed.）（1982）*My Voice Will Go With You: The Teaching Tales of Milton H. Erickson*，New York: WW Norton（史德奈・羅森編纂，《催眠之聲伴隨你：催眠諮商大師艾瑞克森的故事與手法》）
Sacks, O.（1985）*The Man Who Mistook His Wife for a Hat: And Other Clinical Tales*，London: Pan Macmillan（薩克斯，《錯把太太當帽子的人》）
Schwartz, B.（2004）*The Paradox of Choice: Why More Is Less*，New York: HarperCollins（史瓦茲，《只想買條牛仔褲：選擇的弔詭》）
Seligman, M.（2003）*Authentic Happiness*，London: Nicholas Brealey/New York: Free Press（塞利格曼，《真實的快樂》）
Skinner, B.F.（1971）*Beyond Freedom and Dignity*，Indianapolis: Hackett（史金納，《超越自由與尊嚴》）
Styron, W.（1990）*Darkness Visible: A Memoir of Madness*，New York: Vintage（史泰隆，《看得見的黑暗：走過憂鬱症的心路歷程》）

Press（佛洛伊德，《夢的解析》）

Gardner, H.（1983）*Frames of Mind: The Theory of Multiple Intelligences*，New York: Basic Books（嘉納，《發現七種IQ》）

Gilbert, D.（2006）*Stumbling on Happiness*，London:HarperCollins（吉伯特，《快樂為什麼不幸福》）

Gladwell, M.（2005）*Blink: The Power of Thinking Without Thinking*，London: Penguin（葛拉威爾，《決斷2秒間：擷取關鍵資訊，發揮不假思索的力量》）

Goleman, D.（1998）*Working with Emotional Intelligence*，London: Bloomsbury（高曼，《EQ2：工作EQ》）

Gottman, J. & Silver, N.（1999）*The Seven Principles for Making Marriage Work*，London: Orion（高曼，《七個讓愛延續的方法》）

Grandin, T.（2014）*The Autistic Brain: Exploring the Strength of a Different Kind of Mind*，London: Rider（葛蘭汀，《我的大腦和你不一樣：看見自閉症的天賦優勢》）

Grosz, S.（2014）*The Examined Life: How We Lose and Find Ourselves*，London: Vintage（葛羅茲，《說不出的故事，最想被聽見》）

Harlow, H.（1958）*"The Nature of Love," American Psychologist*，13: 573–685。Also at http://psychclassics.yorku.ca/Harlow/love.htm（哈洛，《愛的本質》）

Harris, T.A.（1973）*I'm OK—You're OK*，New York: Arrow（哈里斯，《我好你也好的溝通練習》）

Hoffer, E.（1980）*The True Believer: Thoughts on the Nature of Mass Movements*，Chicago: Time-Life Books（賀佛爾，《群眾運動聖經》）

Horney, K.（1957）*Our Inner Conflicts*，London: Routledge & Kegan Paul（荷妮，《我們的內在衝突》）

James, W.（1950）*The Principles of Psychology*，Vols I & II，Mineola, NY: Dover（詹姆斯，《心理學原理》）

Jung, C. G.（1968）(trans. R. F. C. Hull) *The Archetypes and the Collective Unconscious*，Princeton University Press（榮格，《原型與集體潛意識》）

Kahneman, D.（2012）*Thinking, Fast and Slow*，London, Penguin（康納曼，《快思慢想》）

Kinsey, A.（1953）*Sexual Behavior in the Human Female*，Philadelphia: Saunders（金賽，《人類女性的性行為》）

Laing, R. D.（1960）*The Divided Self: An Existential Study in* Sanity *and Madness*，London: Penguin（連恩，《分裂的自我：清醒與瘋狂的研究》）

Maslow, A.（1976）*The Farther Reaches of Human Nature*，London: Penguin（馬斯洛，《人性能達到的境界》）

Milgram, S.（1974）*Obedience to Authority*，New York: HarperCollins（米爾格蘭，《服從權威》）

Mischel, W.（2014）*The Marshmallow Test: Understanding Self-Control and How to Master It*，London: Random House（米歇爾，《忍耐力：其實你比自己想的更有耐力！棉花糖實驗之父寫給每個人的意志增強計畫》）

Mlodinow, L.（2013）*Subliminal: How Your Unconscious Mind Rules Your Behavior*，New York: Vintage（曼羅迪諾，《潛意識正在控制你的行為》）

英文參考書目

◎下面的版本是本書使用的參考文本。原始出版年代附在每本書的評介中。

Adler, A.（1992）*Understanding Human Nature*，Oxford: Oneworld（阿德勒，《認識人性》）

Allport, G.W.（1979）*The Nature of Prejudice*，25th anniversary edition，Reading, Mass.: Addison-Wesley（奧爾波特，《偏見的本質》）

Bandura, A.（1997）*Self-Efficacy: The Exercise of Control*，New York: W. H. Freeman（班杜拉，《自我效能：控制的實施》）

de Becker, G.（1997）*The Gift of Fear: Survival Signals that Protect* Us *from Violence*，New York: Random House（德貝克，《求生之書》）

Berne, E.（1964）*Games People Play: The Psychology of Human Relationships*，London: Penguin（伯恩，《人間遊戲：人際關係心理學》）

Briggs Myers, I. with Myers, P.（1995）*Gifts Differing:Understanding Personality Type*，Palo Alto, CA: Davies-Black（伊莎貝爾・布里格斯・邁爾斯，《天生不同：人格類型識別和潛能開發》）

Brizendine, L.（2006）*The Female Brain*，New York: Morgan Road（布哲婷，《女人的大腦很那個……》）

Burns, D.（1980）*Feeling Good: The New Mood Therapy*，New York: William Morrow（柏恩斯，《好心情：新情緒療法》）

Cain, S.（2012）Quiet: *The Power of Introverts in a World that Can't Stop Talking*，London: Penguin（坎恩，《安靜，就是力量：內向者如何發揮積極的力量！》）

Cialdini, R.（1993）*Influence: The Psychology of Persuasion*，New York: William Morrow（席爾迪尼，《影響力：讓人乖乖聽話的說服術》）

Csikszentmihalyi, M.（1996）*Creativity: Flow and the Psychology of Discovery and Invention*，New York: HarperCollins（奇克森特米海伊，《創造力》）

Dweck, C.（2006）*Mindset: The New Psychology of Success*，New York: Random House（杜維克，《心態致勝：全新成功心理學》）

Ellis, A. & Harper, R.（1974）*A Guide to Rational Living*，Los Angeles: Wilshire Book Company（艾里斯、哈波，《理性生活指南》）

Erikson, E.（1958）*Young Man Luther: A Study in Psychoanalysis and History*，London: Faber and Faber（艾瑞克森，《青年路德：一個精神分析與歷史的研究》）

Eysenck, H.J.（1966）*Dimensions of Personality*，London: Routledge & Kegan Paul（艾森克，《人格的維度》）

Frankl, V.（1969）*The Will to Meaning: Foundations and Applications of Logotherapy*，London: Meridian（法蘭可，《追求意義的意志：意義治療的基礎與應用》）

Freud, A.（1948）*The Ego and the Mechanisms of Defence*，London: The Hogarth Press（安娜・佛洛伊德，《自我與防衛機制》）

Freud, S.（trans. Joyce Crick）（1990）*The Interpretation of Dreams*，Oxford: Oxford University

1998　拉馬錢德蘭《尋找腦中幻影》
1999　約翰・高曼《七個讓愛延續的方法》
2002　史迪芬・平克《白板：當代對人天性的否認》
2002　馬汀・塞利格曼《真實的快樂》
2004　貝瑞・史瓦茲《只想買條牛仔褲：選擇的弔詭》
2005　麥爾坎・葛拉威爾《決斷2秒間：擷取關鍵資訊，發揮不假思索的力量》
2006　露安・布哲婷《女人的大腦很那個……》
2006　卡蘿・杜維克《心態致勝：全新成功心理學》
2006　丹尼爾・吉伯特《快樂為什麼不幸福》
2011　史蒂芬・葛羅茲《說不出的故事，最想被聽見》
2011　丹尼爾・康納曼《快思慢想》
2012　蘇珊・坎恩《安靜，就是力量：內向者如何發揮積極的力量！》
2012　雷納・曼羅迪諾《潛意識正在控制你的行為》
2013　天寶・葛蘭汀《我的大腦和你不一樣：看見自閉症的天賦優勢》
2014　沃爾特・米歇爾《忍耐力：其實你比自己想的更有耐力！棉花糖實驗之父寫給每個人的意志增強計畫》

按照出版年代排序的書單

1890 威廉・詹姆斯《心理學原理》
1900 西格蒙德・佛洛伊德《夢的解析》
1923 尚・皮亞傑《兒童的語言與思考》
1927 阿爾弗雷德・阿德勒《認識人性》
1927 伊凡・帕夫洛夫《制約反射：大腦皮質生理活動的研究》
1936 安娜・佛洛伊德《自我與防衛機制》
1945 凱倫・荷妮《我們的內在衝突：精神官能症的建構性理論》
1947 漢斯・艾森克《人格的維度》
1951 艾里克・賀佛爾《群眾運動聖經》
1951 弗利茲・波爾斯《完形治療：人格的興奮與成長》
1953 阿爾弗雷德・金賽《人類女性的性行為》
1951 葛登・奧爾波特《偏見的本質》
1958 艾瑞克・艾瑞克森《青年路德：一個精神分析與歷史的研究》
1958 哈利・哈洛《愛的本質》
1960 朗納・連恩《分裂的自我：清醒與瘋狂的研究》
1961 亞伯・艾里斯、羅伯・哈波《理性生活指南》
1961 卡爾・羅哲斯《成為一個人：一個治療者對心理治療的觀點》
1964 艾瑞克・伯恩《人間遊戲：人際關係心理學》
1967 湯姆斯・哈里斯《我好你也好的溝通練習》
1968 卡爾・榮格《原型與集體潛意識》
1968 維克多・法蘭可《追求意義的意志：意義治療的基礎與應用》
1970 奧立佛・薩克斯《錯把太太當帽子的人》
1971 亞伯拉罕・馬斯洛《人性能達到的境界》
1971 伯爾赫斯・史金納《超越自由與尊嚴》
1974 史丹利・米爾格蘭《服從權威：有多少罪惡，假服從之名而行？》
1980 伊莎貝爾・布里格斯・邁爾斯《天生不同：人格類型識別和潛能開發》
1980 大衛・柏恩斯《好心情：新情緒療法》
1982 米爾頓・艾瑞克森（史德奈・羅森編纂）《催眠之聲伴隨你：催眠諮商大師艾瑞克森的故事與手法》
1983 霍華德・嘉納《發現七種IQ》
1984 羅伯特・席爾迪尼《影響力：讓人乖乖聽話的說服術》
1990 威廉・史泰隆《看得見的黑暗：走過憂鬱症的心路歷程》
1996 米哈里・奇克森特米海伊《創造力》
1997 亞伯特・班杜拉《自我效能：控制的實施》
1997 蓋文・德貝克《求生之書：危險年代裡如何確保安全》
1998 丹尼爾・高曼《EQ2：工作EQ》

Demon: An Atlas of Depression，2001）
得獎作品，一趟深入憂鬱症全部面向的旅程。所羅門主張憂鬱永遠無法根除，那是人的狀態的一部分。

42. **哈利・史坦克・沙利文**（Harry Stack Sullivan），**《精神醫學的人際理論》**（*Interpersonal Theory of Psychiatry*，1953）
特立獨行的美國精神科醫師，解釋「自我系統」或人格是如何透過人際關係形成，對比於佛洛伊德的內在自我。

43. **劉易士・特曼**（Lewis Terman），**《智力評量》**（*The Measurement of Intelligence*，1916）
開先河的認知心理學家，同時制定了史丹佛－比奈智商測驗（修訂了比奈－西蒙測驗），他相信智力是遺傳的。也做過資優兒童的早期研究。

44. **愛德華・李・宋戴克**（Edward Lee Thorndike），**《動物智能》**（*Animal Intelligence*，1911）
美國心理學先行者，運用他有名的貓走出迷箱實驗，說明所有的動物是如何學習的。

45. **約翰・華生**（John B. Watson），**《行為主義》**（*Behaviorism*，1924）
值得一讀，確立了心理學的行為主義學派。

46. **馬克思・魏泰默**（Max Wertheimer），**《高成效思考》**（*Productive Thinking*，1945）
德裔美籍完形心理學家對思考藝術的貢獻，明確的說，就是要看見問題的潛藏結構，並且考慮異常狀況。

47. **羅伯・賴特**（Robert Wright），**《性・演化・達爾文：人是道德動物？》**（*The Moral Animal: Why We Are the Way We Are*，1995）
演化心理學影響深遠之作，揭示了人類行為（包括一夫一妻制、手足競爭和辦公室政治）背後的基因策略。

48. **威廉・馮特**（Wilhelm Wundt），**《生理心理學原理》**（*Principles of Physiological Psychology*，1873-74）
這本書讓馮特成為心理學這門新科學的主導人物。愛德華・鐵欽納（Edward Titchener）在1904年將此書譯成英文。

49. **歐文・亞隆**（Irvin D Yalom），**《愛情劊子手》**（*Love's Executioner: and Other Tales of Psychotherapy*，1989）
坦白探索了心理治療師與患者之間的關係，個案史引人入勝。

50. **菲利普・津巴多**（Philip Zimbardo），**《路西法效應》**（*The Lucifer Effect*，2007）
津巴多在1971年進行了著名的史丹佛監獄實驗。在實驗中大學生「獄卒」迅速變成施虐者，殘暴無情，引發「良善的人如何變得邪惡」的問題。津巴多反思這個實驗，以此觀照美軍在阿布格萊布（Abu Ghraib，位於伊拉克）的虐囚事件，以及其他地方發生的虐待行為。

讀者紅利

想要免費取得本書沒有納入的心理學關鍵著作——主題涵蓋人際技巧、自尊、思考、情緒、心情和記憶——的評介，請寄封標題為「Psychology Bonus」的電子信件給我，信箱：tombutlerbowdon@gmail.com

31. **道格拉斯・麥格雷戈**（Douglas McGregor），**《企業的人性面》**（*The Human Side of Enterprise*，1960）
心理學家麥格雷戈化身為企業的上師，透過把管理風格劃分為「X理論」（老闆直接控制）和「Y理論」（讓員工激勵自己）。作者的觀點是受到亞伯拉罕・馬斯洛的人本心理學啟發。
32. **雨果・孟斯特伯格**（Hugo Munsterberg），**《心理學和罪行》**（*Psychology and Crime*，1908）
德國出生，實驗心理學創建者，受邀到哈佛與威廉・詹姆斯共事。是工業心理學（研究人在工作環境下的行為）、犯罪行為和電影理論的先鋒。
33. **理查・內斯比特**（Richard Nesbitt），**《思維的疆域：東方人與西方人的思考方式為何不同》**（*The Geography of Thought: How Asians and Westerners Think Differently... and Why*，2003）
頂尖心理學家提出驚人的見解，挑戰「人的行為放諸四海皆同」的假設，並認為亞洲人西方人想得不一樣。
34. **希維亞・普拉絲**（Sylvia Plath），**《瓶中美人》**（*The Bell Jar*，1963）
普拉絲傑出的虛構作品（同時帶有自傳色彩），敘述一名年輕女子精神崩潰的故事，今日讀來依舊扣人心弦。
35. **奧托・蘭克**（Otto Rank），**《出生的創傷》**（*The Trauma of Birth*，1924）
作者屬於佛洛伊德最初的核心圈子。本書描述出生之後感覺到的分離焦慮，以及人們如何終其一生試圖重建最初與母親的連結。
36. **威廉・賴希**（Wilhelm Reich），**《性格分析》**（*Character Analysis*，1933）
備受爭議的奧地利精神分析師的理論，主張一個人的整體性格可以分析出來，對比於特定的精神官能症、夢境或心理聯想。他也聲稱受壓抑的「與性相關心理能量」可能透過肌肉和器官表達出來（「身體盔甲」）。
37. **芙蘿拉・麗塔・史萊柏**（Flora Rheta Schreiber），**《變身女郎：西碧兒和她的十六個人格》**（*Sybil*，1973）
引人入勝的真實故事，敘述一名擁有十六個人格的女子，如何奮戰成為整合的人。賣出上百萬本，電視影集「歡樂一家親」（Frasier）中也提起過。
38. **赫曼・羅夏**（Hermann Rorschach），**《心理診斷法：以感知為基礎的診斷測驗》**（*Psychodiagnostics: A Diagnostic Text Based on Perception*，1921）
瑞士精神醫師根據他著名的「墨漬測驗」對四百名精神病患和正常人進行精神分析，本書呈現他的研究結果。
39. **湯瑪斯・薩斯**（Thomas Szasz），**《精神疾病的迷思》**（*The Myth of Mental Illness*，1960）
對於精神醫學的著名批評，作者主張精神疾病事實上通常是「生活上的問題」。當代精神醫學的診斷讓他聯想到到中世紀的宗教裁判所，因此薩斯反對任何類型的強迫治療。
40. **維琴尼亞・薩提爾**（Virginia Satir），**《家庭如何塑造人》**（*Peoplemaking*，1972）
家族系統治療師對家庭動力的探索，影響深遠。
41. **安德魯・所羅門**（Andrew Solomon），**《正午惡魔：憂鬱症地圖》**（*The Noonday*

21. **李察・赫恩斯坦**（Richard Herrnstein）、**查爾斯・莫瑞**（Charles Murray），**《鐘形曲線：美國生活中的智力與階級結構》**（*The Bell Curve: Intelligence and Class Structure in American Life*，1994）
作者主張智商的差異源自種族而引發巨大爭議。他們用更廣泛的理論包裹其論點：智力，而不是階級背景，已經成為經濟成就的新預測指標
22. **艾瑞克・坎德爾**（Eric Kandel），**《追索記憶：心智新科學的崛起》**（*In Search of Memory: The Emergence of a New Science of Mind*，2006）
獲得諾貝爾獎的神經科學家坎德爾發現大腦裡的神經細胞如何儲存記憶，透過本書，他扣人心弦的敘述他三十年的研究。同時交織著他個人記憶，描述納粹統治下的維也納，以及家人逃亡到美國的歷程。
23. **大衛・凱爾西**（David Keirsey）、**瑪麗蓮・貝茨**（Marilyn Bates），**《請瞭解我：個性和氣質類型》**（*Please Understand Me: Character and Temperament Types*，1978）
暢銷的人格分類研究，遵循榮格 / 布里格斯・邁爾斯的傳統，包含一份「氣質量表」決定你的類型。
24. **約瑟夫・李竇**（Joseph Le Doux），**《腦中有情：奧妙的理性與感性》**（*The Emotional* Brain: *The Mysterious Underpinnings of Emotional Life*，1996）
頂尖神經科學家概述大腦裡的情緒中樞和迴路如何進化，以確保我們的生存。
25. **哈麗特・勒納**（Harriet Lerner），**《生氣的藝術：運用憤怒改善女性的親密關係》**（*The Dance of Anger: A Woman's Guide to Changing the Patterns of Intimate Relationships*，1985）
女性心理學專家受大眾歡迎的著作，處理女性的憤怒這個禁忌議題；探討女性憤怒的真正來源，以及如何影響關係。
26. **丹尼爾・李文森**（Daniel J. Levinson），**《男人一生的季節》**（*The Seasons of a Man's Life*，1978）
在當時是破天荒的作品，論述成年男性的人生週期，進一步發展了艾瑞克・艾瑞克森的理論。
27. **科特・勒溫**（Kurt Lewin），**《社會科學的場域論》**（*Field Theory in Social Science*，1951）
享有「社會心理學之父」的盛名，勒溫的場域論主張：人的行為是內在性格以及與他人互動（團體動力）結合的結果。
28. **伊莉莎白・羅芙特斯**（Elizabeth Loftus），**《目擊者的證詞》**（*Eyewitness Testimony*，1979）
法庭心理學家強烈質疑刑事審判中目擊者描述的可靠性。她也以挑戰「壓抑記憶症候群」是否足以採信而聲名大噪。
29. **康拉德・勞倫茲**（Konrad Lorenz），**《攻擊的秘密》**（*On Aggression*，1963）
諾貝爾獎得主的知名研究，關於人類的「殺手本能」，以及我們的非理性和智力結合起來的毀滅性後果。
30. **羅洛・梅**（Rollo May），**《愛與意志》**（*Love and Will*，1969）
存在主義心理學家氣勢滂礡的暢銷書，探討愛（或情慾）與性是兩股不同的驅力。愛激勵我們去追求最高成就，而且愛的反面不是恨，而是無動於衷。

Psychology，1901）
卡爾金斯曾與威廉・詹姆斯共事，是美國心理協會第一位女性會長（1905），不過哈佛大學拒絕授與她博士學位。她認為心理學是「自我的科學」。

12. **雷蒙・卡特爾**（Raymond Cattell），**《人格的科學分析》**（*The Scientific Analysis of Personality*，1965）
英國心理學家卡特爾是人格測試的先驅，引介了「16個因素」的模型。他的研究橫跨許多領域，讓心理學更像是「自然科學」。

13. **安東尼奧・達馬吉歐**（Antonio Damasio），**《笛卡爾的謬誤：情緒、理性與人類大腦》**（*Descartes' Error: Emotion, Reason, and the Human Brain*，1994）
達馬吉歐是傑出的大腦研究者，提出理論反駁身與心的分隔，同時揭示為什麼情緒是理性判斷和決策的關鍵因素。

14. **安琪拉・達克沃斯**（Angela Duckworth），**《恆毅力：人生成功的究極能力》**（*Grit: The Power of Passion and Perseverance*，2016）
賓州大學心理學家達克沃斯提供了確鑿證據，說明「毅力」或者鍥而不捨與克服障礙的能力，比起智力、成績或技術，更能預測個人在真實世界的成功。

15. **里昂・費斯汀格**（Leon Festinger），**《認知分歧理論》**（*Theory of Cognitive Dissonance*，1957）
著名的認知理論，關於人們如何努力保持信念上的一致，即使他們所相信的已經顯示為錯誤。

16. **埃里希・佛洛姆**（Eric Fromm），**《逃避自由》**（*Escape from Freedom*，1941）
影響深遠的研究，說明人們是自願屈從法西斯政權的統治。寫在納粹的恐怖全貌變得顯而易見之前。

17. **威廉・葛拉瑟**（William Glasser），**《現實療法：精神醫學的新取向》**（*Reality Therapy: A New Approach to Psychiatry*，1965）
治療心理或精神疾病的另一種路徑，理論基礎是：心理或精神健康意味著接受「個人要為自己的人生負責」。

18. **丹尼斯・格林伯格**（Dennis Greenberger）、**克莉絲汀・佩德斯基**（Christine Padesky）**《想法轉個彎，就能掌握好心情》**（*Mind Over Mood: Change How You Feel by Changing the Way You Think*，1995）
受大眾歡迎的著作，關於認知療法的有效技巧，不只是治療憂鬱。

19. **強納森・海德特**（Jonathan Haidt），**《好人總是自以為是，政治與宗教如何將我們四分五裂》**（*The Righteous Mind: Why Good People are Divided by Politics and Religion*，2012）
道德判斷不是理性思維的結果，而是出於直覺，因此社會、政治與宗教上的分裂難以彌合。引人入勝的融合了心理學、道德哲學和政治分析。

20. **羅伯特・海爾**（Robert D. Hare），**《沒有良知的人：那些讓人不安的精神病態者》**（*Without Conscience: The Disturbing World of the Psychopaths Among Us*，1993）
作者是全世界最頂尖的「反社會人格」研究者，這本書呈現了為何反社會人格障礙者能覺知是與非，卻絲毫不會內疚或悔恨。

再加五十本經典

1. **艾略特・阿倫森**（Elliot Aronson），**《社會性動物》**（*The Social Animal*，1972）
社會心理學的入門經典，目前是第11版（2012），作者呈現了各式各樣的場景，以解釋為甚麼人們會出現這樣的行為舉止。阿倫森的「第一定律」是：「做出瘋狂之舉的人不一定是瘋子」。
2. **維琴妮亞・愛思蓮**（Virginia Axline），**《尋找自我的權利》**（*Dibs in Search of Self*，1964）
兒童治療的暢銷經典，講述一名退縮的男孩和這個世界建立正常關係的緩慢歷程。
3. **亞倫・貝克**（Aaron T. Beck），**《認知治療和情緒失調》**（*Cognitive Therapy and the Emotional Disorders*，1979）
認知治療創建者的里程碑著作，探討錯誤的思考如何導致憂鬱。
4. **厄尼思特・貝克爾**（Ernest Becker），**《否認死亡》**（*The Denial of Death*，1973）
普立茲獎得獎作品，討論人們如何千方百計否認自己終將一死。非常佛洛伊德，不過讀起來依舊非常精彩。
5. **布魯諾・貝特罕**（Bruno Bettelheim），**《童話的魅力：我們為什麼愛上童話？從〈小紅帽〉到〈美女與野獸〉，第一本以精神分析探索童話的經典研究》**（*The Uses of Enchantment: The Meaning and Importance of Fairy Tales*，1976）
廣受喜愛且洞察深刻的作品，探究童話的心理學。
6. **艾佛列・比奈**（Alfred Binet）、**西奧多・西蒙**（Theodore Simon），**《兒童智力發展》**（*The Development of Intelligence in Children*，1916）
智力測驗開山祖師的重要著作。
7. **約翰・布雷蕭**（John Bradshaw），**《回歸內在：與你的內在小孩對話》**（*Homecoming: Reclaiming and Championing Your Inner Child*，1990）
實際應用艾瑞克森「人的發展階段」的理論，展現成人的擔憂焦慮如何根源於早期的轉捩點沒有適當完成。藉由重新找回你的「內在小孩」，便可以真正成熟向前行。
8. **約翰・鮑比**（John Bowlby），**《依附》**（*Attachment*，1969）
三部曲的第一本，探索確立「依附行為」的母子關係，是心理學的一大領域。
9. **約瑟夫・布魯爾**（Joseph Breuer）、**西格蒙德・佛洛伊德**（Sigmund Freud），**《歇斯底里研究》**（*Studies on Hysteria*，1895）
本書收錄許多個案研究，是精神分析的先驅之作。書中的理論是，怪異的歇斯底里症狀往往源自被壓抑的痛苦記憶。後來佛洛伊德否認這是自己的想法。
10. **傑洛姆・布魯納**（Jerome Bruner），**《有意義的行為：關於心靈與文化的四場演講》**（*Acts of Meaning: Four Lectures on Mind and Culture*，1990）
布魯納是認知心理學的創建者之一，他提出的心理模型是：心靈的基礎是創造意義，而不是計算分析。
11. **瑪麗・惠頓・卡爾金斯**（Mary Whiton Calkins），**《心理學導論》**（*An Introduction to*

一次讀懂心理學經典／湯姆．巴特勒－鮑登著（Tom Butler-Bowdon）；林鶯譯.
-- 一版. -- 臺北市：時報文化，2019.04；544面；14.8×21公分. --
譯自：50 psychology classics
ISBN 978-957-13-7711-7（平裝） 1.心理學 2.推薦書目
012.4 108001534

一次讀懂心理學經典
50 PSYCHOLOGY CLASSICS

作者 湯姆．巴特勒－鮑登 Tom Butler-Bowdon｜**譯者** 林鶯
主編 湯宗勳｜**責任編輯** 許越智｜**責任企劃** 王聖惠｜**封面設計** 倪旻鋒｜**內文排版** 張瑜卿
董事長 趙政岷｜**出版者** 時報文化出版企業股份有限公司 108019台北市和平西路三段240號7樓
發行專線 (02)2306-6824｜**讀者服務專線** 0800-231-705．(02)2304-7103｜**讀者服務傳真** (02)2304-6858
郵撥 1934-4724時報文化出版公司｜**信箱** 10899臺北華江橋郵局第99信箱
時報悅讀網 http://www.readingtimes.com.tw｜**電子郵箱** new@readingtimes.com.tw
法律顧問 理律法律事務所 陳長文律師、李念祖律師
印刷 綋億印刷事業有限公司｜**一版一刷** 2019年4月19日｜**一版十九刷** 2024年3月8日｜**定價** 新台幣600元

時報文化出版公司成立於一九七五年，並於一九九九年股票上櫃公開發行，
於二〇〇八年脫離中時集團非屬旺中，以「尊重智慧與創意的文化事業」為信念。